本书受以下基金项目资助：

1. 黄河交通学院2022年度科研创新团队项目“中国共产党思想宝库与大学生思政理论课教育融合研究团队”研究成果，项目编号：2022TDZZ05。

2. 黄河交通学院2021年度一流课程项目“形势与政策”阶段性成果，项目编号：HHJTXY-2021yikc30。

新形势下大学生思想政治教育工作路径研究

仇正锋　刘泽敏　卜凡珊　著

WUHAN UNIVERSITY PRESS
武汉大学出版社

图书在版编目(CIP)数据

新形势下大学生思想政治教育工作路径研究/仇正锋,刘泽敏,卜凡珊著.—武汉：武汉大学出版社,2024.12
ISBN 978-7-307-24049-0

Ⅰ.新…　Ⅱ.①仇…　②刘…　③卜…　Ⅲ.大学生—思想政治教育—研究—中国　Ⅳ.G641

中国国家版本馆 CIP 数据核字(2023)第 194233 号

责任编辑:周媛媛　孟跃亭　　责任校对:牟　丹　　版式设计:文豪设计

出版发行：**武汉大学出版社**　(430072　武昌　珞珈山)
(电子邮箱:cbs22@ whu.edu.cn　网址：www.wdp. com.cn)
印刷:武汉中远印务有限公司
开本:720×1000　1/16　印张:13.5　字数:201 千字
版次:2024 年 12 月第 1 版　2024 年 12 月第 1 次印刷
ISBN 978-7-307-24049-0　定价:82.00 元

前　言

高校思想政治教育工作是我国社会发展的重要支撑，同时也是高校各项工作顺利开展的保证。随着新时代的飞速发展，高校教育规模不断扩大，新问题和新矛盾不断出现，这对高校思想政治教育工作提出了更高的要求。

高校思想政治教育工作是高校教育工作的重要组成部分，高校思想政治教育工作也要进行不断的优化，从而满足高校教育的具体要求，并总结思想政治教育工作中存在的问题和不足，及时作出相应对策，制定整改措施。进一步推动高校思想政治教育工作路径研究，有利于促进高校思想政治教育工作的完善和发展。思想政治教育工作是在中国共产党的领导下进行的，马克思主义理论和为人民服务的宗旨，决定了党的思想政治工作是从根本上维护人民群众的利益。我们必须坚定党的立场，在党的思想政治工作中，积极地将党的思想内容和方针政策传播给人民群众。对于高校而言，思想政治教育工作也是一种意识形态工作。思想政治教育工作是党和国家的一项重要任务。作为思想政治教育工作的前沿阵地，高校肩负着为学生传授马克思列宁主义和社会主义核心价值观的重要责任，高校对这一责任的落实有利于巩固大学生的思想基础，有利于培养大学生的团结意识和民族意识。

党的思想政治工作能够引导人民群众正确处理集体利益和个人利益、眼前利益和长远利益及地方利益和国家利益之间的关系，使个人利益服从集体利益，集体利益服从国家利益。新时代高校思想政治教育工作是党的思想政治工作的重要组成部分，是经济工作和其他一切工作的有力保证，要抓好中国社会经济建设的重要任务，全面实现中国特色社会主义发展的重要目标，充分发挥党的思想政治工作的重要功能。

我们研究思想政治教育工作路径的主要目的是更好地传达思想政治教育工作内容，从而实现思想政治教育的主要目标。思想政治教育工作是一项长期且持久的任务，需要社会各界的广泛参与和努力。通过全员参与、德育与知识教育的有机结合、强化互动交流、开展针对性的活动、明确政策导向，以及加强师资队伍建设等方面的努力，才能更好地培养和提高学生的思想认识水平、政治觉悟和社会责任感，塑造有道德修养、文化素质和社会责任感的新时代青年。高校思想政治教育工作是高校的重要工作之一，对培养学生的思想道德素质、提升综合素质、塑造健康的人格具有重要意义。一是培养国家建设所需的人才。高校是国家培养各类专业人才的场所，高校思想政治教育工作的开展可以帮助学生掌握马克思主义基本原理和中国特色社会主义理论体系，具备为国家建设和发展作贡献的能力和素质。二是培养良好的社会公民。高校思想政治教育工作的开展可以引导学生正确对待自己、对待他人和对待社会，培养学生在道德、文化、法律等方面的素养，形成良好的社会行为规范和价值观念。三是提升学生的自我认知和自我管理能力。高校思想政治教育工作的开展可以引导学生了解自己的性格、气质、兴趣爱好等个人特点，并帮助学生掌握自我管理的方法和技巧，从而更好地调整自己的行为，提升自我管理水平。四是促进学生的全面发展。高校思想政治教育工作的开展可以引导学生合理规划个人成长和发展，促进学生在精神和思想方面全面发展，培养具备批判思维、创新意识与实践能力的人才。

随着社会的发展和教育理念的不断更新，高校思想政治教育工作也在不断地改革和创新，以更好地适应时代的需求，满足广大学生的需求。本书从大学生思想政治教育工作机制建设、大学生思想政治教育工作队伍建设、大学生思想政治教育工作网络环境管理、大学生思想政治教育工作“两微一端”载体建设、大学生思想政治教育工作话语建设、大学生思想政治教育工作的协同发展等六个方面进行分析，从而加强大学生思想政治教育的质量和效果，培养具有坚定理想信念、正确的世界观和人生观、辩证思维能力，以及具备社会责任感和创新思维的高素质人才。

本书由仇正锋（黄河交通学院）、刘泽敏（黄河交通学院）、卜凡珊（黄河交通学院）负责编写。其中，仇正锋负责编写前言、第一章、第二章、第三章和后记（8万字左右），刘泽敏负责编写第四章和第五章（6万字左右），卜凡珊负责编写第六章和第七章（7万字左右）。

目　　录

第一章　大学生思想政治教育工作路径的内涵界定

在当今社会，培养担当民族复兴大任的时代新人是刻不容缓的任务。大学生是人才的重要组成部分，大学生思想政治教育工作必须具有创新性和前瞻性，注重个性化引导和全面育人。理清“思想政治工作”“思想政治工作路径”“大学生思想政治教育工作”相关概念，学习古今思想政治工作的经验和理论，可为大学生思想政治教育工作的创新研究提供借鉴和参考。

第一节　思想政治工作概述

思想政治工作是在党的领导下引导和教育人们树立正确的世界观、人生观和价值观，从而提高全社会的思想道德水平，促进社会和谐稳定发展。要深入学习马克思主义理论，牢记党的宗旨，在新时代推进中国特色社会主义事业。思想政治工作是一项全面、系统的工作，需要党员干部积极参与，注重实效，不断创新，为建设社会主义现代化国家提供坚实的思想保证。

一、思想政治工作的概念

思想政治工作亦称“思想工作”或“思想教育”。它是一定的阶级和政治集团，为实现一定的政治目标，有目的地对人们施加意识形态的影响，以转变人们的思想和指导人们行动的社会行为。中国共产党的思想政治工作是以社会主义、共产主义思想体系教育人民，启发人们的觉悟，提高人们认识世界和改造世界的能力，动员人们为实现当前的和长远的革命目标而奋斗的实践活动。它不仅要解决人们的政治立场、政治观点、政治行为等问题，还要解决人们的世界观、人生观、道德观问题。思想政治工作必须遵循以下三个原则：

第一，坚持理论和实践相结合的原则。坚持以马克思主义理论为基础，促使人民群众学习新时代下中国共产党的路线、方针、政策，坚持共产主义和社会主义方向，帮助人民群众树立正确的世界观和价值观。在开展思想政治工作时必须注重理论学习，并将理论与实践相结合，通过理论分析、思考和总结，不断地完善工作方法和策略，提高工作效率和质量。

第二，坚持具体问题具体分析的原则。思想政治工作要根据受教育群体的实际情况和思想动态进行。每个人都有其独特的思想和特点，在思想政治工作中必须针对每个人的具体情况进行分析和处理，只有深入了解个人的思想动态和实际情况，才能有效地引导其树立正确的价值观。

第三，坚持民主精神和党的领导相结合的原则。开展思想政治工作首先要尊重受教育群体的主体地位，必须维护受教育群体的合法权益和需求。教育工作者在实施思想政治教育过程中要与受教育群体平等相处，根据事实讲道理，从而达到思想政治工作的主要目的。发扬民主精神必须在党的领导下进行，民主是在党的领导下产生的民主，能够确保思想政治工作科学、有序地进行。

二、思想政治工作的理论基础

思想政治工作这一概念的起源与无产阶级政党活动有着密切的联系，其理论基础是马克思主义，思想政治工作的发展和完善必须坚持马克思主义理论的重要指导。

第一，社会意识和社会存在的关系原理。社会意识和社会存在的辩证关系原理是唯物史观的基本理论，同时也是马克思主义关于思想政治工作最为核心的理论。社会存在决定社会意识，社会意识对社会存在具有反作用，良好的社会意识能够促进社会不断地发展和进步，落后的社会意识将对社会发展造成阻碍。

第二，人的全面发展理论。马克思主义理论的价值目标是实现人的全面发展，这一理论为制定思想政治工作的任务和目标提供了重要依据。马克思和恩格斯指出：“我们首先应当确定一切人类生存的第一个前提也就是一切历史的第一个前提，这个前提就是：人们为了能够‘创造历史’，必须能够生活。但是为了生活，首先就需要衣、食、住、行以及其他东西。因此第一个历史活动就是生产满足这些需要的资料，即生产物质生活本身。”[1] 人的具体需求不仅包含衣、食、住、行等物质需求，还包含在社会关系交往过程中存在的社会需求和精神方面的需求，人在满足低层次需求时会产生对高层次需求的想法，这对社会的发展提出了更高的要求。人的需求和发展是无止境的，因此社会也会不断地发展。另外，人的能力发展是指人的体力和智力方面的发展，是社会发展的基础生产力。人的能力的发展离不开生产力从低级到高级的发展，反之，生产力的高度发展是建立在社会历史的创造者——人民群众的能力不断发展的基础之上的。[2] 人的个性发展是人在社会交往中自主进行选择，每个人都有自身的独特性。对于大学生而言，高校思想政治工作要注重大学生的实际需求，要在理论知识传授的基础上培养大学生的实践能力，通过相关的社会实践活动推动大学生的全面发展。

第三，人和社会关系的理论。人的各种活动都需要依托社会而存在，无论是体力活动还是脑力活动所需的条件都来自社会，人无法脱离社会而孤立存在。社会是由人构成的，没有人，社会也就不复存在。人和人之间的交互关系形成了各种社会关系，比如家庭关系、生产关系、政治关系等。马克思指出：“社会关系实际上决定着一个人能发展到什么程度。”[3] 社会关系存在多样性，人们的交往越多，其自身的社会化水平就越高，人的个性发展也就更好。因此，高校思想政治工作要鼓励大学生不断丰富和完善自己的社会关系。

中国的思想政治工作理论是中国共产党结合马克思主义思想政治理论所得出的优秀成果，是结合中国的实际国情，在中国的改革和建设过程中形成的。首先，思想政治工作必须坚持党的领导。不断巩固党的执政地位，有利于改进和加强意识形态领域的工作，也有利于完成党的重要使命。其次，思想政治工作必须围绕人民群众开展。习近平总书记强调：“坚持人民性，就是要把实现好、维护好、发展好最广大人民的根本利益作为出发点和落脚点，坚

[1] 马克思恩格斯选集（第 1 卷）[M]. 北京：人民出版社，1995.

[2] 万资姿，王虎学．“作为目的本身的人类能力的发展”：经典作家关于人的全面发展的一个重要论断 [J]. 南京政治学院学报，2009(1):19-22.

[3] 马克思恩格斯全集（第三卷）[M]. 北京：人民出版社，1960.

持以民为本、以人为本。”[1] 最后，思想政治工作重在实践。思想政治工作是具有实践性的活动，是为了解决人民群众的实际问题和思想问题而产生的。简单的、机械式的说教不能使思想深入人心，只有通过现实生活的实践，知识才能真正被接受，才能真正发挥思想政治工作的重要作用。面对新时代环境下的思想政治工作，必须强调党的建设、法治社会建设、公民道德建设等方面的实践。

中国共产党不仅是工人阶级的先锋队，也是中华民族的先锋队，是一个为广大人民群众服务的党组织。党所宣传的思想政治工作相关的方针政策和原则，都是为了保障人民的利益不受侵害，为中华民族伟大复兴而不断奋斗，提高人民群众对世界的了解程度和提升改造世界的能力。知识能够为我们提供广阔的视野，同时也是国家在世界立足的强大武器。党的思想政治工作是在党的领导下，通过思想和精神方面的引导、教育和服务，促进人民群众自觉地拥护党的路线、方针和政策，增强自我意识和组织纪律性，保证党的政治领导、组织领导和思想引领。党的思想政治工作的任务可以概括为提高人民群众的政治觉悟和思想觉悟、贯彻落实党的方针和政策、加强党的组织建设三个方面。因此，党的思想政治工作是从人民群众角度开展的，一方面要保障人民的利益；另一方面要传达党的方针政策，强化党与人民群众之间的关系。

第二节　思想政治工作路径

思想政治工作路径是在进行思想政治工作时所采取的具体措施和方法。在实际应用中，思想政治工作路径并非简单的机械操作，而是需要随着实践的深入不断地适应、调整自我，实现不断完善和进步的过程，最终的目标是使思想政治工作更好地发挥作用，更好地服务于人民的利益。本节从思想政治工作路径的概念和理论两个方面进行分析。

[1] 中共中央宣传部．习近平总书记系列重要讲话读本（2016 年版）[M]．北京：学习出版社，2016.

一、思想政治工作路径的概念界定

（一）路径的含义

“路径”一词广泛运用于社会各个领域中，人们在现实的生活和学习中能够接触到。关于路径的含义，从字面上，我们的第一感觉就是道路，也为门路。对于路径含义的溯源，我们可以从古汉语中寻找。

在古代，“路径”一词经常被引用，对路径的解释有以下四点：一是指道路。在陆深《燕闲录》中：“山西州县多在山谷之间，路迳崎岖，搬运极难。”二是指到达目的的路线。在冯梦龙《东周列国志》第四十七回中：“终甥留下暗号，认得路径，沿坑而走。”三是比喻做事的方式方法和步骤。在《朱子语类·卷四》中：“世间也只有这一个方法路径，若才不从此去，少间便落草，不济事。”四是指人们的行为方式。在张天翼《万仞约》三中：“又细细叙述了高六爷那位大小姐偷野老公的故事。总而言之，如今好人少，这真不是个路径。”

（二）思想政治工作路径

思想政治工作路径是指在思想政治工作中落实思想政治工作任务必须经历的基本过程。这些渠道是客观的物质存在。思想政治工作的过程伴随着思想政治活动而产生。人们在进行思想政治工作时，要有针对性地选择思想政治工作路径。

二、思想政治工作路径的理论分析

我们把路径作用于思想政治工作时，它就构成了一个独特的思想政治工作范畴。思想政治工作路径的定位必须从思想政治工作的真正内涵和理论出发，进而明确其路径。要确定思想政治工作的路径，就必须明确思想政治工作的相关概念，明确政治工作、思想工作和思想政治工作之间的关系。

政治工作是党的工作，主要内容包含组织工作、思想工作、干部工作、保卫工作、宣传工作、文化工作和群众工作等。思想工作在政治工作中具有重要的意义，其主要目的是实现党的相关政治任务，也可以说是一种服务工作。政治工作的概念具有广泛性，相比思想工作涵盖的范围更大，思想工作是政治工作的一项重要内容，两者之间有着密切的关系及不同的内容。

思想政治工作的重点是强调思想教育，主要以马克思主义思想为指导，以无产阶级政治的相关内容为基础而进行。通常认为，我们的党政工作所开展的集体思想教育工作也是一种思想政治工作，它是一项科学的思想政治工作。在现实生活中，我们通常所讲的思想政治工作也是思想政治教育工作的简称，也被称为思想教育或思想工作，也可以理解为一个政治集团或阶级为达到一定的政治目的发挥思想的影响力，从而改变人们的思想和行为习惯。思想政治工作更加侧重于实践，人们在进行思想政治工作时通过选择特定的路径来达到预期目标。

第三节　大学生思想政治教育工作路径的含义

思想政治工作路径的选择必须注重思想政治工作路径的真正含义和其工作理论，明确思想政治工作路径的界定。在确定思想政治工作观念之前，首先要明确思想政治工作的相关理念。高校思想政治教育工作是按照一定的要求，通过各种途径对大学生进行思想政治教育，其中包含对大学生的思想品德教育、心理教育和政治教育等，使大学生能够适应新时代的发展要求，使大学生具备社会需要的思想道德精神，同时也是大学生自身应具备的能力。高校思想政治教育工作是为国家培养高素质人才的重要途径。

一、大学生思想政治教育工作的含义

大学生思想政治教育工作是在大学校园中对大学生进行的思想引导、意识形态教育和价值观塑造等一系列工作，其主要目的是帮助大学生树立正确的世界观、人生观和价值观，提高其思想政治素质和社会责任感，以达到发挥个人潜力、为国家和社会做出更大贡献的目标。思想政治工作是国家和党的重要任务，而高校思想政治教育工作是党的思想政治工作的重要组成部分。党中央把高校思想政治教育工作作为执行方案目标的必要手段和政治理念。高校处于意识形态工作的前沿阵地，面对的群体是即将步入社会的大学生，这些大学生处于思想、心理待完善的状态，因此高校的思想政治教育工作尤为重要。除了要对大学生群体传授基础的理论知识外，还要注重对大学生开展心理辅导工作，帮助他们调整心态，使

他们学会处理复杂情感和社会关系，从而培养大学生的社会价值观和人生观，为国家和民族复兴培养更多的优秀人才。

新时代的高校思想政治教育工作必须符合党和国家的发展需求，要坚持中国特色社会主义，为国家发展及构建和谐社会提供思想支持。高校开展思想政治教育必须了解其与思想政治工作之间的差异和联系。高校思想政治教育是在思想政治工作的前提下开展的活动，思想政治教育是指社会或社会群体采用一定的政治观念、道德观念和思想观念对其成员施加有计划、有目的、有组织的影响，使成员形成符合一定社会、一定阶级需要的思想品德的社会实践活动。

习近平总书记指出：我们的高校是党领导下的高校，是中国特色社会主义高校。[1] 在新时代飞速发展的情形下，高校思想政治教育工作的性质和地位更加突出，必须明确党的要求。高校的思想政治教育工作要不断巩固马克思主义思想的主体地位，巩固中国共产党团结奋斗的思想政治理论。党的性质决定了高校思想政治教育工作的性质。中国共产党是中国工人阶级的先锋队，中国共产党始终代表中国先进生产力的发展要求，始终代表中国先进文化的发展方向，始终代表中国广大人民群众的根本利益，是中国特色社会主义事业的领导核心。党的最终目标是实现共产主义的社会制度。

对于高校而言，思想政治教育工作也是一种意识形态工作，高校作为意识形态工作的前沿阵地，肩负着学习、研究、宣传马克思列宁主义和社会主义核心价值观的重任。通过高校思想政治教育工作培养更多优秀人才，使他们在未来的工作和生活中能够为国家、社会和人民作出更大的贡献，在此过程中，高校需要不断完善、深化和改进思想政治教育工作，确保始终符合时代要求，预见并应对未来的挑战。

二、大学生思想政治教育工作路径的概念界定

“路径”一词主要运用在电脑程序中，把这一词运用在高校思想政治教育工作中，就形成了高校思想政治教育工作路径的特定范畴。高校思想政治教育工作

[1] 习近平在全国高校思想政治工作会议上强调：把思想政治工作贯穿教育教学全过程　开创我国高等教育事业发展新局面 [N]. 人民日报，2016-12-09（01）.

路径的概念必须基于路径的基本内容，以及高校思想政治教育工作的特点进行界定。教育是实现高校思想政治教育工作内容传达的重要途径。对于高校思想政治教育工作路径的概念解释是：高校在开展思想政治教育的过程中，要根据工作内容及以党的方针政策为基本原则，并运用一定的方式方法使高校师生参与具体实践活动，主要表现在以下四个方面：

第一，高校思想政治教育工作路径是高校开展思想政治教育工作的方式。高校思想政治教育工作是一项科学的、复杂的工程，包含管理、教学和服务三个方面。各方面的相互结合及相互作用能够促进高校思想政治教育工作的正常发展。在高校思想政治教育工作的开展过程中，如果缺乏思想内容，就会导致路径因素的缺失，也会使高校思想政治教育工作难以开展。

第二，高校思想政治教育工作路径是实现高校思想政治教育工作主要目标和传递具体内容的过程。高校思想政治教育工作的目标是提高大学生的思想政治觉悟，引导大学生形成正确的思想政治态度和价值观。其内容包括政治理论教育、爱国主义教育、思想道德教育、社会责任教育等方面。政治理论教育是高校思想政治教育的基础，这部分内容包括马克思主义哲学、毛泽东思想等政治理论。爱国主义教育是为了培养大学生强烈的爱国主义情感和责任感，为实现中华民族伟大复兴而奋斗。为此，高校思想政治教育应重视对爱国主义理念的传承和弘扬，加强对中华传统文化的教育和挖掘，使学生更加自信、自尊、自重。思想道德教育指培养大学生的道德品质和思想素质，这部分内容包括基本的伦理道德、法律法规等方面的知识。通过学习这些内容，大学生能形成正确的世界观和人生观，明确对社会准则和道德标准的认识。社会责任教育是高校思想政治教育中的重要内容，大学生应具备关心社会的责任意识和无私奉献的精神，为社会进步贡献自己的力量。高校在开展思想政治教育过程中，其内容和目标对大学生群体有着重要的引导作用，同时也对其他构成要素有着较强的控制和分配作用，使高校思想政治教育工作系统的各要素能够正常运行。因此，高校思想政治教育工作的目标和内容是路径选择的客观因素和动态支撑。

第三，高校思想政治教育工作路径是一项实践活动。高校思想政治教育工作的开展是全体师生之间互动的过程，即通过实践活动的组织和开展，推动学生思想政治素质和道德水平的提高。高校思想政治教育工作者需要对学生进行全面性的政治、思想、文化、道德、法律等方面的教育，从而形成全面的素质教育。该实践活动的路径可以从以下四个方面进行：一是以问题为导向的实践活动。高校思想政治教育工作者需要针对学生的实际情况，结合教育目标和需求，制订相应的实践活动计划，以问题为导向，注重问题研究和解决问题的能力培养。二是适应高校学生年龄特点的实践活动。高校思想政治教育工作者需要根据学生的年龄特点和心理特点，设计有针对性的实践活动，为学生提供适合他们的思想政治教育内容。三是采用多种方式的实践活动。高校思想政治教育工作者需要以多样化的方式进行教育，如文艺演出、社会实践、志愿服务、讲座等，引导学生思考问题，增强自身素质。四是重视实践效果的实践活动。高校思想政治教育工作者需要注重实践活动的效果评估和调整，为学生提供更有效的思想政治教育内容和方法，切实推动学生素质的提高。

第四，高校思想政治教育工作的路径是高校思想政治教育工作开展过程中的重要组成部分，同时也是高校思想政治教育工作发展必不可少的因素之一。高校思想政治教育工作路径也要不断地进行优化，从而满足高校思想政治教育工作的具体要求，并及时总结思想政治教育工作路径中存在的问题和不足，及时作出相应调整。进一步推动高校思想政治教育工作的研究，有利于高校思想政治教育工作的完善和发展。

三、大学生思想政治教育工作路径优化的理论分析

（一）明确高校思想政治教育工作的方向

高校思想政治教育工作与其他专业学科有着不同的性质。高校思想政治教育工作对大学生的影响除了在知识层面产生重要作用之外，还涉及思想层面和精神层面。因此，要掌握和明确高校思想政治教育工作的发展方向。

第一，坚持党的领导。坚持党中央对高校思想政治教育工作的领导是全面贯彻党的方针政策，以及培养中国特色社会主义事业接班人和建设者的必然要求，

同时也是促进我国教育科学发展、建设教育强国的基本保证。加强党对高校思想政治教育工作的领导，可以确保高校坚持党的领导的坚定立场。要将党委领导下的教育方针落实在高校教育活动中，充分发挥党委领导下的校长负责制和高校的核心作用。选用优秀的党政干部和领导干部，确保高校党政领导坚持对党的忠诚。高校要落实党的办学方针和管理责任，推进高校基层工作的全面开展。要时刻关注高校思想政治教育工作的发展动态，加强党政干部的岗位管理思想，加强思想政治教育工作者的政治意识，严格落实高校思想政治教育工作责任制，从而推动高校思想政治教育工作的有效发展。

第二，明确办学立场。高校思想政治教育工作要有明确的办学立场，这一立场要以高校的实际问题作为出发点，坚持正确的价值观和世界观。人们所处的位置不同，思想与感受也会不同，思维方式和意见也是不同的。该立场渗透在高校的各个角落，以纠正思想政治教育工作者对教育的态度，树立全面育人的基本观念。加强马克思主义理论基础和弘扬社会主义核心价值观是引导大学生健康成长的重要措施。高校还要加强校园文化建设，营造大学生健康成长的校园生态。还要积极进行高校思想政治教育工作的改革创新，遵循高校思想政治教育工作的规律与大学生的成长规律，加强高校思想政治教育工作的针对性。在高校思想政治教育工作中，要利用课堂教学的主渠道，不断完善教学内容和教学方法，比如思想政治课教师要提升课程的吸引力和实效性；在教学过程中要与大学生进行思想方面的交流，并善于发现大学生中存在的问题，从而有针对性地进行解答和引导，还要加强大学生的理论知识培训，提升大学生的政治素养；高校思想政治教育工作者还要运用新技术和新媒体完成教育工作。要不断加强高校思想政治教育工作队伍建设，积极引导教育工作者提升知识理论水平和道德修养，将道德教育作为思想政治教育工作的基本内容，还要结合国情教育引导大学生关注社会动态。

第三，善于谋划全局。高校在开展思想政治教育工作的同时，要时刻与党的中心工作紧密结合，将高校教育工作放在全局上进行思考和定位，维护大局、服从大局是我们党的政治优势和优秀传统。在任何情况下，我们都要将党的利益和国家的利益放在首位，认真思考党的工作大局。要站在党的角度看待问题，全心全意为大局服务。只有站得高才能找准视角，掌握中心大局，看清方向和定位。要通过实际行动思考大局和服务大局，高校思想政治教育工作要以全局为中心，履行服务大局的基本职责，深刻了解大局并在大局的作用下开展工作。高校思想政治教育工作者要始终保持思想政治的坚定和清醒，坚决以大局为中心开展工作。在高校开展思想政治教育过程中，不允许有任何意识形态上的偏见。在实际教育工作中，高校各级领导和教育工作者要从整体上规划和改革，做到实事求是，敢于负责。

（二）提高高校思想政治教育工作的效率

第一，要尊重教育工作者的主体地位。高校大学生的发展需要教师的引导和影响。高校开展思想政治教育工作，以教育工作者拥有较强的理论功底和提高文化水平及教学能力为基本前提。尤其是高校思想政治教育工作者的政治修养和道德素养尤为重要，所以高校要提升教育工作者的能力，用丰富的理论知识引导大学生如何做人、如何做事，正确引导大学生的价值判断。高校思想政治课教师的责任是运用深厚的思想政治理论知识引导大学生进行实践活动。教育工作者和大学生是学校的重要组成部分，教师应发挥主体作用。在思想政治教育工作中，知识的传播和实践指导都是由教育工作者完成的，我们要尊重教师在整个教育过程中的主体地位，主要体现在教学和科研方面的权威性。高校思想政治课教师应具有开展活动、研究和评判的重要权利，思想政治课教师在行使这些权利时，高校要给予高度的认可和空间，同时高校还应设置相应的监督体系对教师的教育活动进行监督。

高校思想政治教育工作者的权利主要集中在高校内部的学术活动中，比如在高校相关活动组织方面，要充分发挥思想政治教育工作者的专业功能，以教师为中心开展相应的学术探讨。在高校思想政治教育工作中，还应注重教师的发展。教师对大学的发展有着重要作用，是长期奋斗在一线的默默无闻的关键主体。教育工作者是高校开展思想政治教育工作的具体执行者和承担者，对高校的教学、科研工作具有重要作用，是高校思想政治教育工作的重要载体。因此，我们也要注重高校思想政治教育工作者的发展，为他们提供良好的教学资源，并给予他们相应的话语权，提升其教育的主体作用。在高校思想政治教学工作中，增强教师的自信心，也能够提升他们的自主意识。教育工作者这一职业是平凡朴实的，对于一些在教学过程或科研过程中有所贡献的教师，应给予一定的嘉奖，使他们的工作成绩和实力得到认可，提升他们的自豪感和成就感，从而提升他们在高校思想政治教育工作中的主体地位。

第二，发挥大学生的主体作用。高校思想政治教育工作的主要目的是提升大学生的主体能动性，使大学生得到全面发展。高校在进行思想政治教育过程中要坚持以学生为主体、教师为主导的原则，调动大学生的主动性和创新性，培养大学生自主处理问题的能力。大学生主体性的发挥要在高校教育工作者的指引下进行，学生主动地学习理论知识，并且将所学的知识运用于实践活动中，以提升自身的理论知识水平和实践素养。大学生在教学活动中发挥主观能动性和创造性，不仅体现在教学课堂中的认知能力，也体现在平时学习和生活中的实践能力。高校在思想政治教育工作过程中要充分调动大学生的积极性，并且尊重大学生的主体地位，使大学生主动地参与教育活动。教育工作者也要具备创新精神，与时俱进，要实时地掌握国家提出的新观点和新思想，善于将一些时政热点运用到教学活动中。这样不仅能激发大学生的学习兴趣，也能提升大学生的主动学习能力。

教育工作者要与大学生进行平等自由的交流，实时掌握大学生的心理动态和行为方式，并且要了解大学生的兴趣爱好和兴趣特点，积极开展互动式教学，也要积极开展实践教学活动，让大学生充分参与实践活动，从而提升大学生的主体作用。

（三）创新大学生思想政治教育方法

高校思想政治教育工作的开展需要第一课堂与第二课堂的相互协作共同完成。在教育过程中，失去任何一方都不行，这两种教育资源相互促进，才能真正实现高校的育人功能。第一课堂教育是高校思想政治教育工作开展的主要渠道。我们通常把教学中传授知识内容作为第一课堂，大学生主要通过第一课堂进行思想政治理论学习。高校思想政治教学内容主要包括思想政治理论课、形势政策教育和哲学社会科学课程，涵盖哲学、经济、科学等方面的知识，让大学生对思想政治理论基础和体系有一个全面的把握，对中国历史和国情有一个全面的认知，从社会层面和个人层面了解中国的实际情况，并解决实际问题。这些课程通过系统的讲授，完善大学生的基础理论知识，引导大学生正确认识当今社会复杂的形势，掌握国际局势的发展变化与人类社会的发展趋势，从而引导大学生能够真正认识我国的实际国情和社会主义建设的规律，使大学生能够肩负起历史使命。

高校哲学社会科学相关课程的主要目的是实现隐性教育。由于哲学社会科学学科具有明显的思想特征，可以帮助大学生加强正确的政治导向，使大学生能够正确认识并分析复杂的社会现象，对提高大学生的思想道德素养和精神素养有着重要作用。这些思想课程的教育功能主要体现在巩固马克思主义的意识形态领域，对大学生养成良好的价值观有指导作用。这些课程也体现了马克思主义的最新理论，用科学的理论知识武装大学生，从而提升大学生的文化知识水平。在高校思想政治教育过程中，教师不仅要向大学生传授思想政治理论基础知识，还要对大学生进行相关意识形态的教育。教育工作者的一言一行都影响着大学生思想意识形态的形成。在实际教学过程中，教育工作者要不断创新教育形式和教学内容，通过优化教学模式和课程结构，完善教学内容与考核方式来进行第一课堂的教学工作创新。

高校思想政治教育工作的第二课堂是指在教师计划的课程学习之外的一切活动，也就是课堂教学之外的所有活动。随着我国对高校思想政治教育的重视，第二课堂也经历了自由化的发展阶段、组织化的发展阶段、学分化的发展阶段和课程化的发展阶段。自由化的发展阶段指的是课外活动，即参加课外具有教育意义的活动，也是第一课堂的延伸。只有通过课内、课外相结合才能达到全面育人的效果。第二课堂的组织化发展阶段，大多是以学校各种社团和大学生所组成的兴趣小组等形式体现出来的。大学生社团是在高校规范管理下建立的社团组织，打破了专业和成绩的约束，是根据大学生的兴趣爱好形成的活动组织。在高校社团中，大学生能够进行生活、情感方面的交流，并且具有共同的兴趣爱好。大学社团的组建给大学生提供了更好的活动平台，不仅能够帮助大学生进行自主学习和自我管理，其丰富多彩的活动形式和内容也丰富了大学生的学习生活，并在一定程度上提升了大学生的参与感，适应了大学生个人发展的需求。学分化发展是当今大学教育管理的主流模式，通过学分制的实行给大学生提供了选择的权利。大学生可以自由地选择课程和教师，这样不仅能够强化大学生的自主能力，还能调动他们的学习积极性。在学分制的影响下，能够有效调动大学第二课堂的活动性。课程化的发展阶段是实现学生全面发展的重要途径，在课程模式设计时，应注重活动的专业化、系统化，为大学生提供更具针对性的培训和指导。为了更加有效地解决第一课堂与第二课堂之间脱节的问题，高校应加强两者之间的联系。在职业规划、社会实践等方面，可以设置相关的课程或活动，使第二课堂与大学生的专业发展更加贴合。这样可以更好地引导大学生在第二课堂活动中发挥自己的优势，从而增强其对学习的兴趣和动力。

在高校思想政治教育工作中，第一课堂与第二课堂的有效结合能够促进思想政治教育工作顺利开展，二者缺一不可。第一课堂侧重于理论知识的传授，而第二课堂侧重于创新性和实践性的发展。为了满足和适应社会的人才需求，要将第一课堂和第二课堂有效结合，提升大学生的创新意识，并通过理论知识和实践活动的结合培养大学生的操作能力、记忆能力、观察能力和想象力等，从而促使大学生实现全面发展。因此，高校要根据大学生的个体发展要求有针对性地开展教育活动，使第一课堂与第二课堂完美结合。

（四）遵循高校思想政治教育工作的规律

高校思想政治教育工作的开展要因时而进、因事而化、因势而新，要遵循思想政治教育工作的规律，要遵循大学生的成长规律，要遵循教书育人的规律。高校思想政治教育的规律明确了为谁培养人的问题。遵循思想政治教育工作规律是高校开展思政教育工作的前提。要遵循高校思想政治教育工作规律就必须认清高校思想政治教育工作的前提和解决高校学生的信念问题。坚持中国共产党的领导和坚持中国特色社会主义制度的重要导向是高校思想政治教育工作发展的重要前提。高校在开展思想政治教育工作的同时，必须遵守思想政治教育工作的规律。

1. 遵循思想政治教育工作的规律

第一，思想政治教育工作是保证我国社会主义办学方向的历史优势。我们要总结世界上先进的办学经验和治学经验，遵循教育的规律，办好中国自己的大学。要办好中国自己的大学就必须坚持社会主义办学方向，坚持中国共产党的领导。思想政治教育工作的开展是坚持党的领导和社会主义办学方向的重要保证。根据社会存在决定社会意识的唯物史观原理，社会主义公有制决定了我国的社会价值取向和社会主义性质。开设高校学府是进一步确定高校的社会责任和政治属性，高校思想政治教育工作的开展必须坚持中国特色社会主义发展的政策方针，从而坚定高校思想政治教育工作的政治方向。

第二，思想政治教育工作是党开展一切活动的生命线，同时也是高校工作的生命线。中华人民共和国成立以来，党对思想政治生命线的认识逐步深化。随着我国社会经济的不断发展，建设富强、民主、文明、和谐、美丽的社会主义现代化强国成为我国社会发展的新目标，而思想政治教育工作是强国的重要保障。近年来，随着创新理念的不断驱动，培养优秀的德才兼备的人才、社会主义接班人和建设者的任务更加迫切，高校作为人才培养和科技创新的重要基地，在国家发展战略中具有重要地位，思想政治教育工作为高校的办学方向和人才培养提供了重要指引。

2. 遵循教书育人的规律

高校思想政治教育工作还要遵循教书育人的规律，教书育人的规律主要是关于“如何培养人”的问题，是针对高校教育工作者如何开展思想政治教育工作的问题。教书和育人的关系也是教育的传统问题。有的教师在传授知识和培养大学生技能方面有着很好的把握，能够提升大学生的整体思想道德素质，而部分教师仅仅是在传授基础理论知识方面起到了重要作用，在育人方面没有提升大学生的政治素养。在高校思想政治教育过程中，有部分人认为思想政治教育工作是党政干部、辅导员和思想政治课教师的事情，其他专业学科教师没有思想政治教育工作的责任。这一现象导致一些高校教师只注重科研而忽视了教学，注重知识的传授而忽视了大学生的道德培养。其中，在一些科研过程中所体现出的浮躁和虚假行为对学生产生了严重的负面影响。遵循教书育人的规律就是要重视在教育过程中教学与价值引导相统一，真正实现言传身教。

高校在进行思想政治教育过程中，知识理论教育和思想价值引导相统一是遵循教书育人规律的基本要求；言传身教的教育模式是遵循教书育人规律的实践要求。在高校思想政治教育过程中，人们对于知行关系所产生的困扰，主要体现在教育者言行不一、教学内容与社会现实严重脱节等方面。前者是教育工作者素质方面的问题，而后者是社会环境方面的问题。极少的思想政治理论课教师缺乏真学、真信的品质，还有部分教师在管理工作和科研工作中所产生的不良行为给大学生带来了极大的负面影响，这些都会给思想政治教育工作带来严重干扰。因此，要提升教育工作者言传身教的思想意识，真正做到教书育人，不仅要将良好的思想传授给大学生，还要以身作则，积极引导大学生形成正确的人生观和价值观。

3. 遵循大学生的成长规律

遵循大学生的成长规律在一定程度上解决了高校“为谁培养人”的问题。高校思想政治教育工作是在一定时间和空间内针对特定对象而开展的教育活动。思想政治教育工作是做人的工作，而人是现实的，也是具体的。高校思想政治教育工作的对象是大学生，只有掌握大学生的成长规律才能掌握高校思想政治教育工作的针对性。因此，高校必须把握教育工作者和大学生的发展需求与思想特点，注重理论教育和实践活动相结合的教学模式，提高思想政治教育工作的科学化和精细化水平。大学生的成长受到家庭、学校、社会及自身主观因素的影响，在成长过程中呈现出个性化差异、阶段性、不平衡性等特点。

大学生的成长受到环境变化的影响。环境的不断变化对人的成长有着重要影响。客观决定主观，高校大学生在思想品德的形成过程中，其主观世界也会受到外部客观世界的影响。因此，尊重大学生的成长过程也需要遵循环境的变化过程。目前是经济全球化和信息网络化的社会环境，社会和网络的特点对大学生的价值取向产生了重大影响。在新的环境中，大学生产生新的思想、心理变化是必然的。大学生的成长是主体建构的过程，成长是大学生的基本需要。对于高校大学生而言，他们的人生观和价值观还处于待完善过程中，成长是他们最大的收获。他们的成长过程不是教育工作者可以替代的，只有以大学生为主体，经过认同、认知、践行等环节才能实现他们的成长。就高校教学过程而言，大学生是主体已经成为共识。大学生在情感、思维和社会认知方面比中小学生更加全面，自主性也更强。因此，大学生的主体构建要求也越来越明显，需要得到高校思想政治教育工作者的重视。

第二章　大学生思想政治教育工作机制建设

当前，高等教育在推动社会进步和人才培养方面扮演着重要角色。然而，很多高校在思想政治教育工作机制建设过程中仍存在一些问题，这给大学生思想政治教育工作的开展带来了巨大挑战。因此，建立健全大学生思想政治教育工作机制，已成为高校完善教育管理体系的必要条件。本章将从大学生思想政治教育工作机制建设的内涵、现状分析和对策分析三个方面对该问题进行探讨，提出符合自身特点的思想政治教育工作机制，促进大学生的全面发展，为推进中国特色高等教育贡献力量。

第一节　大学生思想政治教育工作机制建设的内涵

高校思想政治教育工作是一门科学，其本身具有意识形态性和人文性的特征，正常有效运行涉及众多要素，这些要素在实践教育过程中有机结合、相互作用，并发挥各自的功能，这使高校思想政治教育工作这个有机体的运行不断复杂化和具体化。新时代下，国内外环境的变化使高校思想政治教育工作面临巨大挑战。为实现高校思想政治教育工作的实效性，必须建立标准健全、内容完善、保障有力、运行科学的工作机制，不断加强高校思想政治教育工作机制建设，培养合格的社会主义建设者和接班人，这是目前高校思想政治教育工作的重要任务。长期以来，党和国家高度重视高校思想政治教育工作，但高校思想政治教育工作总是给人一种说教的刻板印象，这一现象与高校思想政治教育工作机制不完善有很大的关系。在信息化的影响下，高校思想政治教育工作机制的运行环境也在发生变化，并且随着我国社会主义市场经济体制的建立，人们的效率意识、竞争意识、民主意识都有了显著提升，高校的管理体制和规模也在发生变化，各种因素都使高校传统的思想政治教育工作难以适应新时代的需求。对高校思想政治教育工作机制进行研究，能够提升人们对高校思想政治教育工作机制的认识。高校思想政治教育工作机制是一个综合性的研究话题，涉及高校思想政治教育工作机制的内容、组成、功能及构建等方面。因此，加强高校思想政治教育工作机制相关理论的研究，有利于从整体上加强高校思想政治教育工作的理论建设。高校思想政治教育工作机制和政策之间存在密切联系，建立合理的工作机制，有利于高校思想政治教育工作更具实效性，有利于解决在思想政治教育工作过程中出现的疑难问题，同时促进各要素发挥重要功能。

一、高校思想政治教育工作机制建设的主要内容

高校思想政治教育工作机制建设包含众多构成要素，对高校思想政治教育工作机制的不同要素进行合理有序的调节，能够全面发挥系统各要素在运行过程中的作用，这就需要对各要素在思想政治教育工作运行中的功能进行划分。

高校的领导机制是整个思想政治教育工作机制建设的重要组成部分，有分工协作就需要有领导的参与。在高校思想政治教育工作运行中，制定发展方向、任务安排、结果反馈等整个过程都需要领导进行规划。目前，我国已完善了党委领导下的校长负责制作为实施思想政治教育工作的领导机制。高校思想政治教育工作领导者具有以下职权：第一，决策权。各级党委和行政部门必须严格按照党中央对高校思想政治教育工作提出的任务规划和战略政策等实施工作，这就要求高校思想政治教育工作领导者具有规划能力和决策能力，要时刻考虑长远利益，使整个高校思想政治教育工作目标的设立符合党委与高校的要求，也要根据高校的实际情况开展一系列活动，符合高校全面发展的需要及高校思想政治教育工作系统中相关工作者的利益需要。高校领导管理人员在决策中要不断提升自身的科学思维、思想水平与创新能力，在发挥领导职能的同时还应尊重专家和群众的建议，采纳他们的思想和智慧。第二，发挥统一思想的重要作用。虽然高校中的每个部门和每个教育工作者在利益诉求上有一定的差异性，但根本利益是一致的。高校思想政治教育工作领导机制的作用之一就是增强高校各部门的向心力和凝聚力。第三，监督检查职能。在开展思想政治教育工作过程中，常常会出现目标与实际情况不一致的现象，这就需要领导管理人员能够及时地进行监督和检查，并及时地了解情况和解决问题，将责任落实到个人。高校思想政治教育工作领导机制是

为了保证思想政治教育的社会主义性质，同时也为办好社会主义大学提供政治保障、思想保障和组织保障。

高校思想政治教育工作运行管理机制的不断完善也是实现思想政治教育工作稳步发展的重要条件，能够使各个要素发挥其特有功能，其过程主要经历以下几点：在决策机制运行之前，主要由高校领导机制发挥作用，为实现目标对现实中存在的矛盾问题进行调查和研究。运行机制作为高校管理机制中重要的组成部分，和运行目标有着密切的联系，高校各部门之间和相关工作人员要时刻掌握机制执行的目标和任务，使高校思想政治教育工作向正确的方向前进，并且形成良好的秩序。高校思想政治教育工作运行管理机制的不断优化，能够使高校思想政治教育工作健康有序地开展，从而为大学生的思想政治教育提供基本保障。

高校思想政治教育工作目标和计划的顺利完成，离不开管理和监督。监督有利于获取和反馈工作中的实际情况，为相关工作人员提供参考，也能够发现其中存在的问题，及时地对思想政治教育工作的决策或规划进行调整。监督机制贯穿整个思想政治教育工作过程，对各个环节进行反复监督。在不断循环监督的过程中，我国高校思想政治教育工作才能不断发展。在高校实际教育过程中，监督机制要按照层级关系运行，由上级领导负责整个系统的运行方向和调控，下级负责落实上级制定的相关任务。合理的监督机制能够促进整体的运行和目标任务得到落实，也有利于上下级之间形成统一的思想和行为，同时有利于整个思想政治教育工作机制合理高效地运行。因此，高校思想政治教育工作监督管理机制的建设，能够有效地促进高校思想政治教育工作稳步发展。高校思想政治教育工作队伍建设机制是指对思想政治教育工作者进行选聘考核的系统流程。高校思想政治教育工作的正常开展需要一支具有扎实的理论功底和坚定的政治素养的工作队伍，目前主要是由党政干部、思想政治教育工作者、辅导员等成员组成。现阶段，各大高校都是根据党中央的指示来发挥高校思想政治教育工作队伍的建设效力，普遍加强了思想政治教育工作人员的培训和选聘工作，并且思想政治教育工作队伍的人数也在不断增加，队伍的稳定性不断增强，专业化程度不断提升，在思想政治教育工作队伍建设上取得了重要成果。

高校思想政治教育工作的激励约束机制具有重要的导向功能，使高校机制合理地运行，并且按照预定目标进行，正确处理和协调队伍中的人际关系，保持正确的发展方向，对推动思想政治教育工作的发展具有重大意义。在实际的教育工作中，高校的思想政治教育工作激励约束机制一般以正面激励为主，以激励和约束相结合的方式来开展。现阶段的高校思想政治教育工作的约束激励机制仍然存在效果不明显、力度小等问题。因此，要不断探索科学合理的激励约束机制，并使其向个性化和规范化的方向发展。高校思想政治教育工作的反馈评估机制也是思想政治教育工作中的重要部分。通过反馈将存在的问题进行收集和分析，并提出正确的解决方案。评估能够对实际思想政治教育工作的运行过程和结果进行有效的评估，并对高校思想政治教育工作的各个部门和个人进行实际考察。反馈评估工作的开展有利于思想政治教育工作内容的优化，应创新思想政治教育工作的形式和方法，进一步实现思想政治教育工作的科学化发展，促使思想政治教育工作者从实际出发考虑问题和解决问题。

二、高校思想政治教育工作机制建设的重要性

高校思想政治教育工作机制的建设与实践之间有着密切联系，健全的工作机制能够预见和解决思想政治教育工作运行过程中出现的问题，在一定程度上能够提升思想政治教育工作的针对性和实效性，同时也有利于激发各要素发挥其重要功能，并提高高校思想政治教育工作的整体运行效率。

第一，有利于发挥高校思想政治教育工作的整体功能。高校思想政治教育工作中的各个要素之间在空间和时间上能够形成良好的联系，所形成的结构就是高校思想政治教育工作的机制。这就要求我们用整体的观点看待高校思想政治教育工作系统，将高校思想政治教育工作系统作为一个有机运行的整体，在发挥其整体功能的过程中不断优化高校思想政治教育工作机构。如果高校思想政治教育工作杂乱无章地开展，就会造成各要素之间不能有效沟通和互相作用，也会使高校思想政治教育工作系统无法形成一个良好的有机整体。

第二，有助于提升高校思想政治教育工作的实际效果。建立科学的高校思想政治教育工作机制，能够提升高校思想政治教育工作的实效性和针对性，也可以

促进思想政治教育过程中各要素之间的相互作用，提升实际工作的运行效率。目前，高校思想政治教育工作的效果还没有达到很好的预期，针对这一现状，有很多学者和专家提出了一些建议，比如在思想政治教育工作的内容中加入新的形式和资源，丰富教学内容，加强思想政治教育工作队伍建设等。但是实际运用在高校思想政治教育工作中却有一定困难，依照目前高校思想政治教育工作的现状来看没有太大的改观。主要原因在于没有建立一套科学的思想政治教育工作运行机制，这也导致思想政治教育工作中各个要素之间相互脱离，不能进行有效沟通，不能形成一个完整的有机体，也就不能发挥其整体效应。

第三，有利于推动高校思想政治教育工作科学化发展。研究高校思想政治教育工作机制的建设和优化，能够不断地加强各要素之间的有效结合。对高校思想政治教育工作机制相关问题的研究主要包含思想政治教育工作机制的内涵、组成部分、研究意义及机制的整体构建。要做好这一项目研究，就必须从整体上加强思想政治教育工作机制的理论建设，这样不仅可以丰富整个思想政治教育工作的基本理论，还能够推动高校思想政治教育工作科学化发展。

第二节　大学生思想政治教育工作机制现状分析

高校思想政治教育工作机制是高校思想政治教育工作中的重要组成部分，要不断深化探索其发展规律，就必须对存在的问题进行充分了解。

一、高校思想政治教育工作机制建设取得的成果

通过对自中华人民共和国成立以来高校思想政治教育工作机制的建设历程分析可知，党中央在各个历史阶段都非常重视高校的思想政治教育工作，并且提出了重要指导思想和意见。经过长时间的努力，高校思想政治教育工作机制在建设方面取得了一定的成绩，并通过实践积累了丰富的工作经验。高校思想政治教育工作的领导机制和队伍建设机制也在稳步发展，思想政治教育工作队伍也在不断完善。我国在思想政治教育工作机制建设方面取得的成效主要体现在以下三点：一是思想政治教育工作在高等教育中具有重要地位，并且领导机制相对完善，实

现了全员育人的共识；二是形成以党委、学校相关管理部门、教学部门为主体，学生服务部门为补充的系统结构，人员的招聘和培训也在不断规范；三是高校思想政治教育工作运行机制也在不断优化，其中各要素之间能够按照秩序稳定运行，进一步推进了高校思想政治教育工作的发展。随着以德育人理念的提出，我国高校的思想政治教育工作机制也在不断地深化发展，实现了全面育人的教育目标。很多高校在开展思想政治教育工作的同时，还完善了校园的设施和服务机构，为大学生提供舒适的校园环境和生活环境。高校在思想政治教育工作人员、制度、设备方面都进行了协调发展，比如一些高校推出了一站式的服务中心，为学生的就业、学习、生活、心理咨询提供帮助，及时为大学生解决在校学习过程中面临的各种问题。高校服务内容和服务机构越来越全面，给大学生的学习成长提供了基本保障。

高校除了采用传统的思想政治教育渠道之外，还在党政干部的领导下积极地拓展教学模式的新形式，并且取得了重大成果。近年来，高校思想政治教育工作也在推行新的教育途径和教学方式，全面加强思想政治教育工作和社会实践活动相结合。尤其是网络的运用，为高校的思想政治教育工作提供了极大的便利，网络思想政治教育推动了高校网络管理的规范化和制度化建设，在思想政治教育工作方面提供了很大助力。另外，高校还加强了大学生心理健康教育，组织开展了丰富多彩的心理健康实践活动，提升了大学生的心理健康水平，全面提高了大学生心理健康教育的实效性。高校还加强了社会实践活动和校园文化环境建设，有利于引导大学生积极地参与相关活动，使大学生通过实践活动得到磨练和成长。这些方式与传统的教学模式相比更具实效性和生动性，深受大学生喜欢。通过近年来的不断探索和创新，高校的思想政治教育工作取得了重要成果。

高校的思想政治教育工作为我国的社会主义现代化建设事业提供了一定的人才保证，并为国家的稳定和经济发展作出了重要贡献。高校师生是一支特殊的政治队伍，规模较大，并具有特殊的辨别能力和政治敏锐性。因此，我们应更加重视高校思想政治教育工作的开展。高校思想政治教育工作者要坚持正确的价值观，树立坚定的政治信念，加强法律教育和道德教育，不断提升大学生的思想道德水平和法治观念。高校要优化校园网络环境，将网络教学与现实教学有机结合，探索新的思想政治教育工作模式，加强校园文化的后勤保障工作，强化教书育人的思想观念。这一系列措施都是高校开展思想政治教育工作的重要手段，能够为高校的教育环境提供稳定的运行体系，进而培养出更多对社会有价值的人才。

二、高校思想政治教育工作机制建设中存在的问题

目前，我国高校思想政治教育工作机制建设已经取得了一定成果，但是仍然需要采用客观的态度来审视当前机制的建设情况。高校思想政治教育工作机制建设过程中还存在一些不容忽视的问题，这些问题在很大程度上制约了高校思想政治教育工作的健康发展，因此高校要正确面对目前存在的一系列问题，进一步加强和完善高校思想政治教育工作机制建设，从而全面推动高校思想政治教育工作实现稳步发展。

（一）高校领导机制方面存在的问题

思想政治教育工作是高等教育的重要组成部分，但因为高校思想政治教育工作本身具有隐性化和长效性的特点，而且部分领导片面地强调政绩，只看重学生的成绩与就业方面的问题，这种功利意识在很大程度上使高校的思想政治教育工作的战略性大大超出了思想政治教育工作内容，从而导致思想政治教育工作只在教学中具有一定作用。在思想政治教育工作的具体执行过程中，一些部门认为思想政治教育工作只与思想政治课教师和思想政治部门有关，与其他部门没有关系。一些专业课教师也认为思想政治教育工作任务应由思想政治课教师或辅导员来完成，而没有将思想政治课内容融入课程教学中。甚至部分高校设置的辅导员岗位仅仅是为大学生提供日常事务管理，在思想政治教育工作方面没有起到应有的作用。之所以出现思想政治教育工作相互推诿的现象，其根源在于高校思想政治教育工作权责不明，重视程度不够，对思想政治教育工作的态度不端正，这导致高校思想政治教育工作机制建设存在很多问题。虽然目前高校思想政治教育工作在机制建设方面取得了一定的成绩，但还未形成协调统筹和长远规划的机制理念，对此高校需要更加重视并不断完善。

（二）教学管理机制方面存在的问题

高校思想政治教育工作的主要内容是思想政治教育，提升大学生的整体道德素养和培养大学生的社会主义人格是思想政治教育的主要内容。由于传统的思想政治教育模式在很大程度上制约了高校思想政治教育的发展，在传统的教学模式中只是由教师单方面地传输给大学生一些理论知识，大学生处于被动地位去接受教育，在这一过程中过于强调了教育工作者的主动性，却忽视了大学生的主动性。又因为教育工作者在教学过程中单向传授的行为具有一定的强制性，从而限制了大学生的主观能动性，仅局限于认同性的反馈。在实际的思想政治教育过程中仍存在不平等交流的现象，这也是目前我国高校思想政治教育机制存在的一大问题。这些问题直接导致高校思想政治教育变成了强制性灌输的说教模式，而大学生对思想政治教育的一些反馈没有真正意义上的有效交流，并且教育工作者也没有足够重视大学生的真实需求，甚至部分大学生对教师提出的观点虽然表面上认同但是心里却不服，这一现象也使教师感觉到自己的辛勤付出得不到相应的回报，这就给双方带来了两难的困境，也是思想政治教育机制存在滞后性的问题。

思想政治课教师和辅导员对高校的思想政治教育工作起着示范、引领、发动的主要作用，是高校思想政治教育工作的中坚力量。但在目前高校实际教学过程中仍存在思想政治课教师素质不高以及教学方法单一的问题。思想政治课教师是进行思想政治理论教学的重要主体，在整个教学过程中起着重要的主导作用，但仍有一些思想政治课教师对所传授的知识没有真正掌握，极少数的思想政治课教师素质不高，甚至不注意自身的基础知识理论储备能力，只是将课本上的内容照搬在教学活动中，不注重教学活动中的探讨，对于一些思想政治难点讲不清也分不清，对于大学生提出的问题也不能给予及时有效的解决，其课堂教学效果很难得到大学生的认可。另外，高校思想政治教育普遍存在教学模式单一的现象，大部分高校是采用灌输式的方法进行课堂教学，采用研讨式和互动式教学方式的高校是少之又少。对于这一现象，部分高校领导也没有重视，其主要原因在于高校思想政治教育工作的管理机构不明确，日常的工作管理是由高校领导部门完成的，工作开展是由其他职能部门负责的，教师的教学工作没有得到相应的重视。还有辅导员对自身的工作机制不太了解，日常工作大多数是帮助大学生处理日常事务，在整个教学体系中扮演着“办事员”的角色，导致辅导员在工作中出现职责不明和定位不明的情况。而且辅导员和思想政治课教师之间没有进行有效的沟通和交流，在实际工作中产生分离的现象，这也对高校思想政治教育工作的效果带来很大影响。

高校思想政治教育工作的对象不仅包含大学生，还包括教育工作者。要充分了解和掌握高校思想政治教育工作的实际要求，可以通过调研对全体教职工和大学生的思想状况进行全面了解。可以通过大数据技术，搭建校园内部反馈平台，有计划地了解思想政治教育工作开展的实际效果。对高校思想政治教育工作的实际开展状况进行了解，判断目前高校思想政治教育工作现状和目标之间的差距，这是高校思想政治教育工作科学制定领导决策的重要环节。要认清不断地改进和加强高校思想政治教育工作的重要性和持久性。高校思想政治教育工作的现状是不断变化的，而高校思想政治教育工作的任务目标是长远性的和具有战略性的，因此要随着高校思想政治教育工作的不断变化作出及时判断，还要认识到高校思想政治教育工作的现状与目标之间的差距，只有正确认识这些方面，才能提升领导决策的有效性。

第三节　大学生思想政治教育工作机制建设的对策分析

高校思想政治教育工作具有一定的系统性，涉及高校对大学生的管理、教育和服务等多个方面。对于这一系统机制的优化和完善需要借鉴以往的经验，并结合当前思想政治教育工作的发展现状及具体问题，系统拟定高校思想政治教育工作机制的建议与措施，从而使整个高校思想政治教育工作机制建设形成科学化和规范化的模式。

一、加强高校思想政治教育工作领导机制

高校思想政治教育工作领导体系是以党委领导下的校长负责制，建立统一领导、分工合作、协调运行的领导机制，是促进高校思想政治教育工作全面发展的

关键。新时代对高校思想政治教育工作提出了更高的要求，高校党委和相关领导部门是高校思想政治教育工作的主导者，要不断加强整体素质和管理能力。要进一步优化高校党委的组织架构，并在此基础上加强基层部门的组织建设。对不同的部门采用相应的考核制度，对于履行责任不到位的党政干部要追究责任。高校还应加强领导人员的思想政治建设，重视高校党委的党建教育，通过开展一系列的党政活动和宣传活动，对高校党委领导和干部进行相应的素质培训，不断提升其工作作风和能力水平。另外，还应加强党委和领导干部的教育管理水平，把握高校教育和办学规律，不断提升高校思想政治教育的整体水平。高校要切实履行从严治党的政治责任，高校领导和相关部门要认真落实从严治党的各项要求以及不断完善党建工作的责任制，严格按照党政纪律和要求开展一系列工作。

高校思想政治教育工作必须严格贯彻落实民主集中制，要不断健全高校党政干部的政治议事决策制度，不仅要发挥党委的领导作用，还要保证学校领导能够在党委的指示下依法开展各项工作。还要建立完善的领导责任制，在高校思想政治教育工作组织机构中将责任划分到每个人身上，党政干部要充分发挥领导的带头作用，相关部门和思想政治教育工作者要在党委的领导下开展工作，高校要对每一位工作者的工作任务进行一定的评估，对不合格的成员给予一定的处罚。另外，高校党政干部应积极吸取一线教师和大学生的意见，不断加强自我监督和自我批评，在思想政治教育工作中求真务实。除了提升管理能力之外，高校党政干部还要走进大学生群体与学生进行平等自由的交流，虚心听取大学生提出的一些建议和意见，掌握基层教学活动中存在的问题，并为今后的教育机制改善提供重要的科学依据。要不断加强高校思想政治教育工作领导的责任意识，提升教育工作者的整体服务能力和服务水平，优化组织机构向专业化方向发展，切实落实党委领导下的思想政治教育工作，增强责任感和使命感。

二、优化高校思想政治教育工作的运行管理机制

高校思想政治教育工作运行管理机制是高校在实践活动中各个机构功能相互作用的过程，高校思想政治教育工作运行机制是制约和引导高校思想政治教育工

作实践活动的主要原则。不断优化高校思想政治教育工作运行管理机制，能够促进高校思想政治教育工作的有效开展。

不断深化高校思想政治教育工作，发挥网络文化育人功能是开展思想政治教育工作的重要方面，合理运用大数据和网络对思想政治教育工作进行创新，推动高校思想政治教育工作在技术层面的提升，不断提高高校思想政治教育工作的效率。首先，高校思想政治教育相关部门或工作者可以通过大数据统计大学生在网络中的具体行为，并进行分析，如对大学生在网络平台中的下载、评论、转发等行为进行分析，从而了解高校大学生的上网规律，进而了解大学生的行为模式及心理特征，并对大学生的价值取向有一定的认知。通过大数据对大学生的上网特点进行分析，找到大学生喜爱的信息内容，从而进行针对性的信息推送。高校思想政治教育工作者要充分发挥高校网络资源的优势，积极创作网络传播资源，针对性地创作一批优秀的思想政治教育网络作品，不断提高校园网络文化的传播效果和效率，实现“线下＋线上”联动的教育模式，为大学生营造一个良好的网络生态环境。另外，目前很多高校已经建立了较为成熟的网络系统，积累了大量的学生数据，如消费记录、图书馆借阅记录、成绩数据等，这些数据中存在大量复杂且关键的信息，高校可以对大学生的读书偏好和消费习惯进行分析，并将高校中各部门所积累的数据进行融合，通过技术手段进行整理和分析，挖掘其中具有价值的信息，从而对大学生进行画像分析，这样才能使高校思想政治教育工作者全方位地了解大学生，掌握大学生的生活动态和学习情况，更加有针对性地开展思想政治教育工作。

思想政治课程是高校开展思想政治教育工作的主要渠道。当前，高校思想政治课程教学存在形式单一、教学内容滞后的现象，还有部分思想政治课教师的基础理论水平不高，对教学工作不够重视等问题，在很大程度上影响了思想政治教育工作的针对性开展。首先，对高校思想政治教育内容的不断创新是高校思想政治教育工作运行机制得到优化的关键点，必须坚持创新高校教育理念，加强思想政治教育内容建设，提升思想政治教育师资整体力量，不断优化教学模式。高校思想政治课建设是推动高校思想政治教育工作改革的重要方向，不断优化教学体系，推进教学创新变革，同时还要注重专业课程对思想政治理论基础的运用，构建以思想政治课程为中心，其他课程为辅助的协作育人体系，从而实现思想政治教育工作效果的最大化。其次，高校思想政治教育工作者要不断创新教学模式，采用丰富多彩的形式，将线下与线上的教学活动有机地结合起来。高校思想政治教育工作者还要积极地运用新的网络技术和新媒体，可以利用远程教育或网络平台对思想政治教育工作进行辅助。最后，高校思想政治教育工作者要根据高校教学过程中所存在的实际问题进行探索和分析，还要对大学生中存在的问题积极地处理，将理论知识与时政热点相结合，大胆地提出新见解和新观点，运用理论分析并将理论运用于教学工作中，全面推进思想政治教育工作的创新和变革。

高校思想政治教育工作主要分为管理、教学和服务三个部分。高校思想政治教育工作需要各个部门的积极配合，形成强有力的思想政治教育工作合力。教务处需要对思想政治教育课程进行分配，发布教学任务，还要积极配合教研部和网络处开发相关教学软件等。高校教研部要按照实际教学大纲开展高校思想政治教育课程教学工作。学生服务部门应积极与辅导员和班主任做好大学生的思想政治教育工作，尤其是在课堂和生活中对大学生进行积极引导。学生服务部门还要充分发挥服务功能，可以聘请学生干部或者学生助理参与具体工作，使学生服务工作更加便捷和人性化。通过高校各个部门的合力参与，将教育工作融入高校每一个角落中，促使高校通过教育工作机制更加有序地运行。

三、重视高校思想政治教育工作队伍建设机制

培养一支政治坚定、机构合理、人员稳定的高素质思想政治教育工作队伍是高校思想政治教育工作开展的重要保障。通过各部门的互相协作形成合力育人的机制，才能实现高校思想政治教育工作的任务目标。高校思想政治教育工作者是开展思想政治教育工作的主要力量，对思想政治教育工作有着重要作用。高校思想政治课教师是思想政治教育的传授者和承担者，辅导员队伍是高校思想政治教育工作中的骨干力量，这两支队伍对高校思想政治教育工作有着不可替代的作用。对于高校辅导员的选聘方面有着很高的要求。辅导员在大学生的成长过程中肩负着重要职责，他们与大学生的联系非常密切，辅导员的思想政治水平在一定程度

上会对大学生产生影响。因此，高校辅导员应具备完善的理论基础知识，且有较强的组织能力和管理能力，能够有效地完成高校领导发布的工作任务。对于高校辅导员的选聘工作，可以采用公开招聘或者推荐等形式，并且高校的人事部门及职能部门也应积极地参与相关审批工作，对辅导员进行相应的面试和考核，选取优秀的辅导员加入思想政治教育工作的队伍中。高校还要不断地优化辅导员选拔的各项规章制度，真正达到科学化、规范化和制度化，并且要明确选聘标准和审批程序。思想政治课教师是开展思想政治教育的传授者和承担者，高校要按照一定的师生比例和实际教学工作量配备足够的思想政治课教师，从而保证思想政治教学的基本需求。结合目前高校的实际情况，高校思想政治课教师要具有较高的正规教育学历，如具有硕士学位或者博士学位才能够担任思想政治课教师，对教师的专业知识要提出更高的要求。对于思想政治课教师的外聘也要严格把关，引进高素质的人才不断地充实高校思想政治课教师队伍，从而建立一支专业的教师队伍，不断地完善思想政治教育工作队伍的建设机制。

科学和系统的培训能够提升高校思想政治教育队伍的整体综合能力，也是促进高校思想政治教育工作有序开展的重要途径。要针对思想政治教育工作者的不同工作职能制定相应的培训体系，从而提升队伍的整体素质，使高校思想政治教育工作发挥重大价值。要始终保持辅导员在思想政治教育工作中的优势地位，就必须对辅导员加强培养教育，首先要建立国家级、省级和校级三级培训体系，并且要在日常工作中进行培训，不断地提高辅导员的政治素养和解决问题的能力，通过相关的实践活动提升辅导员的实践工作能力。由于当代大学生在学习中面临情感、社会方面的压力，心理障碍和心理亚健康变得越来越普遍，因此对高校辅导员进行相关的心理健康培训，有助于解决学生各方面的问题。还应按照教育部的人才培养计划，设立辅导员培训经费，并且选定一些优秀的辅导员进行脱产培训和进修，积极选拔优秀的辅导员参加国际交流和考察。积极鼓励和支持辅导员立足本职岗位，使其成为专业性人才。还要将辅导员队伍作为党政干部的后备人才库，不断地加强辅导员的基层实践锻炼和政治素养，还可积极地向校内的管理工作岗位或者其他组织部门推荐优秀的辅导员。还要加强思想政治课教师的培养工作，提升他们的整体综合能力和教学水平，这对思想政治教育工作的开展有着重要意义。提高思想政治课教师的整体综合能力是一项系统工程，需要各个部门和相关人员的配合。对于一些新上任的思想政治课教师的培训主要是提升素质和教学能力；对于一些资深的思想政治课教师的培训主要在于科研能力的提升。不断加强和完善高校的师德建设，加强社会主义核心价值观教育，重视心理健康教育和法制教育，提高教师对师德的认知能力，让高校教师明确其是思想文化的传播者、学生学习成长的引路人，在实际教学过程中秉持坚定的政治信仰，全面贯彻落实习近平总书记关于教师的重要论述精神。还要加强教师在信息和知识方面的学习更新，通过优化专业内与专业外的知识，使高校思想政治课教师跟上时代的变化，以满足大学生的个性化需求。高校思想政治课教师只有不断地更新理论知识，提升教学技能，才能更好地适应新时代环境下的思想政治教育工作。教学方式的不断升级和创新也对高校教育工作者提出了一定的要求。要积极引导和培训教师对教学模式加以改进和调整，加强思想政治课程内容的不断完善与教学方法的变革，通过理论教学和实践教学的有力结合，引导学生通过线上进行自主学习，并且要努力提升思想政治教育课程的说服力、吸引力和感染力。高校可以针对性地开展校内和校外培训，通过实践活动增强教育工作者的实际教学经验，加强教育工作者和学生之间的交流，进而掌握大学生的真实需求。

在重视高校思想政治教育工作队伍培训过程中，还应建立规范的评估考核体系。考核评估能够促进队伍不断优化，通过考核还能够促使高校思想政治教育工作者在开展工作时更加尽心尽责，并且认真地完成工作。不断优化工作手段和工作方式，能促进工作队伍整体素质和专业能力的提升。一方面，可以建立完善的辅导员考核体系，辅导员的评估体系制定要以党中央的重要思想精神为基础，以辅导员的实际工作职能为内容，不仅要反映辅导员的思想道德、工作态度、管理能力和创新能力等方面的指标。比如对于辅导员的组织能力和创新能力，可以用较差、良好、优秀三个等级进行衡量。在对高校辅导员的相关考核和评价中，可以运用多样化的考核形式，不仅有季度考核评价，还有年度考核评价，也可以有辅导员的相关互评与自评等评价，从而全面地反映高校辅导员的实际工作情况。

同时，还要建立辅导员的评优机制，不断完善高校辅导员奖惩体系。可以按照辅导员的实际工作能力和业绩表现，按年度评选一批优秀的辅导员并加以表彰。对于一些工作能力较差的辅导员要予以批评教育，并使其积极地改正，对于一些毫无改进的人员进行劝离或者调岗。高校在辅导员的考核过程中必须做到公开、公平、公正，只有透明化的考核评价才能得到辅导员的认可。另一方面，建立高校辅导员晋升机制，激发高校辅导员的主动性和积极性，使其向专业化的方面发展。不断优化辅导员的政治素养和实践工作能力是高校辅导员建设的重要途径，同时也是高校思想政治教育工作顺利进行的重要保障。根据学校管理干部补充的需要，高校内部的工作岗位传输和组织部门的推荐是高校辅导员职业发展的重要途径。为辅导员提供一定的管理工作岗位，建立相应的辅导员选拔机制，保证选拔机制的公平性，将优秀的辅导员纳入高校的管理岗位中，不仅能够填补高校管理干部的空缺，也能够提高高校辅导员的工作积极性。另外，将辅导员向学校科研岗位或教学岗位进行输送，也能够在一定程度上充实科研队伍和教学队伍。高校应向一些志愿参加教学或者科研的辅导员提供相应的学习条件，配备相应的专业教师对其进行培训。高校辅导员也可以在不影响工作的前提下进行其他专业课程的进修，或者参与一些实践教学活动或科研活动。

思想政治课教师的考核评估机制也要坚持公开、公平、公正、民主的原则，将考核的相关程序和标准进行透明化管理，给广大教育工作者提供一个公平的竞争平台。可以通过网络教学评估，建立一套定量、定性的考评机制，对于一些在实际工作中表现优秀的思想政治课教师进行一定的奖励，对于一些无法胜任岗位的教师进行调离或者劝离。根据高校思想政治课教师的工作内容作出的考核评估主要有：思想政治课教师政治素养方面的考核、思想政治课教师师德师风方面的考核、思想政治课教师实际教学过程方面的考核、思想政治课教师工作成果方面的考核。对于高校思想政治课教师政治素养方面的考核主要包含知识储备、政治立场、理想信念、教学能力和科研能力素质测评，主要用于思想政治课教师的职位晋升和职称评定；对于思想政治课教师师德、师风方面的考核，要建立考核、教育、监督、宣传、奖惩相结合的师德建设工作机制，积极引导高校思想政治课教师做到自律自强，同时努力做学生爱戴的学问之师，对于跟不上时代的或者理想不坚定的教师进行劝退或调岗；对于思想政治课教师教学过程方面的考核主要包含课堂教学活动和课外活动的组织能力，以及参加相关政治文化学习和教学研究等内容，其目的是提升高校思想政治课教师的整体教学质量，促进教学活动的有效开展；对于思想政治课教师工作成果方面的考核内容主要包含思想政治课教师的教学课时、科研成果的数量，以及教师的实际教学质量和科学成果的等级。高校思想政治课教师的考核方式是通过公开的投票或者评价进行的，主要通过调查问卷等方式对思想政治课教师的教学技巧和表达能力及课堂活动组织能力等方面进行评价，领导可以通过听课、考察教学效果记录、考察科研成果记录或检查教师教案等方式，给予思想政治课教师一定的评价，要充分了解思想政治课教师的整体政治素养、知识储备能力及课堂教学能力。高校相关领导和专家利用客观的判断和广阔的视野对思想政治课教师进行评价，一方面，突破了教师与学生等评价主体的局限；另一方面，教师自身的评价也可以促进教师之间不断进行调整和提升工作能力。不断优化高校思想政治教育工作者的整体素质水平，建立完善的评估考核体系，帮助思想政治课教育工作者认识自身与大学生中存在的问题，从而有针对性地开展培训和实践活动，进一步提升高校思想政治教育工作者的整体工作能力。

四、强化高校思想政治教育工作激励和约束机制

激励能够增强人们的工作动力和工作积极性，约束是防止一些有损组织利益或个人利益而对人们进行一定制约的行为。在高校思想政治教育过程中，激励和约束机制能够推动高校思想政治教育工作的平稳发展，也能够正确协调人际关系，使思想政治教育工作坚持正确的方向。因此，高校思想政治教育工作者可以运用激励机制和约束机制，充分发挥其调节作用，并不断地完善约束机制向全面化、规范化方向发展。

高校思想政治教育工作的激励和约束机制在思想政治教育工作中有着重要的导向功能，能够在一定程度上调动思想政治教育工作者的创造性和积极性。该层面的激励和约束主要是以高校思想政治教育工作系统为目标群体，是为了提升高

校思想政治教育工作系统中各个部门和成员的工作效果，从而建立的相应机制。高校应有全面且规范的评估机制，对高校思想政治教育工作者的工作成果与工作效率进行一定的评估考核。高校思想政治教育工作激励和约束机制的制定要根据以往考核评估的结果，根据考核结果分析高校教师在实际工作中存在的优缺点，再结合高校思想政治教育工作的主要任务设定相应的激励和约束机制，对高校的实际教育工作进行约束、调节，以达到预期目标。不断地完善高校思想政治教育工作约束机制，在高校整个教育系统中各个层级和各个部门都要采用激励和约束机制，使其不断健全和完善，从而用更高的标准和管理制度约束相关部门或工作人员，促使高校思想政治教育工作者正确履行职责，使高校各个部门的管理水平和服务水平得以提升。高校在不断完善和制定内部思想政治教育工作制度中要发挥奖惩机制的约束作用，并根据高校的实际情况制定相应的奖惩机制，以切实符合校园与各部门的需求。

高校思想政治教育工作者的激励和约束机制应将日常管理和考核激励结合起来，充分发挥激励和约束机制在高校人才培养中的重要作用。一般情况下，高校思想政治教育工作队伍的激励和约束主要是以正面激励为主，将激励和约束有效结合，可以将思想政治教育工作人员的实际需求作为出发点制定相应的机制。高校领导也应通过一定方式了解高校教职工的真实需要。虽然金钱等物质条件能够满足大众需求，但从长远角度来看，思想政治教育的激励和约束更应从思想政治教育工作者的长远发展方面着手，为他们的成长提供相应的条件。此外，激励和约束的有效结合和正常运行必须建立在全面且准确、及时的信息沟通上，这在一定程度上就要求高校领导公布激励和约束机制的规范制度与设计理念，使大众认同。另外，还要根据思想政治教育工作者的实际情况，对激励和约束机制能否正常运行作出分析，建立合理且能够促进高校思想政治教育工作机制正常运行的激励和约束机制。可以通过相关的培训和实践，检验激励和约束机制是否合理。高校的思想政治教育工作激励和约束机制必须坚持奖惩合理、公平公正的原则，既要明确如何奖惩、是否奖惩，还要根据合适的时机和场合进行奖惩。只有遵守以上要求和条件，才能使高校思想政治教育工作的激励和约束机制不断全面化和规范化，也能够促进思想政治教育工作系统、科学、有效地运行。

目前，针对大学生思想政治教育的激励机制已经取得一定的成效，但仍存在效果不明显且形式单一的问题。当前，高校对大学生的激励方法主要有通报表扬、荣誉称号、推荐入党等方式，这几种方式的影响力都不大，且存在严重的形式主义。目前，高校对大学生思想政治教育工作的激励应更加细化，可以从大学生日常生活方面或朋辈之间的帮助进行激励，高校对大学生的思想政治教育工作激励机制必须贴近学生的需求，从实际情况出发，考虑大学生的发展状况，以及学生、学校和社会的利益等。将管理、教育、服务相关职能和高校发展联系起来，把大学生的人格塑造和社会发展进步有机结合。另外，可采取灵活的激励方式。激励机制要取得良好的成效，就必须根据大学生的不同特点与实际需要选择合适的激励方法和激励形式，灵活地采用与激励目标、激励对象相匹配的激励手段。人的需要主要有以下五个方面：生理需要、社交需要、安全需要、尊重需要和自我实现的需要。因此，我们可以采用相应的精神激励和物质激励相结合的形式，物质激励对大多数的大学生有着直接明确的效果，对于短期目标的激励可以选择物质激励；精神激励在某一层面上与人的价值观和思想有着密切联系，会对人产生潜移默化的影响，因此相应的精神激励机制也是必不可少的。

合理的激励方法和方式还需要把握激励的程度，激励不足和过度激励都无法充分发挥激励的重要作用，甚至会起到反作用，挫伤大学生的积极性。高校通过激励方式提高思想政治教育工作实效性的同时，必须构建合理的思想政治教育工作机制，要针对大学生的实际需求并通过多种方式方法合理有效地对大学生进行一定的激励，从而提升和激发大学生的主动性和积极性。

对高校大学生进行思想政治教育工作时，要注重思想政治内容的优化和调整，使其对大学生的思想品德和行为规范进行一定的约束。高校思想政治教育工作部门要不断地完善大学生的道德行为准则，对于学校的相关制度要不断地完善，为新时代的大学生提供相应的道德行为规范，学校的规章制度与约束文件要足够清晰，才能够成为高校大学生的思想行为指南。另外，高校还应建立和健全高校思想行为管理与监督机制，对大学生的思想与行为偏差进行规范和约束。各院系和各部门要在学校党委的领导下对学生的思想道德与行为方式进行多方面的检查，及时发现大学生存在的思想和行为方面的问题并及时纠正，可以采用教育批评或处罚等多项措施。当高校大学生的思想政治教育工作实现由“他人管束”到“自主自律”转变时，就意味着大学生的自我约束行为已经形成。在高校实际教学过程中，要体现出公平性、规范性和民主性等特点，使大学生感受到相关制度对思想政治教育工作的重要作用。只有每一个大学生都能够做到自觉遵守纪律，才能真正实现外部制度约束与学生内部约束自觉性形成统一。

五、建立全面的高校思想政治教育工作评估反馈机制

高校思想政治教育工作的目标任务需要不断地进行反馈和评估，对教育工作的过程和结果进行科学的判断和调查，对思想政治教育过程中存在的问题进行及时诊断并作出总结，不断改进思想政治教育工作的方式方法。评估机制能够为高校思想政治教育工作正常开展提供有力的决策依据，同时评估机制也离不开相应的反馈，高校根据思想政治教育工作的反馈信息能够调节各方面的关系，并对反馈信息进行一定的处理再反馈，使高校思想政治教育工作系统作出科学、稳定的决策。通常高校思想政治教育工作的评估和反馈是同时进行的，评估具有阶段性和整体性，反馈具有随时性和细节性，因此评估和反馈的有效结合能够使思想政治教育工作系统决策的内容更加完善，建立完善的评估反馈机制对高校工作的具体执行有着重要作用。高校思想政治教育工作的考核机制要实现评价主体的多元化，进而对高校思想政治教育工作进行整体评估。高校思想政治教育工作考评必须满足社会与高校的实际发展需要，并且将大学生的全面发展作为重要依据，还要将高校思想政治教育学科的发展规律作为主要参考，从而在考核方法上体现出整体性和多元性，建立一套全方位的考核评估体系，并且要充分认识评估和反馈的导向作用，保证考评主体和考评结果的公正性和科学性，以及高校的评估手段要做到公开、透明。

通过民主化的评估体系能够改变传统的直线性评估体系。在高校考核的权益上，上级可以对下级进行评估问责，下级也可以对上级进行评估问责，教育工作者可以对管理人员提出意见，对于现实教育过程中存在的问题可以反馈给上级领

导。高校还要不断地引进校外人员加入高校内部的思想政治教育工作考核小组，比如可以聘请校外专家、家长代表等，对于他们提出的意见和建议要尊重并实施。高校评估机制的设定还要考虑细致化，具体为：对教师在教学过程中能否培养大学生求真务实的学习态度进行评估，对大学生管理人员能否培养大学生关爱他人的道德品质进行评估，对高校服务人员在完成本职工作的同时能否向大学生传授爱岗负责的道德理念进行评估，等等。在这种理念下所构建的高校思想政治教育工作评估机制，是针对高校各个部门的职责范围进行的，在实际教育工作中要贯彻党的教育方针。高校相关部门还要针对性地设计思想政治教育考核方案，不断深化对各基层和各院系思想政治教育工作的评估，对大学生和评估对象进行全面考核。在评估思想政治教育工作的效果时，要从受评对象的学习、生活、工作等各个方面进行考核，在考核过程中不能干扰其正常工作和生活。

高校还要实行动态化的评估。在评估过程中可以将评估的目标更加细化，将整体目标划分为一阶目标和二阶目标，还可以划分为一般目标和重要目标。这种细化的目标划分有利于提升评估过程的有效性和针对性，也能够促使思想政治教育工作有效进行并起到督促和激励的作用。在评估过程中，频繁的考察在某种程度上会给评估工作带来一定难度，为了降低评估过程的复杂性，可以在一定条件下采用抽查法。过程性评估不仅能够减少年度考核中存在的虚假行为和应付心态，也有利于高校领导随时掌握基层思想政治教育工作的实际运行情况。高校思想政治教育工作的评估反馈机制必须和其他机制相结合，使思想政治教育工作形成一个良性循环的系统。高校思想政治教育工作领导者还要明白评估体系的重要作用，了解其反馈机制和后续相关工作调整的重要性。思想政治教育工作者可以根据评估结果进行分析和研究，根据实际情况解决大学生在思想政治教育过程中存在的问题，不断优化思想政治教育的工作方法和思路。

高校思想政治教育工作是一项系统工程，在系统结构中分为多个层级，主要包含管理、教育、服务等多方面内容，每个岗位和每个层级反馈的信息有着重要作用。形成多角度的思想政治教育工作反馈机制，有利于教育工作者在高校思想政治教育工作实际运行中及时掌握信息，对系统内部各个部门的关系进行协调，有利于对运行过程中的偏差及完善后的信息进行再次反馈，有利于高校思想政治教育工作者作出科学、有效的决策。可以通过以下四个方面不断完善评估反馈机制：第一，将国家的方针政策和相关文件与高校思想政治教育工作发展相关的信息反馈给高校领导部门，有利于高校领导在制订目标方案时作出正确决策；第二，将思想政治教育工作制度和规范中可能出现的问题反馈给高校相关部门，有利于管理部门修订高校管理制度办法；第三，把各个院系的思想政治教育工作在实施过程中存在的问题及时反馈给上级部门，使思想政治教育工作者及时调整教学方案和活动计划；第四，相关部门要做好大学生个人信息的反馈工作，针对大学生反馈的一系列问题及时进行调查和解决。在具体工作的执行过程中，高校要确保各部门和相关人员全面、及时并准确地收集反馈意见。班干部可以收集本班级内学生学习和生活的相关信息；高校领导和班主任可以经常到班级了解学生的情况，保证每个大学生的建议和意见都能够及时反馈到高校思想政治教育的管理层和决策层。通过利用周末或寒暑假时间组织大学生参加社会志愿者服务活动，充分发挥其社会反馈功能。针对高校开展的相关活动反馈结果，还可以作为测评大学生思想表现与评价思想政治教育工作的重要依据。

为实现高校思想政治教育工作组织机构的完整性，高校各个部门和各个层级要在结构关系上注重细节性与全局性形成统一，还要协调好各部门之间的联系，使整个教育工作系统处于正常有序的发展状态。高校思想政治教育工作者要充分发挥主动性，对教学过程中出现的各种问题进行分析，善于对大学生的思想动态进行预测，把握大学生的学习和生活规律与发展动态，促进高校思想政治教育工作反馈机制有效运行。

在高校思想政治教育工作系统中，领导与管理者之间基本处于单向由上至下的沟通状态，那么高校领导决策下的管理工作是通过由上至下逐层分配给相关职能部门的。在管理职能部门之间没有形成良好的协同情况下，有可能造成领导的决策目标与实际的工作效果存在一定差异。这个差异如果没有及时反馈给高校领导，就会出现领导决策与高校思想政治教育工作的实效性之间出现不适宜的现象。另外，如果高校各职能部门之间能够良好沟通，那么可能出现实际完成的任务超出领导的相关决策预期，虽然在一定程度上提高了高校思想政治教育工作的实效性，但是从领导决策方面来看是不成功的。因此，要使领导的决策与实际工作之间相互适配，就需要高校领导层与相关职能部门之间形成良好的沟通反馈机制。这个反馈机制要体现及时、平等和互动，只有实现领导和部门之间的双向沟通，才能使领导的决策与实际工作产生协同效应，从而提升思想政治教育工作的实效性。

高校教育工作机制是高校思想政治教育工作正常有效运行的基本保障，将高校思想政治教育工作纳入高等教育事业发展大局，必须从宏观的角度审视高校思想政治教育工作。今后，思想政治教育工作机制建设要强调结构功能间的相互联系、相互结合，逐步落实合力育人的思想政治教育工作方针，不断地优化高校相关制度，充分了解大学生的思想状态和价值取向，并且要充分运用新时代先进网络技术，不断地丰富思想政治教育工作内容。目前，高校思想政治教育工作机制还处于不断优化的状态，相关机制不全面并存在一些问题，面对高校思想政治教育工作机制中存在的复杂情况，对高校思想政治教育工作提出了新的要求。

第三章 大学生思想政治教育工作队伍建设

习近平总书记在党的十九大报告中谈到,“中国特色社会主义进入了新时代”,这对我国发展新的历史方位作出重大判断。高校思想政治教育工作是开展一切工作的生命线，在新时代背景下，高校思想政治教育工作也必须作出调整和创新，这就意味着对思想政治教育工作队伍提出了更高的要求。习近平总书记反复强调教育的根本问题是要解决“培养什么样的人”“如何培养人”“为谁培养人”的问题。对于高校思想政治教育工作者而言，这三个问题也是核心关注点。为此，我们必须不断地加强和改进高校思想政治教育工作，同时明确将“立德树人”作为根本任务，推动高校思想政治教育工作迈向新局面。

第一节 大学生思想政治教育工作队伍建设现状

高校思想政治教育工作队伍成员主要包含高校党政干部、思想政治课教师、班主任和辅导员。随着新时代的发展，高校思想政治教育工作队伍建设在一定程度上取得了较为明显的成果，主要表现在队伍结构逐渐完善、队伍成员整体素质水平提升、队伍管理机制不断完善。我国虽然在队伍建设方面有了一定的成效，但是还存在一系列问题阻碍着思想政治教育队伍的发展。

一、高校思想政治教育工作队伍建设取得的成果

近年来,我国高校思想政治教育工作取得了显著的成果。通过相关调查可知，高校大学生在思想观念上始终保持着积极向上的态度，对中国共产党高度拥护和爱戴，并且高度信任，由此，高校大学生充分展现出良好的精神面貌，赢得了来自社会各界的认可和好评。大学生的整体思想政治观念能够赢得大众的认可，高校的思想政治教育工作发挥着功不可没的作用。我们要始终发挥中国共产党的特色和优势，坚持党的思想政治教育理念，加强高校思想政治教育工作队伍建设。

经过多年的努力，高校的思想政治教育工作队伍也日益完善，形成了多样化、规范化的思想政治教育工作队伍，以高校相关领导、思想政治课教师、党政干部等为主体的队伍基本形成，不断地为高校的思想政治教育工作提供人才保障。

（一）队伍结构日益优化

随着高校思想政治教育工作队伍的不断发展，队伍成员的整体素质水平也不断提升，其中党员在高校思想政治教育工作队伍中的比例越来越高，有越来越多高学历、高水平的人才加入，通过深入学习和不断发展，已经形成新时代高校思想政治教育工作队伍中的重要旗帜。到目前为止，高校对马克思主义理论的研究日益增强，将马克思主义理论贯彻到每一位教育者心中，从而加强了思想政治教育的人才培养和学科研究，为高校思想政治教育工作队伍提供源源不断的人才。大学生作为受教育的主要群体，经过高校各项思想政治教育工作的开展，大学生的整体素质与水平得到明显提升，同时也对高校思想政治教育工作队伍建设具有重要意义。

目前，党政干部与共青团干部的队伍结构逐渐优化。一大批学历高、思想观念及价值观念良好的年轻优秀干部被纳入高校领导队伍中，给高校思想政治教育工作队伍注入了新鲜血液，整体提升了队伍的专业水平，使队伍更加年轻化，也在一定程度上适应了新时代高校教育的发展要求。不断完善高校思想政治课教师队伍也是推进高校思想政治教育工作的重要任务。在教育部的大力弘扬下，要求建设专业化、高素质的思想政治课教师队伍，并通过学校的海报或者广播进行宣扬，这在一定程度上使大学生对其有了基本的了解并且认同。教师的专业素质水平对思想政治教育队伍的整体文化水平有着很大程度的影响，在高校建设思想政治教育队伍时，一些教授、副教授等高级职称人员加入，有利于高校思想政治教育队伍的专业化建设。

（二）队伍素质明显提高

高校通过不断地加强教师研究进修，加强国内外学习考察，培养了一批优秀的思想政治教育工作者，这些优秀的教育工作者拥有扎实的理论基础、高水平的教学方法、坚定的政治思想与科研能力。高校为了加强思想政治课建设，还对思想政治课教师开展了相关培训，全面推进高校思想政治课的创新与发展。通过不断地深入培养研究，思想政治教育工作者运用网络教学方法，改变了传统的教学方式，不断优化新型的、符合时代潮流的教学模式，进一步推进了教学模式的优化和教学水平的提升。随着思想政治课教师的整体水平越来越高，教学方式也丰富多样化，在很大程度上提升了教学效率，并有效引导高校大学生正确思想价值观念的形成。

辅导员和大学生干部也是高校思想政治教育工作的重要组成部分。高校鼓励辅导员继续深造，制订专项培训计划和进修计划，从而打造高学历的辅导员队伍。目前，博士学位的辅导员占比明显提升，整体提升了教育队伍的专业知识水平，同时也对高校思想政治教育工作队伍建设有明显的促进作用。也可以通过相关的拓展活动，为高校辅导员提供良好的学习平台和进修途径，进一步推动高校辅导员的综合素质能力全面提升。选拔学习能力强、思想认知高的大学生干部作为思想政治教育工作的实施者，也有利于高校思想政治教育队伍的完善。大学生干部作为受教育群体中的一员，要起到带头学习的重要作用，提升自身的专业技术能力和政治修养，给其他学生做好模范带头作用。让大学生干部参与思想政治教育工作，以提升大学生干部的实践能力和宣传能力。高校思想政治教育工作的开展离不开大学生干部，他们更容易走近大学生群体，相对而言有较强的说服力，因此选用优秀的大学生干部能够有效地推动高校思想政治教育工作的开展。

（三）队伍管理机制不断完善

第一，在完善党的建设工作体制方面，我国教育部党组印发了高校党组织“对标争先”实施意见，将新时代的党建要求融入高校党组织建设工作中，把党建工作作为高校开展各项活动的中心任务，对完善党建工作的体制和提升基层党员的组织能力提出了重要建议。在高校思想政治教育工作建设发展过程中，要重视高校党政干部与共青团干部队伍建设，定期评选优秀的党员并给予其一定的表彰，认真落实高校思想政治教育工作中党委的重要主体责任，明确高校思想政治教育工作的方向和发展理念，还要将高校教育改革方案与改革章程加入党的建设中，并真正落实党建工作的有效开展。

第二，不断强化思想政治课教师队伍的建设。高校应在党建工作的整体安排下，完善思想政治课教师的基础理论知识，提升教师的思想政治素养，培养符合新时代党建工作的教师队伍，真正为高校思想政治教育工作贡献力量。此外，教育部也发布了关于教师队伍建设的相关文件，如师德建设的长效机制、加强高校思想政治教师工作等，建立完善的思想政治教育队伍和教育体系，不断重视对教师的培养，提升思想政治教育队伍的整体专业水平和政治素养。

第三，提升辅导员与共青团干部的能力。加强辅导员到基层实践锻炼，通过选拔和聘用，选择优秀的辅导员作为高校思想政治教育工作各项任务的具体实施者。进一步加强辅导员和共青团干部的整体政治素养与专业知识水平，不断完善高校思想政治教育工作队伍建设，从各个方面对教师队伍和辅导员等进行定向培养，从而推动思想政治教育工作顺利进行。

二、大学生思想政治教育工作队伍建设存在的问题

随着时代的不断发展，高校思想政治教育工作队伍建设在一定程度上取得了较为明显的进展，为高校思想政治教育工作的开展作出了重要贡献，培育出一批专业的、素质较高的大学生。但是目前高校思想政治教育工作队伍还有诸多不足，主要体现在以下三个方面：队伍之间沟通交流不足、队伍素质有待提升、队伍建设制度不配套。

（一）队伍之间沟通交流不足

在高校思想政治教育工作过程中，存在工作队伍之间配合不全面、不完整的现象。很多高校意识到这一问题，看到了队伍之间配合的重要性，并提出“齐抓共管”相关措施，但是很多高校还存在部门分工不明确、部门配合不紧密的现象。

党政干部队伍是高校开展思想政治教育工作的领头人，其主要任务是负责领导和协调高校思想政治教育工作的正常开展。虽然高校在相关思想政治教育队伍建设方面付出了很多努力，但是还有很多党政干部不够重视思想政治教育工作，以至于他们在领导、协调、组织方面不到位。具体表现为：思想政治课教师在课后或者闲余时间很少与班主任、辅导员交流，对于大学生存在的问题不能及时地展开交流且采取相应的解决措施。同时对于大学生不够重视和了解，当大学生面

临思想政治问题时，思想政治课教师也不能及时地发现和解决，导致大学生和教师队伍存在一定的沟通障碍。思想政治课教师对大学生不了解，导致不能针对性地开展教学工作。另外，还有一些教师没有做好教书育人的工作。一部分教师认为自己只负责传授专业知识，而不注重大学生的思想政治教育工作，他们认为大学生的思想政治教育工作是思想政治课教师的主要责任，从而导致各专业课不能与思想政治课共同进行。事实上，将思想政治教育理念和育人功能有效地融入高校各专业课程中，能够全面地形成教学育人体系，这对每一位教师都非常重要。教师肩负着教书育人的职责，在传授专业知识的过程中还要教会大学生如何做人做事，因此每一位专业课教师都肩负着落实高校思想政治教育工作的重要责任。辅导员是大学生学习和成长过程中重要的指路者和引领者，有的辅导员是思想政治课教师，担任着思想政治课教学工作，有的思想政治课教师兼职辅导员，承担一部分学生工作。高校在思想政治教育工作队伍整合方面，存在明显的问题。一方面，由于工作分散，辅导员和思想政治课教师之间的联系和协作不够紧密，导致信息不畅通和工作重复。教师之间没有较强的沟通交流意识，且积极性不高，不能针对性地开展一系列讨论活动。由于辅导员和思想政治课教师之间缺乏有效的沟通及交流，在理论上辅导员不能得到思想政治课教师的指导，这在一定程度上影响了思想政治教育工作的有效进行。另一方面，一些辅导员过多地专注于思想政治课教学工作，而对于学生的生活、心理等方面关注较少，使学生在生活和成长过程中得不到充分的指导和支持。还有一些辅导员承担的学生工作任务过多，导致工作压力较大，无法充分发挥其思想政治教育工作的作用。

（二）队伍素质有待提升

很多高校存在共青团干部缺失政治认同感的现象，在理想信念和精神生活方面有着明显的空虚感和模糊感，高校的思想政治教育工作开展没有较强的时效性，同时也缺乏对思想政治教育工作的深刻认知。甚至一部分共青团干部对党中央发布的相关政策不理会、不理睬。还有一部分共青团干部在贪污腐败和社会公平方面等问题上夸大事实，将当前高校面临的问题作为政治缺陷。

在思想政治教育工作队伍中，思想政治课教师的整体素质主要存在以下两个方面的问题：第一，很多教师将课堂作为一种单一传授知识的过程，他们认为教师是课堂的主导者，大学生是接受教育的被动主体。在教学过程中，运用传统单一的教学方式，缺乏创新性和互动性，采用灌输式传输知识，学生缺乏对课堂的热爱和学习热情，这种以教师为主导的教学模式将学生与教师之间的互动完全割裂，这种教学方式只注重教学的结果却忽视了学生学习的过程，不能有效地调动学生的学习积极性和主动性。这影响了学生的自主学习和思考能力的发挥，也没有重视学生的个性化发展。因此，高校应加强对教学模式的改善和创新，将传统单一性的教学模式转变为多元化的、互动性的教学模式。第二，思想政治课教师的道德修养有待提升。在一系列调查结果中发现，部分教师对中国社会主义发展道路和马克思主义立场出现摇摆不定的现象，这部分教师的主要思想和信仰产生了一定的偏差。还有一部分教师受到社会上多样化思想的冲击，马克思主义在其心中的地位逐渐被腐蚀，甚至对马克思主义理论产生了动摇。

坚定正确的价值观念与信仰理念，坚守共产党人的精神追求是全体共产党人的要求，同时也是高校思想政治教育工作者的自觉要求。思想政治课教师要紧跟时代，不断对马克思主义理论进行研究，领悟主要精神。思想政治教育工作者只有了解和认同马克思主义理论，才能够肩负起传授知识的重要任务。在思想政治教学过程中，应激发大学生的学习动力和学习兴趣，凝聚师生之间的思想共识。只有坚定政治立场和政治信仰，才能够对社会中存在的理论和现实问题进行强有力的说服和阐释，才能够正确引导大学生坚持中国共产党的思想政治理念，从而达到思想政治教育工作的重要目标。

调查结果显示，很多大学生对辅导员整体素质方面有着明显的不满，主要在于辅导员的人格魅力、道德品质、工作能力、敬业精神等方面。有很多辅导员的基础理论知识水平不高，缺乏对马克思主义理论的深刻学习和了解，也不能有效引导大学生树立正确的人生观、价值观，没有做好表率，影响思想政治教育工作的实际效果。

（三）队伍建设制度不配套

由于高校思想政治教育队伍管理制度不完善，思想政治教育工作开展与队伍建设没有长远的规划，没有给队伍成员提供良好的激励制度，也使一部分思想政治教育工作者缺乏较强的积极性，对队伍的建设和发展有着较大的影响。在高校思想政治教育队伍建设过程中，出现了人力、物力、信息等资源不足的现象，高校的育人工作口号流于形式。

第一，在对队伍成员的考核及管理中，缺乏有效的考核机制，导致不符合要求的教师加入思想政治教育工作队伍中。在高校辅导员招聘中，大部分高校仅对学历提出了要求，没有对辅导员的育人能力作出明确判断，还有部分高校只注重思想政治教育工作相关事务的完成情况，主要倾向于高校中有相关专业背景的大学生，甚至将思想政治优秀的大学生直接留校。这些大学生作为思想政治教育工作队伍的后备军，没有经过严格的专业化训练和指导，没有较强的辅导和引导能力，在实际教学过程中对大学生群体不够了解，甚至仅仅将这份工作作为一种实习工作，没有足够高的重视。高校这种选拔机制的不完善，导致选出的思想政治教育工作者没有较高的基础理论水平和教学水平，在很大程度上影响着思想政治教育工作队伍的稳定性，也不利于高校思想政治教育工作的有效开展。

第二，高校思想政治教育工作队伍的考核机制较为片面，影响着思想政治教育工作的实际质量。很多教师认为应针对不同专业制定不同的标准，应单独对思想政治课教师进行考核。在高校思想政治教育队伍建设过程中，针对不同专业的教师设立不同的考核机制更具科学性。除思想政治课教师之外的其他专业课程教师，要在本专业的基础上进行思想政治教育工作考核，而不是和思想政治课教师一样，在单一考核机制下进行评选。还有的高校在辅导员编制方面区别对待，晋升制度没有得到优化，辅导员日常繁重的工作没有得到重视，相关的晋升体系也没有根据辅导员的实际工作内容和要求实行，在对其工作评价上也没有考虑辅导员的特殊性，一切都是按照其他专业课教师的晋升和考核标准，这在很大程度上无法真正落实高校思想政治教育队伍建设的重要政策。高校在思想政治教育工作队伍建设规划方面不够完善，激励机制和流动机制没有得到有效管控，主要体现在人员调动方面，没能充分发挥人员的积极性和主动性，这一系列问题都直接影响了高校思想政治教育工作的实际效果。

第二节　大学生思想政治教育工作队伍存在问题的原因

大学生思想政治教育工作队伍在素质、沟通交流、建设体系方面存在问题，主要受以下三个因素的影响：一是队伍的主观因素；二是不同队伍的职能定位不清晰；三是队伍的运行体制方面出现分歧。

一、队伍的主观因素

高校思想政治教育工作的有效开展离不开思想政治教育工作队伍的政治性和意识形态性，队伍自身的主导功能对工作的有效开展有着重要作用，其主观能动性是发挥思想政治教育工作队伍主导作用的必要条件。目前，很多高校的思想政治教育队伍存在主观能动性不强的现象，对自身主体意识也没有深刻认识，容易产生职业倦怠的心理，也有可能造成盲目依赖其他工作者的问题。

高校思想政治教育工作队伍担负着大学生思想政治教育的主要职责。目前，很多高校盛行享乐主义、拜金主义，这在很大程度上给大学生造成了严重的心理影响，高校思想政治教育工作内容也没有对大学生进行积极引导，甚至导致部分大学生对思想政治教育课程产生反感、厌恶等情绪。社会容易将这部分责任归咎于思想政治教育工作队伍，容易使教育工作者产生失落感，认为自己的社会目标和实际工作有着较大差异，甚至怀疑自我能力，丧失信心，对目前的工作产生职业倦怠感。对高校思想政治教育工作者产生职业倦怠这一现象进行分析，主要体现在个人成就感降低，没有较强的积极心理和情绪完成目前的工作。倦怠情绪在很大程度上影响了工作者工作的有效实施，容易长时间处于被动压抑的状态，缺乏对工作的热情，产生自卑感，没有较强的抗压力，无法专心地投入工作中。对于这一现象的研究调查分析：很多高校对于工作和管理的时间分配不平衡，工作者不能自主选择任务，存在无效沟通和职责不明确等情况。高校的管理岗位主要依赖于高学历的毕业生，这些毕业生进入管理岗后，其专业特长没有得到有效施展，无法得到大家的认同，也不能获得幸福感与成就感，导致情绪低落，甚至怀疑自己能否胜任此项工作。

思想政治课教师的职业倦怠和情绪直接影响着教学工作的正常进行。如果思想政治课教师存在自卑、没有成就感等心理，其主观能动性就不能得到有效发挥，在实践教育工作中缺乏创新性，容易因循守旧，这在很大程度上会影响课堂教育活动的实效性。如果思想政治课教师能够将课堂作为教学主体，并发挥主动性，向大学生传输正确的价值观，引导大学生形成正确的思想观念，才能够实现思想政治教育工作的目标。

辅导员也会产生职业倦怠现象，主要体现在对目前的工作认同度不高。辅导员在思想政治教育工作中主要受到家庭、学历等方面的影响，有些辅导员并不是热爱学生工作，只是因为辅导员这一岗位的特殊性才担任这一工作，这样就会使辅导员失去对工作的热情，进而体现出对工作没有较强的成就感。调查显示，约有 73% 的辅导员经常加班，约有 82% 的辅导员对这份工作感到有压力，约有 58% 的辅导员感觉压力较大，约有 13% 的辅导员认为压力特别大，约有 18% 的辅导员认为此项工作没有任何压力。辅导员希望改变目前的工作状态，提升工作满意度。

部分高校人员也存在职业倦怠的现象，直接导致他们对思想政治教育工作事业没有较大的信念，没有树立正确的思想政治教育工作的基本认知。在中国共产党的理论学习方面，部分高校人员学习方法单一，没有紧跟时代潮流，被动地受到世界文化、政治、环境各方面的影响。由于学校的工作繁忙，没有时间拓展新的理论知识，以及提升专业素养和完善知识体系。在高校思想政治教育实践中，部分教师只注重原有理论的学习，仍采用旧的教学方式，在理论学习和培训中缺乏时间和精力投入，对自身的提升没有较高的要求，对上级安排的任务处于消极应对的状态，只依靠以往的教学模式和经验完成现有的思想政治教育工作，不愿接受新的理论知识，不敢尝试新的教学模式。这部分教师没有冒险精神和挑战精神，在实践过程中没有提升自身的能力，只看重工作报酬和工作条件，缺乏奉献精神。在工作方面过分依赖外在条件，没有从自身内部进行提高，面对困难时一蹶不振。

“路径依赖心理”也会对思想政治教育队伍产生较大的影响。“路径依赖”指的是人一旦进入某一工作环境或者某一路径，就会对此环境和路径产生依赖。对于思想政治教育工作者而言，在思想政治教育工作中很可能受到国家对优秀教师、优秀学者、优秀辅导员提出的相关建议和发展路径等因素的影响。一部分教师盲目地跟从优秀教师的发展路径，依赖现有的教学资源，使用固有的教学方式，没有任何创新，这对思想政治教育工作者的成长造成一定的阻碍。在目前的教育工作中，很多思想政治课教师还沿用固定的教学模式和教学方法，虽然国家提供了全新的教学策略与教学方法，但是如果不能将相关的策略建议应用到实际教学工作中，生搬硬套地采用高校提供的教学方案，过于依赖教材，就会造成实际工作没有成效。如果教师合理地选择相关建议，不断地优化和创新教学方法，就会形成一个良性循环，既能提升实际教学水平，又能有效地促进高校思想政治教学工作的开展。在高校组织的教学培训活动中，一部分教师喜欢采用固定化的方法，对教学工作没有创新性的想法。在实际课堂教学过程中，思想政治课教师由于学生考试与教学评估的压力，仍然采用教材进行教学，对于课堂的互动性和引导性没有深入研究，仅仅是完全按照老套路、老方法进行教学。这些教师缺少对科学教学的深入思考，缺乏对教学的研究，这是高校思想政治教育工作中普遍存在的问题。在课堂教学过程中，教师不能将新的知识点融入原有的教材中，没有根据实际情况调整教学内容，缺乏对教材教学的创新。长时间采用这种教学思路，就会养成固定的惯性思维，从而造成教育教学不能创新性发展。思想政治课教师可以将最新政策与新闻热点融入教学过程中，丰富教学内容，加强与学生之间的互动，以有效调动学生的学习积极性。通过不断地融入新的教学热点，不断更新适合学生的教学方法和教学理论，这样才能创造出大学生喜爱的教学课堂，从而形成良性循环，不断地丰富教学内容，提升大学生的自主学习能力，真正落实高校思想政治教育工作的开展。对于“路径依赖”的教师，应认清自身的不足及在思想政治教育工作中的重要责任，不断完善自己，加强创新，从而成为符合新时代要求的教育工作者。

二、不同队伍的职能定位不清晰

目前，高校思想政治教育队伍中部分教师存在职能定位模糊的现象，对思想政治教育工作认识不足。科学地认清和掌握队伍的定位，是当前抓好思想政治教育工作的前提。当下对思想政治教育工作队伍的职能定位不清晰主要体现在以下三个方面。

（一）党政干部与共青团干部角色定位不清晰

党政干部在高校整个教学活动中起着重要的领导作用，对学校全面负责，对学校的发展和相关工作开展起到主导作用。但是少数的党政干部对自身角色定位不清晰，没有发挥核心作用，在工作中缺乏创新性、主动性、时效性和针对性，对新时代环境下的思想政治教育工作开展没有较深的认识，仍采用老旧的工作方法，工作的主动性不强。由于缺乏清晰的定位，党政思想只局限在口号中，与各个思想政治教育工作队伍之间没有进行有效沟通，很难领导高校思想政治教育工作的建设发展。共青团干部在建设教育工作中也有重要责任，主要对学生会成员进行管理，开展相关实践活动。共青团干部在实际工作中也存在一系列的困难，尤其是学生会成员的选拔，各个院校可以自行进行选拔，并且开展各式各样的活动吸引大学生的注意力，这在一定程度上代替了共青团干部的一部分工作职能。共青团干部的主要工作与其他部门之间存在重合现象，没有明确的职能划分，在思想政治教育工作中无法发挥应有的作用。

（二）思想政治课教师职责认识不清

随着时代的发展，我国也提出了一些新思想和新观念，这些新思想都是通过党中央的不断推进和对理论的不断创新产生的。在我国社会主义建设发展中，这些新思想和新观念的提出有效地推动了现代化事业的进展，同时也是我国社会主义建设的重要保障。高校思想政治教育工作的开展离不开社会主义建设的推动发展，思想政治课教师应将新思想和新观念准确地运用到实际教学过程中。将社会主义的最新理论研究成果传授给大学生，积极引导大学生学习新的思想观念，这是每一位思想政治课教师的重要责任。在新时代，高校思想政治课教师要运用课堂教学阵地，不断地完善教学内容与教学方法，加强思想政治理论基础，发挥其重要的育人功能，从而帮助大学生提升道德素养、思想意识水平和政治觉悟。完善教学方法也是思想政治教育工作中的重点。提升教学水平，需要有扎实的理论基础知识，还要对大学生有深刻的了解，明白大学生的所想所知，了解他们的思想动态，运用符合大学生的教学模式与教学方法，提升大学生的学习主动性，还要将理论知识与实际教学进行有机结合，真正实现教书育人的重要目标。目前，高校部分思想政治课教师仅仅通过课堂与学生进行交流，在课后时间或闲暇时间很少与大学生进行深入沟通，平时也缺乏与其他教师或者辅导员的交流，对大学生的实际情况没有实时掌握，对大学生存在的问题没有真正了解，对大学生的思想状况和实际学习情况没有清晰的认识。对此，高校思想政治课教师对学生的认识程度不高，直接导致思想政治教育课程缺乏针对性，不能有效地引导大学生积极主动地学习。

（三）辅导员角色定位认识不清

辅导员是高校思想政治教育工作开展的实践主体，承担着引导大学生学习和成长的重要职责，也可以说是大学生的人生导师。但是对于新时代的大学生而言，对辅导员“人生导师”这一概念容易产生异义。同时，其本身的定义也不够明确，导致思想政治教育工作者对其理解不够透彻，很难在实际教育工作中发挥作用。在高校的日常事务活动中，辅导员承担着主要工作，比如择业就业、学费缴纳等工作都是由辅导员承担的，还要负责其他部门的工作，这些工作花费了辅导员大量的时间和精力，导致辅导员没有更多的精力对大学生进行思想政治教育，也没有大量的时间与大学生进行沟通交流，从而与大学生产生隔阂。对于辅导员的职责定位，高校要重视辅导员的发展。但是在实际工作中，相对于高校其他职业定位而言，高校对辅导员的重视程度不够高，没有认识到辅导员是与大学生接触最为紧密的人群，同时也没有认识到辅导员对大学生思想观念的形成有着重要的引导作用。因此，辅导员当前只停留在简单的工作上，成为大学生的生活管理员。对工作职能认识不清，导致很多辅导员对工作没有较强的认同感，认为其工作没有发挥真正的价值。这种对自身工作职能没有清晰的认知和判断，导致辅导员出现在高校思想政治教育工作中角色定位不清晰的现象。

三、队伍的运行体制方面出现分歧

在高校的各项工作开展过程中，各个队伍之间没有进行有效结合，不同队伍之间在体制运行方面出现分歧。这主要表现在以下两个方面：第一，对各个队伍缺少统筹规划，缺乏思想政治教育工作开展的意识；第二，在开展工作的过程中，各个队伍之间缺乏沟通与交流。

（一）缺少统筹规划

高校思想政治教育工作实际开展过程中，在整体上缺少统一安排。对思想政治教育工作不够重视，主要原因是队伍意识不到位，队伍之间的沟通交流频率较低，和大学生之间的联系不够紧密，没有认清日常开展思想政治教育工作的重要性。例如，高校在推行思想政治教育工作时，常常停留在会议传达与书面通知等形式上，没有真正得到大学生的相关反馈，大学生也没有真正地参与相关活动。另外，对思想政治教育工作的有序性缺乏统一安排。目前，各个队伍属于不同的部门，高校在思想政治教育工作任务传达方面，不能将思想政治教育工作贯穿到各个队伍中，没有统一的规划及执行，很难将工作任务落实到每个队伍，这就需要有力的监督者和执行者统筹分配工作，才能提升思想政治教育工作的整体水平。高校在思想政治教育工作开展中，如果没有核心成员和团队负责分配相关任务，就会导致各个队伍缺乏行动力，各个队伍之间不能有效合作，工作态度不积极，容易忽视思想政治教育工作。因此，学校主导部门应对思想政治教育工作的开展研究一套有效的方法，提高各个思想政治教育队伍的积极性，对整个工作的开展进行强有力的监督，不断地发现和解决新问题，进一步推动思想政治教育工作的有效开展。

（二）各个队伍缺乏沟通与交流

高校在开展思想政治教育工作中，各个队伍之间缺乏沟通交流。由于高校的思想政治教育工作队伍是由不同部门组成的，要落实和开展思想政治教育工作各个部门必须相互配合。目前，在思想政治教育工作队伍建设方面，各个部门的工作职责分工不明确，对于多项目的重复开展存在资源浪费的现象。对于高校中存在的工作职责分配不明确、资源分配不合理的现象，党委要求高校开展全方位、多层次的思想政治教育工作，杜绝资源浪费的现象发生，高校党政干部应承担主体责任，辅导员及教师承担直接责任，各个队伍相互配合、相互团结，形成强有力的思想政治教育工作队伍。但是从目前多所高校的实际工作来看，党政领导的职能缺失问题严重，辅导员、班主任和教师之间的沟通程度较低，很多思想政治教育工作的开展仅仅是通过辅导员来完成的。各个队伍之间没有形成良好的沟通氛围，缺少交流与互动，导致各项工作的信息堵塞，主要表现在：党政干部负责高校的日常运转，没有与学生进行直接的沟通与联系；思想政治课教师主要负责向大学生传输理论知识，提升学生的专业水平；辅导员主要通过相关活动组织学生和服务学生。这导致各个队伍之间在思想政治教育工作中没有明确的要求与分工，队伍之间的合作较少，大部分工作仅仅停留在书面汇报上。各部门之间也缺乏有效的沟通与交流，信息的掌控只局限于单个队伍中，很容易造成误解。这种沟通上的不足直接导致各个队伍之间不能进行有效的结合与合作，极大地限制了思想政治教育工作的开展。因此，各个队伍在思想政治教育队伍建设中必须统一协调、共同努力，如此才能完成新时代环境下思想政治教育工作队伍建设的具体要求。

第三节　大学生思想政治教育工作队伍建设对策

对于高校思想政治教育工作队伍中存在的问题，高校应重视并加强队伍的优化与建设，可以通过树立正确的育人理念、抓好教育培训、拓展选拔晋升视野及完善队伍建设机制等四个方面进行，从而提升思想政治教育队伍的整体素质水平，不断壮大思想政治教育队伍的工作能力。

一、树立正确的育人理念

国家对高校思想政治教育工作的建设发展提出了重要意见，国务院提出，地方党委要加强对高校思想政治工作的指导，定期进行考察和沟通，建立协作机制，多角度、全方位地开展工作。教书育人要从全程育人、全员育人与全方位育人三个方面开展，这三个方面密切联系，主要目的是实现大学生的全面发展，从不同角度、不同层次和不同方向上对当前高校思想政治工作进行阐释。全程育人的重点是坚持和完善政治教育，实现对大学生的人生观与价值观的正确引导；全员育人是树立正确的育人观念和挖掘政治思想；全方位育人是根据大学生的实际动态，多方面地进行思想政治教育。

（一）坚持全程育人

全程育人是将育人工作贯穿于大学生生活学习的始终，重视大学生的思想政治教育工作，实时掌握大学生不同年龄阶段的特点，有针对性地设计思想政治工作的具体方法，开展多层次的思想政治教育实践活动，提升大学生的认知水平。全程育人包括大学生新人入学教育、专业知识教育和就业创业教育三个阶段。

新人入学教育，既是大学生步入大学的重要开端，也是大学生树立目标的第一阶段。刚入学的大学生由高中进入大学，角色的转变给大学生带来了极大的新鲜感。在步入大学后，大学生首先要了解大学的生活及学习特点，提升和加强自我管理能力，以积极向上的精神面貌投入大学生活中。当大学生对大学生活和学习有了一定了解，还要帮助大学生了解所学专业，引导大学生树立正确的人生理想，通过加强专业知识培训和学习使之逐渐成为对国家和社会有用的人才。

专业知识教育，是全程育人的中心点。大学生在接受高校专业教育的过程中，除了有本专业的必修课之外，还有公共必修课程。思想政治教育课程作为全体大学生必修的一门课程，对大学生的身心发展和素质养成有着重要作用。高校将思想政治教育融入专业教育中，将思想政治教育渗透在学生的学习过程中，在提升大学生专业知识的同时也能够加强道德品质的养成。高校也要抓好课堂教学的主要渠道，让大学生全面地接受教育，从而提升大学生整体专业知识能力与思想道德素养。

就业创业教育，是大学生在高校中接受教育的最后一环。高校通过就业和创业方面的指导，使大学生改进和完善个人职业规划，并为大学生提供有效的实习渠道。在创业方面，高校也要给予帮助，为大学生提供创业经验和创业方法，鼓励大学生提升自我，实现自身价值。

（二）坚持全员育人

全员育人，指高校在思想政治教育工作中，除了向大学生传授基础理论知识之外，还要教会大学生如何做人做事，发挥高校的主观能动性，从各方面对大学生进行思想政治教育。要做到全员育人，高校各个育人主体就必须承担起思想政治教育工作的主要责任。坚持党委统一领导。高校党政干部应对高校思想政治教育工作作出切实的指挥和协调，统筹规划高校思想政治教育工作的开展，使不同部门和不同队伍之间有机结合，避免各队伍间出现条块分割的不利因素。高校党政干部还应对思想政治课教师与辅导员进行相关的培训和实践，提升思想政治课教师和辅导员的思想认识，增强他们的责任感和使命感。在不同队伍之间建立有效的沟通平台，增强他们之间的互补性。思想政治课教师具有丰富的基础理论知识，但是他们的思想政治教育工作仅局限于课堂中，在课外很少与大学生接触，因此难以全方位地了解大学生。辅导员和班主任是和大学生直接接触的队伍，相对而言比较了解大学生的思想动态与实际想法，对大学生的心理有着一定的了解和掌握，但是班主任和辅导员在思想政治理论基础方面没有思想政治课教师掌握得全面。基于以上情况，要为两者提供一个交流学习的平台，使两者之间进行优势互补。通过开展科研教育研讨会，给两者提供共同协作的平台，鼓励思想政治课教师和班主任、辅导员展开合作教学，共同完成教育科研项目。在实际教学过程中，也可以通过岗位轮换提升辅导员和班主任的实践教育工作能力，同时也能够提升他们的思想政治理论水平。思想政治课教师兼任班主任或者辅导员，可以给大学生上部分理论课，还可以线下开展教学技能评比，创造良好的教学环境。辅导员和班主任将大学生思想动态及时与思想政治课教师进行交流，促进思想政治课教师更加了解大学生的思想动态，从而更好地开展思想政治教育工作。思想政治课教师也要对辅导员进行科研方面的指导，以提升辅导员的思想政治科研能力。高校思想政治教育工作队伍在提升专业知识水平与科研能力的同时，还应树立正确的人格榜样，用高尚的品德和优秀的精神面貌感染大学生，充分发挥教育工作者对大学生的引导作用。将教书和育人有机结合，在日常教学活动中教会大学生如何做人做事，提升其道德修养。全员育人是高校所有部门和人员共同参与的一项工作，是由党委干部带头，辅导员、班主任和思想政治课教师共同协作，从而提升大学生的思想政治理论基础知识和思想道德素养。

（三）坚持全方位育人

全方位育人，指的是涉及思想政治教育工作育人的各个方面，除了高校的内部环境，还要对社会的外在环境进行资源整合，全方位地融入思想政治教育工作。在实际教学过程中，要将理论知识学习和社会实践相结合，开展丰富多彩的校内、校外活动，使大学生实现全面发展。高校在思想政治教育过程中，要全面地对大学生进行培养教育，不仅要重视大学生的专业知识水平提升，还要提高大学生的整体道德素养。要实现大学生德育全面发展，就必须将各个教学工作有效地连接与融合，不同专业的教师也应挖掘本专业中相关的思想政治资源，保证专业课与思想政治课同时进行。每一位教师都是思想政治教育工作者，不仅要将本专业的基础知识传授给大学生，还要将符合本专业的思想政治教育相关内容传授给大学生。各专业教师如果都能有效结合本专业的思想政治教育内容，全面地对大学生开展思想政治教育，便能够有效实现大学生专业课与思想政治课的全面发展，真正实现思想政治教育与专业课程的深度融合。另外，全方位育人要求社会、高校及家庭之间紧密联系，对大学生进行全方位的学习引导和教育。高校中的学习环境主要包括硬件和软件方面，硬件方面主要包括学校的基础设施、绿化、设备等，软件方面主要包括学生的管理方法、师资力量、思想政治教育系统等。给学生营造一个良好的、健康的学习环境，高校要对校园环境进行一定的改良，塑造抵抗不良信息的环境，为大学生提供一个安定的学习生活氛围，使大学生在此环境中健康成长，并且受到思想政治工作的指引和熏陶，从而提升大学生的基本道德品质和政治素养。家庭教育是学生的启蒙教育，对大学生的成长与道德素养形成有着重要的影响。良好的家庭风气能够营造一个和谐美好的生活环境，使大学生感受到家庭温暖和心灵慰藉。如果家风不好，不仅影响家庭生活的和谐，同时也会影响整个社会的风气。对于大学生而言，无论处于人生哪一个阶段，家庭教育对其身心健康都有着重要影响，无论是学习、工作还是走向社会，家庭教育都对大学生的心理有着极为重要的引导作用。政府部门应优化良好的环境，为大学生提供一个和谐共进的社会风气；高校要加强思想政治教育工作，创造有利于大学生学习的环境；家庭要做好大学生的生活保障工作。只有这三者相互协调、相互统一，才能真正创造出有利于大学生健康发展的学习生活氛围。

二、抓好教育培训

（一）采用多样化的培训方式

高校的思想政治教育工作对大学生发展具有重要意义，而思想政治教育队伍的整体水平也对大学生的学习生活有着重要影响。因此，应开展针对思想政治教育工作队伍的培训，加强队伍整体的专业知识水平和素养，从而促进大学生身心健康的发展和思想道德品质的提升。对高校思想政治教育工作队伍的培训可采用多种方式进行。第一，要对思想政治教育工作者进行专业知识方面的培训，不仅要掌握基础的理论知识，还要在此基础上不断创新和发展，将理论有效运用在实践中，提升教师的灵活应变能力和实践能力。这一要求与传统培训工作的区别在于，对受教育者的应变能力提出更高的要求。思想政治教育工作者不仅要对基础知识有所把握，还要开阔视野，将新的理念和技能运用在教育工作中，寻找符合新时代大学生的教学方法，将社会中的新思想转变为课堂教学内容。第二，通过讲座或者会议对思想政治教育工作队伍开展相关培训，这种培训形式是一种以讨论和交流为主的培训模式，通过教学方法和教学认知的传递和分享，让受教育者开阔视野，了解当下教育工作中存在的问题与改善方法，通过讨论认识自身的不足，从而不断学习新的方式方法进行完善。另外，可以将科技手段运用到培训中，如开展专题报告、视频讲座、情景模拟等方面的培训，也可以进行国外访学形式的培训。

（二）培训专业化的内容

高校思想政治教育工作队伍有不同的角色划分，各个角色都应进行相关的专业化内容培训。对于党政干部，要进行思想、管理、作风方面的培训。将新时代思想政治研究成果纳入培训内容中，使党政干部积极学习新的思想观念和管理方法，树立坚定的马克思主义思想，正确引导和管理高校思想政治教育工作的开展。良好的作风是新时代社会主义发展的重要保证，因此应加强党政干部的作风建设，要在思想政治教育工作中求真务实，提升自觉性和主动性。在思想作风上，要实事求是地按照规律办事，将政策和制度实时地落实到教育工作中，从实际工作中找到相应的解决办法。在工作作风上，要呈现艰苦奋斗、任劳任怨的优良品质，站在人民群众的角度做事。党政干部要从自身出发对高校思想政治教育工作起到主导作用，为教师和学生做好榜样，真切地开展思想政治教育工作。

教育工作者的培训内容主要包括教学内容、教学方法、热点问题的分析判断能力、教学研究能力。加强教学内容培训主要是将课堂上的实际问题作为研究探讨课题，针对学生提出的一系列问题展开调查研究，从而加深教学工作者的基础理论知识。教学方法的培训主要在于引入一些符合新时代要求的教学形式，根据大学生的实际要求有针对性地展开教学。对于热点问题的分析判断能力培训，主要内容是将实际问题作为中心点，对社会中存在的思想和生活问题给予及时解决。要求教育工作者实时地发现社会中存在的一系列思想问题，并能够正确领悟和解决。作为思想政治教育工作者，更应具备对新思想、新问题的挖掘敏锐度，无论是社会大事还是生活小事方面都能够积极地引入思想政治，进而将社会热点纳入教学工作中，作为课程题材传输给大学生并提出解决方案。部分教师的思想道德修养较低，马克思主义理论基础较差，很容易出现对马克思主义的信仰危机。对此，应全面提升教师的基础理论知识水平，深度了解思想政治理论的经典原著，从而不断提高教师的整体素质水平和教学能力。

辅导员的培训内容主要包括专业素养提升、思想政治教育工作提升和职业能力提升三个方面。辅导员与大学生的接触机会较多，能够清晰地认识到大学生面临的困惑和思想方面的问题。因而辅导员对于大学生的思想政治能力提升有着重要作用。辅导员应清醒地认识时代特征，掌握中国特色社会主义理论体系和思想路线。加强辅导员的创新意识和问题意识，有利于思想政治教育工作有效、切实地开展。职业能力培训主要包括相关政治工作的基本能力培训，以及大学生事务管理相关培训，同时也可以进行相关的心理健康培训和职业生涯规划培训。

（三）培训安排常规化

将思想政治教育工作队伍的培训安排转变为日常活动，主要包含日常培训和岗前培训。高校可以将思想政治教育工作队伍的培训与职务晋升和岗位聘任相关联，完善培训保障体系，调动教师的学习积极性，对于培训合格的教师给予一定的岗位任聘资格，对于培训考试不合格的教师不授予相关资格认定。高校要给予思想政治教育工作队伍培训专项经费支持，为队伍培训提供资金保障，部分高校还可以根据实际情况为教师设立培训基金，使培训工作常态化。高校还应对培训队伍的实际情况进行数据统计，对遇到的问题和相应解决办法进行记录，不断地优化培训内容与培训形式。高校要建立完善的培育体系，对受教育者一视同仁，不得根据年龄或者岗位的特殊性进行特殊安排。对于教师，高校可根据综合素质评价进行专项培训。

三、拓宽选拔晋升视野

高校思想政治教育工作队伍的基本素质能力与教学效果有着密切联系，优秀的教育工作者能够培养出具有高尚品德的人才，对大学生的培养有着重要意义。因此，高校对思想政治教育工作者的选拔和聘用，应采用严格的晋升选拔机制。从管理方面和基础理论知识水平方面进行考核，选用专职人才，提升思想政治教育工作队伍的整体综合能力。高校还可以评选业务能力强、作风正的优秀大学生充实辅导员和教师队伍。同时，对辅导员和教师进行协作分配，优秀的教师可以兼职辅导员工作，这在一定程度上可以解决人员不足的问题，为高校的思想政治教育工作队伍提供人员保障。

高校在选拔人员时，一般会通过选票的方式进行，但是很容易出现拉票或者打感情牌的现象。为了避免此现象发生，高校在选人用人方面，要将党的领导和民主相结合，把选举和推荐这两种模式有机结合起来，真正贯彻落实民主选拔制度。要加强民主推荐机制，不能只注重选票结果，还要将被选人的实际工作能力和知识水平相结合，采用公平的选拔方式，从而为选拔人员提供一个公平的竞争平台。高校也要不断改进竞争性的选拔方式，通过将选拔人员的技术能力考核和评分机制相结合，选拔出符合党和国家要求的思想政治教育工作者。选拔的对象可以从本届优秀毕业生、研究生或者有经验的学生干部着手，这些学生对校园的生活和工作氛围较为了解，也对高校的相关规章制度有深刻的认识，他们的年龄与当前大学生的年纪相仿，更了解大学生的思想动态和生活动态，能够取得大学生的信任。一些刚毕业的大学生对工作充满热情，在配合学校开展一系列活动时有自己的新方法和新手段，这也为高校思想政治教学工作注入了新鲜血液。虽然这些大学生充满活力且具有拼搏精神，但是整体思想还处于不断变化的过程中，没有完全树立坚定的价值观。因此，对这些大学生的考核选拔，应从多方面进行考察，包括专业素养、思想品德、政治面貌等方面。另外，也可以从其他高校招聘优秀的毕业生，明确招聘岗位的具体要求，从而有针对性地进行选拔，尤其要注重选择思想政治教育相关专业的大学生，相对而言他们的思想政治理论知识较强，还要进行综合考量，选择符合岗位的人才。高校也可以鼓励其他科目的优秀教师加入思想政治教育工作队伍中，这些教师有着扎实的理论功底和丰富的工作经验，更了解大学生的实际情况，也对学校的相关制度和发展有深刻了解，并且有稳定的价值观念和思想观念，可以为大学生提供专业指导。在对高校内部专业教师进行选拔时也要认真考察，选择具有正确价值观和坚定信仰的优秀教师，将教书育人有效融合并展现在实践工作中。最后，高校还可以引进海归或者博士等高学历人才，给高校的思想政治教育工作队伍注入活力。

随着时代的不断发展，高校的相关选拔规范也在逐渐完善，不仅要考虑年龄、工作经验以及政治面貌，还要注重对参与选拔的人进行思想政治教育工作能力和政治信仰方面的考核。明确选拔岗位的工作要求与角色定位，不符合要求的人员不能加入思想政治教育工作队伍中。在对教师和辅导员进行选拔时，要求必须具备专业背景和职业资格，对党的思想政治理论基础有丰富了解，还对大学生的实际情况和发展规律有一定的了解。目前在高校中，青年教师人数较多，他们的年龄与大学生年纪相仿，了解当前大学生的思维方式和思想动态，在一定程度上容易取得大学生的信任。另外，他们在开展工作时具有旺盛的精力，能够全身心地投入工作中，在一定程度上能够激发思想政治教育工作的活力。而年龄较大的教师拥有丰富的经验，能够为青年教师提供指导，进一步加强思想政治教育工作队伍的主体力量。

四、完善队伍建设机制

新时代环境下，高校教育工作队伍建设有了一定的基础，但是在队伍建设机制方面还存在不完善的现象。思想政治教育工作队伍建设在明确职责之后，建立健全的科学机制体系尤为重要，执行工作更为关键。要确保队伍发展，必须建立健全的监督考核机制、协同育人机制、激励机制与保障体系。

（一）建立健全的监督考核机制

高校应建立完善的考核和监督机制，可从如下两方面入手。一方面，从岗位职责、岗位待遇与素质标准等方面入手。在对党政干部进行考核和评估时，要将动态考评和静态考察相结合。动态考核指的是依据党政干部在平时工作中所实行的打分制，实时记录和跟踪党政干部的思想动态，对其实际工作和处理问题的效果进行评估，给予干部相应的评价。静态考察指的是通过年底的综合分数进行评估，但是缺少对具体任务完成情况的实际分析。在完善高校党政干部监督机制方面，要根据实际工作情况随机对干部进行考评，可以通过实地考察、民主调查等形式开展，从多方面评估干部的表现，不仅要在工作过程中对党政干部进行监督考核，还应了解其工作之余的情况，将考核监督贯穿整个过程。对于辅导员的考核应注重实际工作能力，严格按照高校相关政策对辅导员进行考核评估。对于教师的考核，要认真鉴别教师的思想政治情况，了解教师平时的思想政治教育工作，可以从大学生的调查反馈中对其进行考核评估。

另一方面，要完善竞争机制。要增强高校思想政治教育工作队伍的竞争意识，使每一位成员都有危机感，对于表现很好、工作能力强的成员给予一定的嘉奖，对于懒惰的成员给予惩罚。建立竞争机制有利于教育工作队伍的整体素质能力提升，竞争的压力可以转化为工作和学习的动力，极大地提升队伍的活力并挖掘自身的潜力。不断完善考核制度，实现考核常态化，从而不断地提升队伍的核心竞争力。对于作出突出贡献和表现优秀的人员要加以肯定并给予一定的表彰，发挥其模范引领作用，从而调动成员的学习创造性和积极性。还可以将考核机制与薪资绩效挂钩，充分提升成员的整体核心竞争力。对于考核不合格的成员，要进行约谈或者岗位调离，严格按照规章制度办事，杜绝出现徇私舞弊等现象。要不断地对高校考核机制进行完善和创新，使其与时代发展相适应。

（二）建立健全的协同育人机制

高校的主要工作是围绕管理、教学、服务三个方面进行，虽然很多高校注重教学育人的重要理念，但是在服务育人和管理育人方面容易忽视。对此，高校应树立协同育人理念，优化高校内的资源配置，不断加强教书育人的创新和研究，将管理育人、教学育人和服务育人三个方面有机结合，共同推进思想政治教育工作建设。

第一，完善管理育人机制。针对党政干部，要建立健全的领导机制和管理体系。党政干部要将学生的思想政治教育放在第一位，带领思想政治教育工作队伍合理有效地开展思想政治教育工作。党政干部在思想政治教育工作中要发挥领头羊的作用，要积极参与高校各大思想政治问题的管理和决策制定，不断优化和推进高校民主建设，真正落实党的教育方针，要对高校内各个部门进行有机整合和协作，为各部门和各队伍之间的交流沟通提供平台，不断挖掘思想政治教育工作队伍中存在的问题，并作出及时的改善。还要对不同成员实施联动工作机制，推进各部门之间的有效结合、互相促进、互相团结。另外，完善高校思想政治教育工作的管理制度，保障高校教书育人工作顺利开展。建立健全的规章制度也是高校的重要职责。将制度认真贯彻落实到教育工作队伍中，也是保障思想政治教育工作正常进行的重要措施。对于校园文化建设，还要建立完善的网络监督和管理，避免不当言论对校园环境造成危害。一旦出现舆论违法信息要及时遏止，避免在校园内肆意传播，还要找到信息发布的源头，并对其进行严惩，通过优化校园网络环境，完善校园网络文化，进一步给学生营造一个健康的校园环境。

第二，完善教学育人方式。通过改进教学方法和完善教学内容，能够提升教学的整体质量和水平。学生的主观能动性也在一定程度上影响着教学效果，在课堂教学过程中要为学生提供互动实践的机会，增强教学者与大学生之间的互动和交流，以提升教学效果。为此，教育工作者要随着新时代的发展对教学工作进行创新和完善，了解大学生的真实心理状态，研究一套符合新时代要求的思想政治教学理论，使大学生在新时代的教学环境中进行学习，从而提升思想认识水平。

教育工作者在实际教学过程中，可以将社会时政热点作为教学内容，时政热点大部分是深受大学生热爱的，可以有效激发大学生的学习兴趣和积极性。另外，教师之间应加强合作和沟通，思想政治课教师和非思想政治课教师之间要建立协同育人机制，提升非思想政治课教师的思想政治理论基础和政治素养。非思想政治课教师要将日常的专业知识教学与思想政治教学知识有机结合，优化专业知识内容，选择合适的教学方法。非思想政治课教师在遇到学生思想问题时，要及时与思想政治课教师进行沟通，及时地处理问题。高校还可以开展师风师德专题活动，通过会议和演讲提升教师的职业道德水平。如可以通过网络电视媒体进行宣传，开展演讲比赛或者征文比赛等。

第三，完善服务育人机制。高校要将思想政治教育工作和基础保障服务有机结合，为大学生提供舒适健全的校园环境和生活场所。可以从食堂、宿舍、图书馆方面嵌入思想政治教育工作意识，使大学生时时刻刻享受校园生活服务的同时得到思想精神方面的熏陶。平时要对大学生进行观察，注意大学生的言行举止，不断优化高校服务水平。将大学生反馈的一系列问题都落实到实践工作中，时时刻刻为学生考虑，切实地为大学生解决困难。在对大学生进行思想政治教育工作的同时，还要对不同年级、不同层次的学生有针对性地开展思想政治教育，利用合适的教书育人方式提升大学生的整体道德素养。

（三）建立健全的激励机制

高校的思想政治教育工作队伍的激励机制分为以下四个方面。

第一，目标激励，将高校的思想政治教育工作目标分为短期目标和长期目标，针对思想政治教育工作的完成情况进行考核，根据不同的阶段目标对思想政治教育工作队伍进行评分和考核，对完成度比较好的人员进行奖励，以激发成员的积极性和工作动力。

第二，角色激励，每一位思想政治教育工作者都应有高度的使命感和责任感，明确自身在思想政治教育工作中的主体地位，尽心尽责地开展相关教学工作。高校对于角色激励的评判机制和评判标准要根据不同的岗位和工作量进行。对于优秀的、工作能力比较强的队伍成员给予一定的物质奖励，提升成员的积极性，推动思想政治教育工作的有效开展。

第三，典型激励，高校应建立相应的榜样表彰机制，对在思想政治教育工作中有突出贡献的人进行表彰和嘉奖，树立学习榜样，营造良好的竞争氛围。高校应注重挖掘队伍成员的光辉事迹，对典型优秀工作者的工作事迹进行上报，从而建立一个学习先进的思想政治教育工作队伍。

第四，物质激励和精神激励相结合的激励模式。高校可以对在各项教育工作中有突出贡献的工作者给予一定的物质奖励与精神奖励，使表彰激励发挥更大的效果。可以通过岗位制度、岗位津贴、职称评聘等方式对工作者进行激励，还可以通过相关的表彰大会等形式对优秀工作者进行嘉奖，激发全体队伍成员的工作积极性。

（四）建立健全的保障体系

高校的保障体系是保障思想政治教育工作正常开展的重要依据，能够激发队伍成员的使命感，使其专心投入思想政治教育工作中。保障体系的内容主要包括薪酬保障、晋升机制保障等。

（1）薪酬保障，高校在提升思想政治教育工作队伍的质量和数量，落实中央相关政策和优化队伍结构时，要根据学校的实际情况，将思想政治教育工作的经费纳入学校的年度经费使用计划中，建立完善的薪酬保障机制。加大思想政治教育工作中的专项经费投入，确保思想政治教育工作正常、有序地开展。在推动高校思想政治教育工作正常运行的同时，还要保障队伍成员的安全感与归属感。除了对教育工作队伍成员的保障外，还要对高校的思想政治教育工作基础设施方面进行一定的资金投入，为思想政治教育工作的开展提供充分的基础保障，为全体师生提供良好的学习环境。例如，可以开展相关的文体活动比赛、联欢会等活动，优化和改良高校的图书馆，降低大学生的借阅成本，提供舒适的阅读环境。

（2）晋升机制保障，针对思想政治教育工作队伍的实际教学要求，对不同的教师采用不同的晋升机制和晋升考核标准。思想政治课教师相比其他专业课教师的课时多，在科研方面的投入较少，为此应合理制定相关的评定标准，对于思想政治课教师，要考虑其科研能力与课时负担问题。对于党政干部而言，很多干部在管理岗位中处理事务比较繁忙，科研时间投入较少，对此高校也应给予相关的条件支持，使其能够在管理岗位上认真、安心地工作。

通过加强高校思想政治教育工作队伍建设，对研究和传播新时代中国特色社会主义思想、加强和巩固高校思想政治意识形态工作及增强高校思想政治教育工作的实效性具有重要意义。高校思想政治教育工作队伍建设的目标就是党政干部全面贯彻党的方针政策，合理配置相关工作人员，优化队伍结构并不断创新，进行科学的管理和运作，鼓励思想政治教育工作者提升能力，加强高校内外的资源整合，形成合力，从而打造专业的高素质思想政治教育工作队伍。建立高素质的思想政治教育工作队伍需要多方面的配合，这是一个立体的综合工作。需要通过党中央在宏观层面进行指导和相关政策的构建，如人才的培养方案、校园文化建设、校领导考核标准等方面。高校思想政治教育队伍之间还要形成强大的凝聚力，形成合力育人的良好氛围。加强高校选拔机制建设，优化队伍结构，强化队伍的专业能力，进一步完善思想政治教育工作队伍的长效机制，从而构建一支高水平、高素质的思想政治教育工作队伍。

第四章 大学生思想政治教育工作网络环境管理

高校思想政治教育工作是在一定环境中进行的，环境能够制约思想政治教育工作的实际效果，通过对高校思想政治教育工作环境管理的研究能够更好地管理高校思想政治教育工作环境，同时对高校思想政治教育工作有着积极的促进作用。人类对自然社会的认知也随着环境的变化而不断延伸，目前信息网络技术的飞速发展，为人们认识世界提供了新的渠道，极大地开阔了人们的视野。借助网络平台进行信息传递，是目前人们获取信息和交流信息的重要途径。随着互联网信息化的快速发展，网络虚拟环境之所以给人类社会和生活带来深刻影响的主要原因在于其信息容量大、传播速度快、覆盖范围广。网络的虚拟环境具有复杂性、虚幻性、快速传播等特点，也对世界不同民族、社会、文化等信息的不断交流产生积极影响，同时也伴随着消极影响。

当今，社会互联网已成为信息大平台，全世界人民都通过这个平台获取和交流信息，这对他们的思维方式、求知途径、价值观念有着重要的影响，尤其是他们对社会、国家、工作及人生的看法产生了很大变化。信息技术的飞速发展也给我国社会发展带来了机遇，加强网络信息的正面宣传，维护网络安全，突破网络核心领域技术，发挥信息时代对我国社会发展的引领作用，为实现中华民族伟大复兴的目标作出贡献。这就要求我们必须树立正确的网络观念，加强网络防护，加强网络信息安全平台建设和监管机制建设，加强网络安全事件应急处理能力，构建安全有效的网络安全产业。

网络环境对高校有着重要影响。对于高校思想政治教育工作而言，要不断深入研究网络虚拟环境的管理，优化校园网络环境，才能积极有效地开展思想政治教育工作。不断地向高校渗透正确的国家思想意识，加强我国社会主义核心价值观的宣导，促进高校大学生形成正确的价值观，提升整体道德素养，能够从容地面对人生和理想，进一步推动高校思想政治教育工作的有效开展。

第一节　大学生思想政治教育工作网络环境管理概念界定

一、网络环境的内涵

（一）网络环境的组成要素

随着信息科技与网络技术的不断发展，经过长时间的创新与变革形成了特有的网络环境。从广义的角度来讲，网络环境是我们日常生活中接触到的现实世界，也可以将其作为一种社会环境。人们通过网络进行信息的传递和交流，将思想和表达形式连接在一起。从狭义的角度来讲，网络环境指的是一个虚拟环境，是人们在网络中进行交流沟通的虚拟世界。随着信息科技与网络技术的飞速发展，虚拟的网络环境呈现出更加丰富的内容。网络使人们之间的距离变得更近，在日常生活中随处可见网络的存在，人们能够随时参与网络交流。在现代社会中，人们通过手机就可以及时参与网络交流，而且现在的网络基础设施较为完善，网络覆盖面比较广。通过网络，人们的交流不再受地域和时间的限制，能够实时地进行交流，而且能够减少信息传播的错误率。网络技术的不断发展为人们开辟了一个新的网络环境，使人与人之间的距离更近。

网络环境也有很多构成因素，其中网络主体是占比较大的一个因素。网络主体包含互联网的构建、信息的传递、网络数据的管理。网络的主体不仅包含个人，也包含组织和机构，只要是网络的使用者，都可以作为网络的主体。

网络环境中除了人以外还有一个构成因素，即网络信息。在网络中每天都会产生大量的信息，其内容丰富多彩，涉及天文地理、政治、经济、文化等方面。其中有很多信息是充满正能量的，能够开阔人们的视野和提升人们的知识水平，但还有很多信息是虚假的、负面的，可能会对人们的身心健康造成很大的危害。因此，维护好网络环境是每一个参与者的重要使命，杜绝负面信息和虚假信息的传播也是维护网络环境的重要问题。

网络环境需要依赖大量的网络基础设施才能实现其价值。网络设施主要包含网络交换机、服务器、网线、电脑等设备。这些基础设施是网络信息传输的基本保证，也是网络世界的基本框架。有了这些基础设施，还需要相关的网络技术实现信息传递，通过网络技术将网络中的各种信息进行传播和存储，人们才能随时在网上浏览不同的信息。优秀的网络人才能够为人们提供更好的网络服务，给人们的生活和交流带来便利，但是这些网络技术如果运用不当，可能会带来巨大的负面影响。如果有人通过网络技术犯罪,那么不仅会给国家带来很大的经济损失，也可能对网络使用者造成严重后果。

对于网络中海量的信息传播，需要有专门的法律法规对其进行管制。防止负面信息和虚假信息的肆意传播，同时也给广大网友传播积极的、正能量的信息，这就需要相关法规对其进行约束和监管。安全的网络环境需要严厉的网络法规作为基本保证，一旦发现违法行为，要及时举报，网络警察要对犯罪嫌疑人进行跟踪调查，从而维护网络健康。除了网络法规之外，网络文化对网络环境也有一定的影响。每一位网民只要使用网络，就会受到网络文化的影响，它在无形中监督着人们的行为方式，同时也引导着人们的言行举止。创建良好的网络环境就必须规范良好的网络文化，无论是从法律上还是从道德上，都对广大网民有着一定的约束，从而形成一个良好健康的网络环境。网络给人们的沟通和交流带来了极大的便利，网络的诞生也不断丰富着人们的生活。网络环境的实质是人与人之间的联系，可以通过人为的调控和改变，从而创造一个良好的网络虚拟环境。

（二）网络环境的分类

1. 高校思想政治教育工作内部与外部的网络环境

随着网络技术的不断发展，网络触及社会的方方面面，对高校思想政治教育工作有着重要影响。对高校而言，网络环境可以分为内部环境和外部环境。内部环境指的是高校校园内网络的使用与信息的传递。学校通过局域网或者官方网络平台创设文化氛围，内部的学生可以通过内部网络进行信息的浏览和交流，但是内部的网络并不是封闭性的，它与外部网络环境有着密切联系。高校面对外部的网络世界，可以采取各种措施对其进行规范，选择有利的、积极向上的信息，屏蔽对大学生有害的信息。高校教育工作者可以将外部积极向上的内容引入校园网络环境中，丰富校园网络内容，促进师生共同进步。

在校园内部的网络环境中，高校管理者肩负着巨大的责任，如内部网络环境的构建与管理，对信息内容的传达等。由于各个地区的文化差异和学校文化的不同，每个学校构建的网络环境也有所不同。高校应根据自身的实际情况和文化理念，建设具有特色的校园网络。外部的网络环境是各个高校所共享的，其构成群体是全世界的人民。高校应将内部网络和外部网络进行有机结合，将外部优秀文化引入高校内部，不断丰富校园内部的网络体系，不断加强创新，如此才能给大学生营造一个良好的网络环境，促进大学生的身心发展。

2. 高校思想政治教育工作的物质网络环境与精神网络环境

高校内的物质网络环境主要是指校园内网络的基础设施，如服务器、交换机、电脑等基础设施。除了这些基本设施之外，教师和学生的网络使用技术能力也属于物质网络环境的组成部分。精神网络环境是指高校人员在网络中进行交流和互动的行为体现，主要包括心理和思想观念等，它对大学生具有较强的引导作用。因此，高校应加强网络环境的建设和管理，积极地引导大学生向正能量的方向发展，营造良好的网络环境。

（三）网络环境的特点

1. 开放性

在网络环境中，开放性是重要特性。传统的沟通交流模式往往会受到地域和时间的限制，在互联网出现之前，人们只能通过书信等方式进行信息交流。而随着互联网的发展，信息交流不再受地域和空间的限制，人们随时随地可以通过网络浏览信息，也能够及时地沟通与交流。人们通过网络能够获取自己想要的信息，也能够将一些看法发布在网络中，可以在网络中畅所欲言，共同形成一个全球化的交流平台。网络技术的不断发展对传统行业也产生了巨大的冲击，要求传统行业和传统模式都必须与时俱进。虽然网络具有一定的开放性，但也有相关的法律法规对其进行约束，如果不对其进行有效管控，很可能给现实世界带来极大的影响。

2. 虚拟性

网络环境的虚拟性是其特点。它与现实中的事物有着明显的区别，网络环境中的东西是看不见、摸不着的，是虚拟存在于网络中的物质。网络中存在大量的信息，人们随时都可以浏览，但是有很多信息是虚假的和负面的，很容易给人们的身心健康造成影响，因此人们在浏览网络信息时，应加强对信息的判断力和甄别力。随着信息技术的飞速发展，网络环境中出现了多种多样的功能，人们之间可以便捷地交流和互动，给人们的生活带来了极大的便利。人们可以通过网络购物、缴费等，这些都是在发挥网络环境强大的虚拟特征。充分发挥和利用网络的虚拟特征，能够为人们的生活和工作以及学术研究提供更大的便利。

3. 多样性

多样性也是网络环境的重要特点。它结合传统的电视、广播、报纸等的特性，并且通过网络进行发展，形成了独有的多样性。在网络环境中，信息可以随时进行查阅和保存，并且能够通过网络传递各式各样的信息，不仅是文本信息，还包含声音、图像等方面的信息。这些网络信息都被存储在服务器中，节省了大量的纸质和书籍成本。这种数字化的储存方式，也是人们在网络技术发展过程中的重要成果。由于网络中有海量的信息，人们能够随时在网络中获取自己想要的信息，随着网络信息不断的丰富化和扩大化，网络信息逐渐成为人们关注的焦点。

4. 交互性

通过网络，人们可以自由地进行互动和交流，还可以传递和接收各式各样的信息。传统的信息交流模式是通过书信或报纸、电视等单方面获取信息，而在网络中，人人都是信息的制造者和传播者，由“单向性”的信息传播方式转变为“交互性”的交流方式。通过网络，人们可以对接收到的信息及时地进行反馈，比如留言或私信等方式。网络增强了人与人之间的互动感，人们随时随地都可以通过网络平台发布信息。以往人们发布信息需要通过报纸或者媒体，需要通过很多的步骤才能完成，现在只需轻轻一点，就能通过移动客户端实现信息的交流。这种平等自由的网络交流环境，深受广大学生的喜爱，人人都成为信息交流的主体，进一步增强了互动性和参与性。对高校而言，可以充分利用网络的这一特点，增强大学生的学习积极性，营造良好的校园网络环境。

二、高校思想政治教育工作网络环境的内涵

（一）高校思想政治教育工作网络环境的概念

随着网络技术的不断发展，各大高校对于网络的使用得到了普及，逐渐形成了高校网络环境，其有着较强的地区性，目的是更好地开展思想政治教育工作。开展思想政治教育工作，有一个良好的校园环境和教育环境是基本前提。教育环境主要是以高校为中心，对大学生群体有针对性地开展思想政治教育，以促进大学生思想道德发展。随着网络的普及，校园环境与网络环境的有机结合，逐渐形成了高校思想政治教育工作的校园网络环境。

（二）高校思想政治教育工作网络环境的特征

1. 区域特定性

高校所在的网络环境是在一定范围内，受地区的影响，在校园内部形成的网络环境，而外在的网络环境是指全球范围内的网络发展环境，因此校园内的网络环境因其地区特性又被称为校园网络环境。校园网络环境不是封闭性的，因为其网络信息都是通过互联网进行传播，而互联网是全球范围内共用的，在校园环境中有一部分校内局域网是学校建立的内部网络，它的信息主要是在校园内进行传播，并为学生提供信息服务。校园内的网络环境与外部网络是相通的，需要有外部信息的进入才能丰富校园内的网络内容。每个高校都有属于自己独特的校园网络环境，这是由高校的整体文化和教师的整体综合素质决定的。

2. 主体特性

高校内的思想政治教育工作网络环境是以全体师生为主体，师生有较强的独特性，和社会中的主体有着明显的区别。校园内的网络环境主体是由思想政治教育工作者、全体大学生及相关领导和管理者组成的，这些人相对而言受教育程度较高，承载着丰富的知识体系和文化体系。由于高校师生的思想较为开放，并且充满了创新性思维，对思想政治教育工作的开展有着较强的促进作用，他们也是推动当前思想政治教育文化发展的领头人。大学生群体也是网络环境中最重要的主体，大学生喜欢追求新鲜事物，具有较强的创新性，同时大学生群体也是祖国重点培养的对象之一。但是大学生群体相对而言社会阅历浅，心理比较单纯，他

们具备的思想文化知识较为薄弱，对网络中各类信息的辨别能力较弱。这对高校思想政治教育工作的开展提出了挑战，高校应积极引导和培养大学生形成正确的价值理念和思想观念。大学生也是社会网络环境中重要的主体之一，加强他们的道德理念和精神文化水平，对整个网络的健康发展有着重要作用。

3. 教育性

在高校网络环境中，主要是以思想政治教育工作为主导发展理念，思想政治教育工作可以更好地维护高校网络环境。通过思想政治教育工作的开展，能够正确引导大学生养成良好的日常生活习惯，并且使大学生形成良好的思想观念与道德观念。大学生作为国家重点培养对象，良好的教育和教学环境对大学生的发展有着重要作用。健康的校园网络环境有利于大学生的身心发展，为此高校应为大学生提供良好的教育，可以开展一系列教育活动，让大学生具备参与感，从而调动大学生的积极性。同时，发挥思想政治教育工作在网络环境中的重要作用，通过思想文化的吸引和引导，使大学生响应学校的号召，充分发挥高校的思想政治教育功能。网络具有双面性，在给大学生带来便利的同时，也伴有很多负面信息，这就要求大学生正确判断网络平台中的各类信息。高校可以为大学生开展相关的思想交流活动，让学生认识到网络中各类信息的真实性，为创造优良的校园网络环境发挥重要作用。

4. 虚拟性和真实性

随着网络的飞速发展，高校的网络平台建设也将外部和内部空间联系起来。在网络虚拟空间里，存在很多虚拟事物，比如游戏道具、游戏人物等。在网络空间里可以进行虚拟交易，且不受时间和地点的限制，人们可以自由地进行交流。但是这种虚拟交易在一定程度上是以现实为基础的，只是将现实的物品交易转化为数字化物品交易。网络平台是一个虚拟传播平台，需要借助现实事物的信息资源，二者相辅相成，如果只注重一方面，很可能陷入虚拟的世界，导致一系列的问题产生。高校对此应加强思想政治教育工作管理，加强大学生对网络环境的了解，使大学生认识到网络环境的真实面貌，正确地运用网络获取有用的信息，能够在很大程度上提升认知水平。如果对网络没有正确的认知，很可能导致学生深陷其中不能自拔。对此，高校应发挥思想政治教育工作的重要作用，为大学生提供一个良好的校园网络环境，并且帮助大学生树立正确的价值理念和思想观念。

三、高校思想政治教育工作网络环境管理的概念

高校对校园内的网络环境进行有效管理是非常必要的，管理的重要作用是使大学生积极地在健康的网络环境中进行一系列活动。高校对网络环境的管理具有针对性，其管理的对象为网络平台的搭建、网络基础设施、网络使用者。高校网络环境管理者指的是相关领导和思想政治教育工作者、大学生干部等成员，每个成员负责不同的内容，其目的是协调和管控校园内的网络环境体系，通过思想政治教育和网络平台的有机结合，从而实现思想政治教育工作的主要目的。

高校网络环境管理者应具备良好的思想政治教育理念，遵循思想政治教育工作的客观规律，将思想政治内容有效地融入高校教育工作中。建设优良的校园网络环境是全体师生的重要责任，高校思想政治教育工作者应起到好的带头作用，以自身为出发点，学好思想政治理论，提升个人文化素质水平，积极引导和协调大学生参与高校思想政治教育活动。利用校园内各种有利因素与网络环境进行结合，策划和开展一系列相关活动，为高校大学生提供一个互动交流的平台，发挥好高校思想政治教育工作的功能，创建积极向上的校园网络环境。

第二节　网络环境对大学生思想政治教育工作的影响与管理必要性

高校思想政治教育工作在高校意识形态与中国共产党的意识形态方面都是关键部分，要培养什么样的人才、如何培育和为谁培育都是高校思想政治教育工作的重点。进一步加强高校思想政治教育工作网络环境管理，强调思想政治教育管理工作的重要性，并且通过发挥高校思想政治教育工作者的主动性，对高校网络环境进行管理和控制，不断摒除网络环境的消极影响，发挥网络环境的积极作用，构建一个良好的、健康的校园网络环境。高校在加强思想政治教育工作管理的同时，还要提升大学生的核心价值观和主流价值意识，使大学生树立和保持正确的

价值理念。当下，各类思想意识在网络环境中不断涌现，在这一时期，多元化的文化冲击和融合体现得更加活跃。尤其是在信息化技术飞速发展的环境下，网络信息充斥着整个校园环境，因此加强对高校思想政治教育工作网络环境的管理是非常有必要的。

一、网络环境对高校思想政治教育工作的积极影响

在互联网的影响下，高校的思想政治教育工作也在不断地变革。互联网为大学生提供了新的学习空间，并且网络图文并茂的多样化形式也为大学生提供了直观的体验，在一定程度上促进了大学生学习的积极性和主动性。高校的思想政治教育工作可以运用网络信息技术改变传统的教学模式，采用多种多样的教学方式进行多媒体教学。

大学生受到网络环境的影响，尤其是思想方面越来越复杂。高校思想政治教育工作可以利用网络的独特性对信息进行整合，促进大学生的自我教育。在网络中信息传播速度较快，而且能够随时进行复制和共享，将思想政治教育信息加入网络，可以使大学生通过网络进行学习，使丰富的教学资源得以有效传播，也能促进受教育群体更便捷地参与教育活动。为了顺应新时代网络环境下的道德规范与行为准则，加强对大学生思想政治素养的提升，对大学生提出了更高的要求，即大学生必须严格要求自己，严守职业道德和社会公德，积极倡导网络道德。网络信息的快速发展也能体现出高校思想政治教育工作的社会化，高校通过网络将思想政治教育工作与政府、学校、家庭连接在一起，使网络中的各种因素有效结合，提升思想政治教育的实际效果。

高校的思想政治教育工作在网络信息技术的支持下不断变革，进一步推进了高校思想政治教育工作的多样化、现代化发展。通过网络信息平台，思想政治教育工作者能够获取自己想要的信息。传统获取信息的方式主要来源于书籍、杂志等，或者是通过电视或者是听别人讲述才能得到一些信息，这在很大程度上增加了思想政治教育工作者获取信息的时间成本。通过网络学习可以获取许多有用的信息，这增加了每一位教育工作者的知识储备，也能够拓宽视野，在拥有丰富知

识量的情况下才能够更好地对大学生开展教学工作。网络技术的不断发展和创新，也为思想政治教学工作手段提供了新的模式。在传统的思想政治教育过程中，信息主要掌握在教育者手中，思想政治教育工作者通过课堂向大学生进行单向的知识传输。这种传统的模式不仅拉大了教育工作者与大学生群体之间的距离，也对教学效果产生不利影响。在网络平台中，人们可以自由平等地交流，减少了在现实交往过程中存在的心理负担。大学生可以通过网络实践活动参与思想政治教学工作，他们可以自由平等地进行交流和信息分享，使教育者和受教育者更好地发挥双方的主体性，形成一种相互促进、相互尊重的思想政治教育工作新模式。

在传统的思想政治教学课堂上，一些最新的新闻热点不能直接体现在教学过程中，这就在一定程度上使思想政治教育工作显得枯燥乏味，导致大学生失去思想政治课程的学习热情。互联网的发展改变了这一困境，思想政治教育工作者能够通过网络将海量的信息带入思想政治教育课堂中。由于互联网中具有海量且丰富的信息，人们能够随时随地接收这些信息，思想政治教育工作者可以通过搜索一些案例、时事填补思想政治教育工作中的信息空缺。网络为思想政治教育工作者提供了一个取之不尽的资源库，能够更好地解决思想政治教育工作内容滞后的问题。

在高校思想政治教育管理工作中，离不开对人、物的合理规划和分配，如何进行规划和分类才能更加科学和合理，就需要前期各种数据的支撑。随着时代的不断发展，网络技术广泛应用在各个领域中。对高校思想政治教育工作而言也不例外，网络信息资源的共享，不仅打破了部门之间沟通交流的壁垒，也实现了高校管理资源的共享，为管理协同提供了强有力的支撑。为了实现高校思想政治教育工作在管理层的有效协同，就需要通过网络技术搭建信息交流平台。目前，虽然大部分高校在大力开展网络信息化管理建设，但由于部门之间的利益诉求和价值取向有所不同，加之很多高校在信息建设方面缺乏制度保障和统一规划，因而造成数据信息资源重复建设、支离破碎等现象，高校思想政治教育工作的信息资源难以有效整合和共享。对于这方面的缺陷，就需要通过网络技术构建各部门同时上传和分享信息资源的通道。比如，构建高校门户网站或思想政治信息宣传模块等，大学生通过学校网站可以看到自己的学习情况和学习安排，同时思想政治教育工作者也能够通过网站对学生的学习情况和自身的教学情况进行充分了解，并且教育工作者和大学生能够在该网站或平台中进行实时交流，对于大学生反馈的生活或学习问题能够及时地解决。因此，网络技术也给思想政治教育工作提供了良好的教学条件，满足了各个部门信息交流和工作方面的需求。

优化高校思想政治教育工作网络环境的管理，能进一步促进高校大学生的思想健康发展。在新时代网络环境中，各式各样的信息融合在一起，而网络环境的不可控性让大学生能够接触到不同性质的信息，可能导致大学生产生认知混乱，从而导致思想意识偏差。加强高校思想政治教育工作网络环境的管理，就是高校在思想政治教育工作中加强对网络环境的管理和制约，进一步引导大学生树立正确的世界观、人生观和价值观。推进高校思想政治教育工作的实效性，能够提升高校大学生思想政治教育的获得感。高校网络环境也是高校思想政治教育工作环境的重要部分，不仅影响着高校思想政治教育工作的开展，还影响着大学生群体思想品德和价值观念的形成。因此，如何对高校思想政治教育工作网络环境进行研究是高校思想政治教育工作的任务之一，并针对网络环境对高校思想政治教育工作管理的影响进行分析，从而探索出高校网络环境优化策略，实现思想政治教育工作目标，进一步通过网络工具提升高校思想政治教育工作的实效性。

网络环境扩大了思想政治教育工作的覆盖面。在传统的思想政治教育工作中，常常通过讲道理、摆事实解决学生的思想问题。这种传统的工作方法的弊端就是涉及的内容局限在特定的场景或特定的对象中。没有较好的途径广泛传播，对其他有相似思想问题的学生不能产生直接影响，这就限制了思想政治教育工作的覆盖面。随着网络的发展，思想政治教育工作打破了传统的时空界限，使教育的覆盖面变得更加广泛。随着网络技术的不断发展，信息传播也越来越便捷，学生通过网络可以随时随地获取自己所需的知识，能够实时了解国内外的时政新闻、经济信息等。由于网络中的网络资源是共享的，人们通过网络可以实现信息资源的交流与共享，对于高校而言，通过网络可以扩大思想政治教育工作的空间，进一步拓宽思想政治教育工作者与学生的交流渠道。

网络环境可以增强思想政治教育工作的实效性。网络信息具有趣味性和形象化的特征，对人们有着较强的吸引力和感染力，可以激发人们对于信息的想象力和求知欲，最大限度地调动人们获取信息的主动性、参与性和自主性。思想政治教育工作的内容首先要获得大学生的认可，在认可的基础上加深学生对内容的掌握，这样才能更好地实现思想政治教育工作的成效。通常学习者习惯利用视觉、听觉、触觉中某个单一感官进行学习，如果学习者开动全部的感官进行学习，那么学习效率就会大大提升。通过网络媒体可以实现与传统媒体的互补，学生可以通过多种感官获取新的知识，这样不仅能够提升学生的学习积极性，在很大程度上也能提升学生的学习效果。网络环境可以丰富思想政治教育工作的信息资源。信息的一大优势就是信息共享，通过网络可以为思想政治教育工作提供丰富且源源不断的信息资源。在传统信息传播媒介中，通常是以广播电台、电视、杂志、报纸等媒介进行信息传播，这样的传播形式传播的信息资源量少，而且覆盖面窄，在思想政治教育工作中，学生很难扩宽自己的知识面。网络中的信息资源是十分丰富的，而且更新速度快，人们能够随时随地获取和查阅信息，并且十分便捷。我国传统的思想政治教育往往是在同一时间进行的，在一段时间内传播的信息资源一般较为有限，而网络信息的传播不会受到时间和地点的限制，并且可以缩短信息传播的距离。思想政治教育工作者可以借助网络开展教育工作，充分发挥网络开放、便利、生动等优势，整理一些与大学生思想实际有联系的信息，利用说服力、吸引力和针对性强的思想政治信息对大学生进行思想政治教育。

网络环境为思想政治教育工作开辟了新的途径，主要体现在打破了传统以说教、灌输为主的教育方式。传统的思想政治教育工作大多采用讲道理、摆事实的课堂讲授方法，通过课堂这种相对封闭的环境进行灌输教育。这种方式虽然有一定的形象性与生动性，可以给学生带来较深的感官体验，但思想政治教育工作者在授课的过程中很少考虑学生的个性特征、思想基础与接受能力等差异。这样的传输模式将学生当作一个被动的知识储存器，极大地降低了学生接受思想政治教育的主动性与积极性。思想政治教育工作是一个具有个性化色彩的工作，传统“一刀切”的教育模式有着较大的弊端，面对不同类型的学生不能做到针对性教学。

由于网络信息具有共享性和多元化等特征，将网络与思想政治教育工作有效结合能够给高校带来全新的教育体验。这种教育模式可以使思想政治教育工作者与大学生在信息交流中进行自由、平等的互动，可以更好地发挥思想政治教育的作用。

网络环境促进了思想政治教育工作的现代化发展。随着社会的进步与发展，教育也要向现代化的方向发展，教育现代化中也包含思想政治教育工作的现代化。通过运用网络技术开展思想政治教育工作，可以推动思想政治教育工作的现代化进程。网络信息具有共享性，在网络中人人都是传播者与接收者。在当今社会中要实现思想政治教育工作的现代化发展，就必须借助网络优势，对大学生进行有效教育和管理。通过网络技术开展思想政治教育工作，具有冲击力强、辐射面广、范围大等特点，使高校思想政治教育工作以一个全新的面貌呈现在学生面前，使高校思想政治教育工作向现代化迈进。在高校思想政治教育工作中，网络与思想政治工作的有机结合，是实现思想政治教育工作现代化发展的重要手段之一。

二、网络环境对高校思想政治教育工作的消极影响

在互联网中，信息的快速传播虽然打破了地域和时间的限制，但信息本身具有的隐匿性也给网民带来一定的危害。在网络中，人们可以隐藏自己的真实信息，虽然大家能够通过网络进行沟通和交流，但是很难知道对方的年纪与长相，人们在网络中可以通过隐匿信息发表言论和交流，尤其是对于危害信息屏蔽方面，很难找到源头进行针对性的限制。另外，网络信息的难控性也有负面影响。在网络中信息呈现出多种多样的形式，对其进行完全控制非常难，没有更好的方式对网络信息进行完全掌控。网络信息的难控性具有一定的弊端，对于高校思想政治教育工作的网络而言也是如此，高校不能对网络中的信息进行完全控制，导致一部分负面信息和虚假信息渗透到高校网络中，从而导致思想政治教育的针对性在一定程度上被削弱。

网络信息的共享性使每一个网民都能够便捷地从网络中获取信息，人们在网络中进行信息交流和沟通，其中一些思想也被不同的人进行分享，一些不好的思想和价值观很容易影响大学生群体。大学生的心智还未完全成熟，受到信息的舆论引导很可能发生思想扭曲，而这种信息又很难被思想政治教育工作者掌控，进

而对思想政治教育工作的开展造成阻碍。目前，中西方的信息交流十分密切，我们所坚持的社会主义价值观也很容易被外来的西方思想影响，因此要加强大学生的思想政治观念，杜绝外来不良思想的影响。对于散播虚假信息的人来讲，网络是他们的攻击工具，也成为他们犯罪的重要手段，如果新时代的青年不能有效地屏蔽这些外来信息，很可能造成严重的后果，对我国的未来发展产生巨大影响。高校要深刻认识到信息的不可控性，积极完善和调整校园网络信息传播，且积极引导大学生坚定正确的理想信念，为国家的繁荣富强不断奋斗。

（1）网络环境在一定程度上加剧了西方意识形态的渗透。网络技术的发展为西方资本主义对社会主义国家实施“和平演变”提供了便利，西方思想与文化通过网络传播对社会主义国家进行文化和思想渗透。我国是一个社会主义国家，自然也就成为西方意识形态网络渗透的箭靶与重点对象。一些西方国家利用网络，打着“自由”“民主”的旗号，对我国的政治及文化进行恶意攻击，肆意诋毁我国的政治制度，甚至部分国家通过宣传腐朽的价值观削弱我国优良的传统文化。由于西方外来思想文化的冲击，对我国思想政治教育工作产生重大影响，难免引起大学生思想上的混乱。如果不能对西方敌对势力的网络渗透采取有效的措施，必然导致一些意志薄弱的学生思想受到毒害。

（2）网络环境降低了传统思想政治教育工作的针对性。在传统的思想政治教育工作中，大多是通过面对面的教育方式对学生进行思想灌输，通过讲道理、摆事实的方式有针对性地对大学生进行思想政治教育，从而提升学生的思想认识。这种方式可以准确地把握大学生的思想动态，具有针对性强、反馈及时的优点。随着网络技术的不断发展与普及，对传统的思想政治教育工作带来巨大冲击，使思想政治教育工作的针对性大大降低。网络的虚拟性也导致接受思想政治教育的大学生变得相对隐匿，这决定了网络思想政治教学工作主要是采用大众化的方式进行，因为这种教育模式不能因材施教，极大地降低了传统思想政治教育工作的针对性。人们在网络中进行交流时，一般采用匿名的方式，这使思想政治教育工作者无法准确了解发表意见的学生，不能了解其兴趣爱好、想法等，不能针对性地开展思想政治教育工作。

（3）网络环境增加了网络信息控制的难度。在传统的思想政治教育工作中，大学生接受的思想政治信息是思想政治教育工作者整理筛选之后的教学资源，忽略了一些错误观点与不良信息，还有一部分教育资源是思想政治教育工作者亲自制定的，可以从源头掌控信息的传播，这样对大学生接收的信息具有较好的可控性。随着网络技术的飞速发展与应用，传统的教育模式被完全打破。在新时代网络环境中，思想政治教育工作者对网络中的信息控制变得异常困难，面对各式各样的信息不能有效地掌控，导致这些信息在网络上肆意传播，使大学生周围的信息环境变得复杂，高校的思想政治教育工作空间也容易受到污染。面对网络中良莠不齐的信息，大多数学生有较强的辨别能力，但仍有部分大学生思想意志薄弱、生活阅历浅，难免受到极端、消极信息的影响，从而导致思想观念遭到侵害。

（4）网络环境消解了传统大学生政治社会化的模式。大学生接受政治社会化的过程，就是接受思想政治教育工作者的教化与消化社会主导政治文化的过程，也是将吸收的社会主导政治文化转变为自身政治知识的过程。对于大学生而言，只有不断提高自身的政治素质与技能，才能成为符合社会政治要求的社会成员。随着信息技术的不断发展，网络为大学生的政治社会化提供了一个全新的环境，为大学生的政治社会化带来了一个新的途径，成为影响大学生思想变化的新要素。

三、加强高校思想政治教育工作网络环境管理的必要性分析

（一）网络环境下加强网络管理的必要性

在网络飞速发展的时代，网络给我们的生活带来了重要影响，而且促进了社会发展。人们的日常生活也在不断地发生变化，网络的发展为人们提供了极大的便捷，为人们节省了不少的时间，提高了工作和学习效率，同时也促进了国家的现代化发展。而且网络将世界连接在一起，各国人民都能够通过网络进行联系，打破了时间和地域的限制，为人类的发展作出了重要贡献。

自改革开放以来，我国在网络基建方面取得了重大成果，尤其是建成了覆盖全国的网络干线，以光纤、卫星等先进科技为轴心，构建了移动通信网络、数据通信网络和多媒体通信网络，实现了数字和信息的交换。我国的网络通过不断地普及和建设，得到了迅速发展，上升到了一个新台阶。目前，网络的运用已普及

至各个领域和各个行业，人民的生活也离不开网络。网络对国家的发展、人民的生活、社会生产都有重要影响，更好地促进了国家的发展，随着我国网络技术的不断发展，我国的网民数量及互联网普及率在逐渐提升。

随着网络环境的不断完善，高校网络环境也在不断变化，目前的网络速度和网络质量在不断提升。随着校园网络的不断发展，高校思想政治教育工作对网络的需求也明显增加，而且更看重网络的质量要求，这在一定程度上促进了大学数字化教育平台的快速形成。高校的网络技术水平也在不断提升，在网络时代不断更新的环境中，我们不能放松警惕，未来还要面对更多的挑战，建设全面教育的新时代网络环境的道路还很长。

高校的思想政治教育工作受到网络环境的影响也在不断地发展，由于网络信息的特点，高校对网络信息的筛选和控制中存在一定的难度。在多元化信息网络环境中，高校的思想政治教育工作、学生的学习与生活环境受到重大影响，虽然大多数学生能够用坚定的思想观念来抵御网络中的不良信息和不良思想，但仍有部分大学生抵挡不了网络中的各种诱惑，从而陷入困境。随着网络信息的传输，一些低质量的信息和违法信息充斥着整个网络环境，尤其在新时代，信息更新迭代的速度加快，新闻产业也在飞速发展，一些不良媒体或公司只追求利益增长，而忽视了信息内容的质量管理，从而导致非法低俗的信息出现和传播，还有一些国外的信息发布者在互联网上发布低俗信息，这些因素都阻碍了高校思想政治教育工作的正常开展，同时也影响了大学生的正常发展，从而对高校的网络环境管理提出了更高的要求。

在网络环境中，学生的个性得到极大展现，每个学生都有自己独特的想法，以及独特的理解方式和思维方式，由于受到家庭、社会、学校等方面因素的影响，他们的价值观存在不同，只能通过高校的思想政治教育对学生思想进行引导，使其向正确的方向发展，既不能强制性地对他们的思想进行改造，也不能强制性地转变他们的思维方式。只有通过潜移默化的思想引导，才能逐渐提升大学生的自控能力和对信息的处理能力。在高校思想政治教育过程中，思想政治教育工作者可以通过网络信息资源对学生进行积极引导，将正能量的、有用的信息传输给大学生，从而真正改善和提升大学生的价值观念。由于网络无限大，人们在沟通和交流时无法认清对方是什么样的人，难以对交流方的信息真假作出判断，因此在看不清对方的情况下很容易受到欺骗或者蛊惑，也可能在网络中迷失自我。大学生作为网络中最重要的群体之一，缺乏社会经验和阅历，价值观容易发生扭曲，甚至受到外界因素的影响偏离正确的方向。因此，高校在思想政治教育过程中应增强学生的自控能力，让学生秉持正确的价值观念面对网络环境中各种各样的信息。同时，这给高校的思想政治教育工作提出了挑战，尤其是在信息的掌控方面，更应注重对信息的甄别和筛选。

网络在不断地发展，到目前为止已经达到了实质性的飞跃。随着网民的增多，也对网络环境管理提出了更大的挑战。如今人们的生活和学习都离不开网络，在这样的环境下，高校的网络也在不断地普及和发展，而且高校的网络运用也逐步落实到各个方面，无论是校园生活还是教学工作都会用到网络。高校中的思想政治教育工作也应顺应时代的需求，不断加强思想政治教育工作以网络化的形式开展，用多样的教育模式提升工作的实效性。同时，在高校的各个部门中，对于网络的运用不仅体现在教学中，还体现在管理方面，两者互相作用，不可分割。对于思想政治教育工作而言，要运用网络开展教学，还要对网络进行管理。对网络的管理是开展思想政治教育工作的基本保障，只有通过合理的管理方式才能发挥网络的巨大作用，才能避免不利因素的影响。网络社会也是一个由人组成的社会系统，但是由于人的复杂性和多面性，网络信息世界中存在一系列问题。比如，一些西方国家通过互联网影响青少年，使其扭曲思想。如何保护青少年和国家文化的独特性，抵制外来文化的入侵，这是一个亟待解决的重要问题。在网络环境中，不乏道德差、法律意识淡薄的人，他们传播有害信息可能会使大学生受到侵害。这些网络问题需要高校高度重视，并且作出正确的应对措施。

在传统的思想政治教育过程中，教育工作者可以对教学信息进行把控，在一定程度上能够管理这些信息，防止有害信息影响大学生的思想意识，还可以及时地删除不良信息，发挥重要的看管作用。在这种教学模式下，大学生接受的信息具有良好的可控性，思想政治教育工作者能够从源头杜绝不良信息的传播。随着互联网的不断发展，逐渐打破了这一局面。在信息时代，思想政治教育工作者很难控制和筛选网络中的信息，导致虚假信息和违法信息在互联网中肆意传播，对校园网络环境产生干扰，原来对信息的可控性转变为不可控性。虽然大部分学生有较强的信息甄别能力，但由于社会经验不足，容易受很多负面信息的影响，从而出现消极态度。因此，在网络信息不断发展的时代，高校网络环境的管理任务变得越来越重，这对高校的思想政治教育工作提出了一定的挑战。以更好的方式对网络信息进行控制、筛选，使大学生利用丰富的知识完善自我，树立正确的价值观，从而促进高校思想政治教育工作的有效开展。

（二）网络环境下加强思想政治教育工作的必要性

随着网络的快速发展，高校与其他社会领域一样，正以惊人的速度进入网络时代。高校是社会信息化程度较高的场所，大学生是与网络接触最密切的群体。网络的快速发展与应用，使高校思想政治教育工作的环境发生了变化。加强与改进网络环境、占领网络新阵地下的高校思想政治教育工作，不仅是传统思想政治教育工作在手段与形式上的发展，更是对高校思想政治教育工作新境界的开拓。面对网络这一思想政治教育工作新环境，高校要趋利避害，正确利用网络的优势提升思想政治教育工作的实效性，从而推进高校思想政治教育工作的创新与发展。

1. 利用网络优势促进大学生思想的改造

高校思想政治教育工作的目的在于提高大学生的思想政治觉悟，帮助他们进行自我改造。大学生思想的改造是通过思想政治教育工作的外在教化实现的，是大学生灵魂与精神的升华。高校要想统一大学生的思想，必须通过思想政治教育工作对大学生的思想进行引导与改造。网络环境是一个虚拟的社会环境，它有着极大的魅力与破坏力，其主要掌控者还是人。人将现实社会中的思想观念带进网络中，就会出现许多思想问题，比如网络成瘾、网络交往泛滥、信息选择困难等，需要思想政治教育工作者主动介入网络，利用网络的优势化解其中的问题。

（1）网络有利于大学生增强主体意识。网络是一个互动性强、自由度高的虚拟环境，现实社会中对人们思想行为的规范与控制在网络环境中不同程度地失去作用，这在一定程度上有利于培养网络个体的主体意识。随着网络的普及与发展，网络也进入大学生的日常生活中，并且成为不可或缺的一部分，大学生在网络中不仅能够满足学习需要，也能满足各方面发展的需要。大学生可以按照自己的兴趣、想法和爱好，随时随地地在网上进行学习或娱乐，这在很大程度上可以改变传统以课堂为中心的教学模式，使大学生在教育过程中的主体地位得到提高。实际上，大学生在网络中获取信息更多依赖于大学生的主体意识，传统的教育模式正在弱化，而网络这一新型的信息传播机制正在形成。

（2）网络有利于大学生拓展交往空间。网络的到来改变了传统的人际交往模式，它不仅改变了人们获取信息的方式，也改变了人们传递信息的方式，使人与人之间的沟通与交流变得更加便捷。在网络环境下，人与人之间可以随时随地进行自由、平等的双向交流，在交流的过程中互相学习、取长补短、沟通思想、交换意见，形成新的交往模式。虽然大学生是社会中最活跃的群体，但社会交往层面仍然偏窄，除了在生活实践中产生的社会交往外，交往范围仅仅局限在校园中。网络的出现开拓了大学生获取知识的新渠道，为大学生提供了新的视野。

（3）网络有利于调整大学生的价值取向。在网络中的信息自由程度已经超越了政治、经济和文化方面的限制，网络文化具有较强的开放性，这也导致不同国家的思想与文化进行碰撞。大学生在网络中接触到的信息来自全球各地不同国家，也会接触到许多来自西方国家的思想与文化，不自觉地与我国传统文化观念发生碰撞，使其价值观产生偏移。西方资本主义腐朽文化通过网络不断地对外渗透，对大学生的价值观形成产生较大的影响。大学生的人生观、价值观尚未成熟，在西方外来思想观念的影响下，部分思想意志薄弱的学生的政治立场逐渐弱化，甚至可能丧失政治鉴别能力。

（4）网络有助于解决大学生的心理异化。网络中有着不同的价值观念与文化传统，致使大学生在上网的过程中难免产生一些心理问题。由于网络的不可控性与自由性，大学生可以自由地在网络中接触各式各样的信息，当大学生接触不良信息后，就会受到影响，进而导致其思想观念发生混乱。大学生喜欢追求新鲜事物，好奇心强、思想比较活跃，在面对各式各样的信息时，可能产生心理异化，危害自身的身心健康发展。高校要正确认识网络给大学生带来的影响，要积极引导大学生正确使用网络，对受到外来思想攻击的大学生给予及时的心理辅导。

2. 心理教育工作的基本要素

心理教育工作的基本要素包括思想政治教育工作者、学生群体、工作环境和工作载体，各要素之间的相互作用构成了思想政治教育工作的过程。如果这些要素之间不和谐，就无法发挥各要素的功能。网络技术的发展，使意识形态领域相对单一的状态发生了变化，使信息传播脱离了思想政治教育工作者的控制，使校园文化变得多元化。各种思想文化涌进校园，对校园内的和谐环境产生了巨大冲击，因此需要借助网络平台对思想政治教育工作的各个要素进行优化配置，以消除网络带来的不和谐因素。

网络社会是一个开放的环境，存在不同意识形态的冲突，由于受到现实社会思想的影响，在网络社会中也有着不同文化与思想的碰撞。社会现实与意识形态能够真实地反映到网络环境中。目前，在网络中，中西方文化的斗争十分激烈，两者之间存在此消彼长的过程。一些国家借助网络传播扭曲的价值理念，传播反动言论、虚假信息，对我国的热点问题进行炒作。面对西方外来“文化霸权”的影响，我国高校要加强和关注网络舆论动向，大力宣传社会主义价值观，加强网络环境下的思想政治教育工作，争取网络环境中的主动权。

网络是一个开放的虚拟空间，全球信息的传播不受时间和地点的限制，可能导致各种不同文化之间产生激烈的碰撞。在网络中，大学生能够接触到不同的宗教信仰、民族文化等。各国的文化观念有些是积极的，有些是消极的，真假难辨。那些低俗的文化观念可能对我国传统文化带来巨大冲击。大学生的世界观、人生观和价值观尚未成熟，辨别真假的能力较弱，对于其他国家的不良思想文化不能正确认识，可能对世界观、人生观、价值观造成潜移默化的影响，从而影响我国传统文化在大学生中的传播与弘扬。面对网络环境中的不良信息对我国传统文化的影响，高校应采取强有力的措施进行抵制。

网络有利于提升思想政治教育工作者的权威。网络的开放性、虚拟性与交互性特征使思想政治教育工作者与大学生之间的交流更加直接。在传统的思想政治教育工作中，思想政治教育工作者与大学生之间的关系是一种教育与被教育的关系，不论用何种方式开展思想政治教育工作，思想政治教育工作者总是处于主动地位，大学生处于被动地位。网络给大学生思想政治教育工作提供了新的途径，在网络思想政治教育工作中，思想政治教育工作者不再是单向灌输思想的权威，兼有思想政治教育与信息传播的双重身份。思想政治教育工作者与大学生之间的地位是平等的，高校要针对网络给大学生思想政治教育工作带来的机遇与挑战，充分运用网络信息技术，为大学生营造一个良好的思想文化阵地。传统的思想政治教育工作的教育模式相对落后，导致思想政治教育工作的吸引力不强。高校要充分利用网络媒体作为思想政治教育工作的载体，改进当前思想政治教育工作模式，将传统教学与网络技术结合起来，形成集图像、声音、文字等功能于一体的教学模式，使呈现在大学生面前的网络信息具有形象直观、图文并茂、声色俱全等特点，这样不仅能够丰富思想政治教育资源，还能提升教学的吸引力，从而调动学生的学习积极性。大学生可以在生动形象的教育过程中提升思想境界，进而提升思想政治教育工作的实效性。要提高思想政治教育工作的实效性，就必须建设一批具有吸引力的思想政治教育工作载体，利用健康、积极的思想文化占领网络阵地，通过丰富的信息资源和思想内容吸引大学生的注意力，增强大学生的主动性和积极性，从而提升思想政治教育工作的实效性。

第三节 大学生思想政治教育工作网络环境管理原则与方法

一、高校思想政治教育工作网络环境管理的原则

高校思想政治教育工作的开展与网络环境的管理有着密不可分的联系，运用合理的方法对校园网络环境进行管理是促进网络思想政治教育工作有效开展的基本条件。思想政治教育工作网络环境管理要遵循方向性原则、科学性原则、协调性原则。

第一，方向性原则。在开展高校思想政治教育工作的同时，要明确正确的思想政治教育工作方向，只有一个好的开端才能指引工作不断推进发展。对于我国

高校思想政治教育工作网络环境的管理，关键核心在于党中央的领导和指示，即以马克思主义理论为指导的中国特色社会主义发展方向。在高校的教育网络环境中，应秉持正确的、科学的、健康的思想进行管理，这也是高校思想政治教育工作的基本要求。对于高校网络环境的建设和管理，其中存在多种外部因素导致高校思想政治教育工作面临重大难题。网络的广泛性使网络中的信息复杂多变，而且这些信息是动态变化的，既有健康的信息，也有虚假的、负面的信息。网络中的信息在不断变化和更新，人们面对网络中的海量信息时很容易被蛊惑从而陷入歧途，被不良信息侵袭时可能会发生价值扭曲的现象。尤其是大学生群体，他们相对而言社会阅历少，思维方式不成熟，很容易受到网络不良信息的诱惑，从而迷失自我。因此，对于高校思想政治教育工作网络环境的管理必须坚持正确的方向，高校管理者要实事求是地从学生的角度出发，了解大学生的实际需求和存在的难题，找准发展方向，在党的领导下坚持正确的价值观，不断推进和加强对高校网络信息的监管，不断优化校园网络环境，屏蔽负面的网络信息，主动探索和寻找有力的信息传播给大学生群体，从而更好地开展思想政治教育工作。

第二，科学性原则。用科学手段对高校网络环境进行治理，既要保证校园网络环境信息安全，也要保障高校思想政治教育工作安全有序开展。在对高校网络环境管理的过程中，必须运用科学的方式。高校相关工作人员要提升自身的网络安全意识和网络技术水平，还要摸清网络发展的规律，用科学的方法对网络进行管理。运用科学的管理理论和方法，对目前高校中的网络发展规律和发展状况，尤其是对网络思想政治教育工作的发展规律进行深入研究，找准高校网络环境管理的目标与方向。在此基础上，高校还应加强对网络环境的调查研究，针对思想政治教育工作与网络环境结合发展的影响因素，了解高校网络思想政治教育工作发展的重要体系，以达到对高校网络环境管理的目的。不断加强高校网络环境建设工作，用科学的手段对其进行管理，使高校网络思想政治教育工作正常有序地进行。

第三，协调性原则。高校思想政治教育工作网络环境管理是一个复杂的系统，它是由多个子系统和多个要素构成的，并且各子系统和各要素之间相互作用、相互联系。既包含对网络硬件方面的管理，对网络信息进行筛选过滤，整个管理体系的各个部门相互配合，还包含构建管理工作队伍及提升大学生的网络素养。这些因素涉及各个部门和不同成员，要保证高校网络环境管理的正常进行，就必须使各要素之间协调发展。

二、高校思想政治教育工作网络环境管理的方法

正常、有序地开展高校思想政治教育网络环境管理，就必须运用一定的管理方法。高校在对思想政治教育工作网络环境管理的同时要实时地监控调查，掌握网络的发展变化和发展趋势，从中找到高校网络环境发展的影响因素，对高校思想政治教育工作网络环境的发展做好前瞻性部署和预测，把握正确的管理方向，对网络环境进行实时监督和监管。虽然人的思维活动是主观性的，但是也具有可塑性和可控性。在对高校思想政治教育工作网络环境管理的过程中，要掌握大学生思想道德和价值观念方面的变化，并进行研究，分析大学生的实际需求，预测思想政治教育网络环境各要素之间的变化情况和发展方向，积极抵制负面信息的传播和影响。

通过网络技术手段，对网络信息进行监管和筛选。高校应加强网络管理者的网络技术水平和计算机技术水平，加大这方面的培训和资金投入。还需要加强校园内网络基础设施的维护和投入，不断完善设备更新，这是保障网络安全运行的基本条件，应加强信息安全管理的技术研发，加大资金投入。高校网络信息的安全性对工作开展有着重要影响，因此具备强有力的信息技术和网络设备是网络安全运行的基本保障。在对高校网络环境管理的过程中，一方面要利用先进的网络技术加强网络管理和监督，对网络信息进行筛选和控制，屏蔽不良的信息，以免侵害思想不成熟的大学生群体。通过网络技术优化校园网络信息，给大学生营造一个积极健康的网络环境。另一方面要加强高校网络中信息软件的开发，加强校园网络环境安全建设，采用先进的防火墙软件对网络进行实时监控，对外来的入侵病毒进行自动拦截和清理。通过不同级别的防控，使校园网络环境更加安全。

网络信息技术的不断发展给人们带来了极大的便利，目前人们的学习生活都离不开网络，人们通过网络能够打破时间和空间的限制进行交流。同时，网络也

给我们带来了一定的负面影响。这些负面影响是不可忽视的，尤其是思想方面的信息传播，潜移默化地影响着人们的思想和行为，通过长时间的积累可能会在某一时段爆发，那时我们可能要承担巨大的代价。目前，网民对网络问题的重视程度也较高，很多大学生能够自主判断信息的真假，遇到不懂的问题也会寻求他人的帮助。但是还有少量的大学生缺乏信息辨别能力，当遇到虚假信息时盲目跟从，这就有可能影响他们的思维方式和行为方式，造成的后果可能是不堪设想的。因此，高校要运用先进的网络技术，把好校园网络安全的第一道关。国家对网络信息安全高度重视，目前也颁布了多项法律制度对网络安全进行管理和规定。这在一定程度上对高校网络环境安全起到了重要作用，相关的法律法规不仅能够实现对网络信息的管控，也可以将这些法律法规宣传给大学生群体，加强大学生群体的法律意识与网络安全重要性的意识。如今，很多高校建立了校园网络管理系统，并且针对校园网络环境发展制定了安全管理条例，从而规范校园网络行为，减少不良信息的产生。

在信息时代不断发展的过程中，网络技术的进步给高校工作带来了新问题，这些问题对高校产生了重要影响。高校要加强网络管理人员和思想政治队伍建设，建立一支强有力的管理队伍，保障校园网络环境的健康发展。思想政治教育工作人员也应加强网络环境管理方面的技术，利用先进的网络技术开展思想政治教育工作，为大学生把好第一道关。高校思想政治教育工作队伍是校园网络环境管理的主要负责人，要不断加强自身网络技术，运用科学有效的方法解决思想政治教育工作中存在的一系列问题，还要运用敏锐的判断力对网络信息进行快速思考，及时地发现网络环境中存在的问题并且及时地解决。高校思想政治教育工作队伍要具有创新能力和开拓精神，不断学习新的技术核心知识，勇于探索，开拓高校网络环境管理的新局面。

第四节　大学生思想政治教育工作网络环境管理的现实路径

一、加强网络管理，健全高校网络规章制度

网络技术在日益更新，网络技术的不断发展给高校网络环境建设带来了一系列问题，其主要原因是高校的网络环境还没有形成完善的体系。高校网络环境管理体系相对于日常的法律法规与道德规范等还有较大的欠缺，管理体系的完善脚步没有跟上网络发展的速度。由于网络体系的不完善，网民难以用相关的标准约束自己的行为，进而使网络问题不断出现。在高校网络环境管理建设中也是如此，高校要建立完善的网络管理体系，制定相关的网络管理制度约束大学生的行为是非常必要的。国家也颁布了一些关于网络管理的法律法规，能够最大限度地对信息安全进行管制，但是不能杜绝所有不良信息的入侵，在细节方面还需要完善。对于高校网络环境安全而言，要在国家颁布的相关法律法规的基础上，提升网络安全意识，并建立相应的校园规章制度。高校也应借此提升大学生的法律意识，不断宣传国家的法律法规，从而为大学生提供一个良好的、安全的网络环境。高校也可以针对校内网站建立相应的管理制度，并通过网站宣传网络安全意识，科学筛选网络信息进行传播，杜绝虚假信息和不良信息的入侵。而且在校园网站中要实行实名制，让大学生用真实的面貌在校园网络环境中开展各项活动，这样能够促进校园活动的有效开展，也能够抵御不良行为的发生。

高校的网络环境规章制度与国家的法律法规同样重要，它是在国家大的法律法规下所细化的行为标准，能够从大学生的实际角度出发有针对性地约束大学生的行为，让大学生认识到哪些行为是正确的，哪些行为是错误的，同时也能够更好地净化校园网络环境，阻止不良信息的入侵，为高校思想政治教育工作和网络环境建设提供有力的保障。

二、提升网络技术水平

随着网络技术的不断发展，全世界的信息都可以呈现在网络中，为我们提供

了大量的信息和知识，开阔了我们的视野，但同时也带来一些负面影响。尤其对于高校大学生而言，他们的社会阅历较少，还没有形成良好的人生观和价值观，在面对网络中复杂多变的信息时，很难对一些信息进行正确判断，这就可能导致大学生对网络信息难以把控，也可能导致辨别能力丧失，从而影响他们的思想意识形态。因此，高校应加强校园网络环境管理，提高思想政治教育工作的整体服务质量和工作效率。高校思想政治教育工作网络环境可以对校园内的网络信息进行控制，比如建立校园内部的 IP 信息，建立完善的网络管理体系。通过加强管理网络信息的技术手段，对网络信息进行筛选和控制，保障校园内部信息传播的稳定性和安全性，还要加强校园网络环境防火墙的管理机制。校园信息的管理要从校内和校外两个方面进行，对校园内部网络信息的管理主要是从校园网站和校园软件方面进行管控，从根源上杜绝不良信息的入侵；对校外网络信息的管控主要在于对大学生网络信息自控能力的培养，加强大学生的思想政治观念，树立正确的价值观，提升大学生对外部网络信息的辨别能力和筛选能力。

三、完善校园网络信息的监管

网络的发展和应用为大学生的学习生活提供了新的平台。同时，网络中的外来思想和粗俗思想也会被利用。因此，高校应建立完整的网络信息监管体系，并且网络管理员和各部门要配合协调，校园的网络监管体系不是一个人或者一个部门能够完成的，需要各部门和相关人员的积极参与，从而提升对高校网络信息安全的监管。不断优化校园网络环境，保障校园网络环境安全，在此基础上才能更好地开展思想政治教育工作，增强思想政治教育工作的实效性。高校还应加强网络安全监管的基础设施建设，其中包含网络设备、安全软件等，还要加大资金投入进行网络的运行和维护，这些都是保障高校网络环境安全的基本措施。在物质基础的支持下，还应建立相应的网络监管机制，比如运行机制、监督机制、管理机制等，以此构建校园网络的整体架构，并将不同机制落实到各个部门和工作人员中。有了基本的监管体系，还要与国家的法律法规进行有效结合，保证整个网络系统的正常运行。同时，高校网络监管要加强责任制，让每个工作人员都参与到校园网络环境建设中。高校领导要做好带头作用，肩负起领导责任，思想政治教育工作者和网络管理人员也要对工作进行部署，积极配合校园网络文化建设，积极主动地完成任务，并且配合其他部门开展工作，实现高校网络系统的协调性发展。

在校园网络环境建设中，要加大监管力度，对网络信息的监督和监管是非常必要的。根据高校的实际情况，动态地制订相关监管方案。在监管的过程中不仅要对网络信息传递和网络技术进行监管，还要注意对工作人员的监管，不要局限于一种监管手段，运用先进的网络技术和工作人员的有效配合，才能对网络进行全方位监管。在运用网络技术进行监管时，要做好人员的分工，充分发挥人员的灵活性，增强监管的实效性，从而营造一个良好的、健康的、干净的网络环境。与此同时，还要做好对其他师生的监督，通过举报机制对工作人员的疏忽和漏洞进行举报，减少网络监管中的差错，进一步保证监管体系的真正落实和网络环境的安全。

四、加强高校网络环境管理队伍建设

高校要建立全面的网络管理系统，离不开大量的网络技术人员和管理人员的配合。因此，高校的网络环境管理需要一支技术水平高、综合素质强的管理队伍来落实。一个好的团队需要有默契的配合与完善的制度体系，并且要规范监管的方法和机制，使工作人员有秩序、合理地进行管理。对于高校网络环境管理队伍建设，需要从多个方面进行，队伍人员的选拔和组建、责任分工都是需要考虑的内容。对于管理队伍的选拔和任命，首先，从高校网络环境的基本原理入手，因为高校网络环境是基于高校思想政治教育工作而具体实施的，因此在人员选拔时应挑选有较高思想政治水平的教育工作者,他们具有较强的理论基础和思想意识，并且能够坚持正确的政治方向。其次，挑选具有一定网络技术水平的管理人员，这样才能兼顾思想政治和网络管理两个方面，合理有效地利用资源，避免资源浪费。通过双面结合,并以正确的方式方法进行思想政治教育工作网络环境的管理，从而达到网络环境管理的目的。

高校在思想政治教育工作中，要努力保障校园网络环境的安全和绿色，运用先进的网络技术不断促进思想政治教育工作的有序开展，也要通过网络对大学生的思想进行引导，促进大学生坚持正确的政治方向和思想观念，积极引导大学生不被网络中的不良信息蛊惑，在不断加强思想政治教育工作的同时努力建设一个健康绿色的校园网络。高校还要以多种形式开展网络信息安全管理，多层次地建立监管体系，从而更加严格地管理和确保监管的实际成效，加强校园网络信息的过滤和筛选，为广大师生建立一个健康干净的网络环境。高校思想政治教育工作网络环境管理人员要充分运用网络这一平台与大学生进行沟通和交流，将网络中有趣的时政新闻转化为教学资源传播给大学生，如此不仅能够引起大学生的积极思考和参与，还能够通过交流引导大学生的思想意识，提升大学生的政治素养和价值观。同时，能够让大学生养成良好的生活习惯，以正确的政治理念处理网络中各式各样的信息，为大学生创建一个健康的网络环境。

五、强化网络道德责任意识

网络社会环境虽然是虚拟的，但实质上仍然是由人组成的社会系统，只要有人就需要有相应的道德约束。与现实社会相比，网络社会是具有特殊性质的社会环境。在网络环境中，人与人之间的交流都需要通过网络这一载体，人们在网络平台中交流时可以隐匿自己的真实身份，这种隐匿性使部分人摆脱现实社会的包袱，并以虚拟的身份在网络社会中采取与现实社会不同的生活方式，甚至一部分人陷入虚拟的网络环境中，抛弃道德底线作出违法行为。因此，在网络环境中也需要有道德的加持，虽然网络社会与现实社会有较大的差别，但是也不能越过道德底线，需要相应的道德规范和网络秩序来维持网络社会的正常运行，这就需要引导网民形成良好的道德素养和道德意识。在高校思想政治教育工作网络环境中，强化网民的道德素养也是一个重要的管理方法，可以促进校园网络环境和谐发展，使校园网络管理者更好地进行网络管理。网络道德可以约束人们的行为方式，也可以说网络道德能够为网络社会提供良好的秩序。人们在网络中进行交流，只有人人都具有网络道德意识，才能从根源上消除网络中存在的不良信息。对于高校思想政治教育工作网络环境管理而言，加强大学生的思想道德培养在很大程度上能够提升校园网络环境安全，也能够提升校园网络管理效率。用高尚的道德情操和思想品质规范学生的行为，引导大学生积极健康地进行网络学习和网络交流，从而促进网络秩序的良性发展。

加强人学生的道德自律。让大学生自愿地遵守和埋解道德规范，对自己的行为进行一定的约束，在进行网络信息交流时秉持正确的价值观，形成良好的生活习惯。这就需要从道德教育入手，给大学生灌输良好的道德规范和道德理念，使每一位大学生能够深入理解，并在网络环境中自觉遵守。还要培养大学生的自律行为，学校要通过外界和内部教育对大学生进行培养，使大学生自觉地遵守道德规范，通过不断的实践和磨炼增强道德意识，提升思想品质，从而形成良好的行为习惯。

注重培养大学生的网络道德责任意识。在网络中存在多种多样的复杂信息，一些信息很难辨别真假，尤其是对于心理不成熟的大学生而言，更容易受到网络环境的影响，在面对负面信息时不能正确作出判断，甚至容易被这些信息干扰，也可能导致大学生在其中迷失自我。因此，高校应加强网络道德的规范和宣传教育，建立优良的网络道德规范，积极引导大学生树立正确的价值观，从而提升大学生的政治素养和道德意识，使大学生自主抵御不良信息的干扰，并持有正确的思想理念对其进行回避，增强大学生的道德责任感，积极主动地吸收网络中有益的信息，并抵制负面的不良信息，以高尚的道德责任感和道德素养来规范自己的网络行为，并影响身边的人一起遵守网络道德规范。

注重提升大学生的道德判断力。随着网络科技的不断发展，年轻的大学生有很多的选择机会。网络中的信息量是无限多的，每天都在产生大量的信息，其中不仅有好的信息，也有坏的信息。面对这些信息，大学生必须进行正确辨别。在现实生活中，大学生面对网络平台中各式各样的信息时，很容易因为思想不成熟而困惑，很容易受这些信息的不良引导，正是因为他们没有成熟的心理和较强的辨别能力，对信息内容的理解水平也较低。但是，我们不能剥夺大学生的选择权，只能通过引导和教育增强大学生的自主判断意识和网络道德意识，从而使大学生自主、科学地选择网络信息，避免在网络环境中迷失自我。高校思想政治教育工作的网络建设也应注重对大学生的思想意识进行指导，为大学生营造一个积极健康的学习环境，带领大学生积极地参与高校网络环境建设，如可以开展相关的网络安全讲座或网络知识答辩等活动，让大学生从实践中养成良好的道德意识，从而提升道德水平和政治素养。

六、对高校思想政治教育工作网络环境管理进行有效评估

高校思想政治教育工作网络环境的管理评价是以思想政治教育工作网络环境管理为目的，运用一定的手段对思想政治教育工作网络环境管理进行评价和总结。为了提升高校网络环境管理的实际效果，应在实践过程中对管理工作进行评价和评估。评估包括对运行过程的评估及实效性的评估。通过相关的评估，高校思想政治教育工作管理者可了解现实网络环境管理的真实效果，也能够认识到网络建设发展过程中存在的一系列问题，有利于推动思想政治教育工作网络环境管理的良性发展。有效评估思想政治教育工作网络环境管理的意义在于：只有客观的评估结果，才能作为判断高校思想政治教育工作者网络环境管理是否有效的重要依据。对高校网络环境建设过程中存在的问题进行全面总结，以更好地积累经验，在实践过程中吸取教训，明确高校思想政治教育工作网络环境管理的方向和目标，从而促进思想政治教育工作越来越顺利，同时也能够有效促进各部门之间的互动，使高校思想政治教育工作网络环境管理实现动态化发展。

第五章　大学生思想政治教育工作“两微一端”载体建设

随着“两微一端”平台的普及和应用，高校思想政治教育工作迎来了新的发展机遇，同时以“两微一端”为载体的高校思想政治教育工作也面临着诸多挑战。本章提出以下对策以推动高校思想政治教育“两微一端”载体建设：第一，推进校园媒体建设，助推工作手段创新发展。在新媒体时代，校园媒体是高校宣传思想政治教育的重要载体，要创新发展校园媒体，提高其传播力和吸引力。第二，优化和创新宣传思想工作话语体系。高效、精准的宣传思想工作话语体系是提高高校思想政治教育工作质量的关键，高校要加强话语体系的研究与建设，注重话语传达的鲜明特色和针对性，提高言语表达的艺术性和感染力。第三，建设“两微一端”专业化思想政治教育工作队伍。在新媒体时代，要贯彻落实专业化、高水平的人才培养和团队建设，强化思想政治教育工作队伍的专业知识和能力，提高“两微一端”思想政治教育工作的质量和效果。第四，不断完善思想政治教育工作长效机制。长效机制是高校思想政治教育工作稳步推进的重要保障，高校要加强组织领导和政策制定，完善工作流程和机制，强化监督与评估，为高校思想政治教育工作提供稳定有力的制度保障。

通过以上对策的落实，推动高校思想政治教育“两微一端”载体建设，将有助于开创高校思想政治教育工作的新局面，全面提升吸引力、凝聚力和认同感。

第一节　“两微一端”概述

一、“两微一端”的定义

“两微一端”主要是以微博、微信、移动客户端为载体的信息传播方式，它以互联网为传播载体，具有广泛的覆盖性。随着传统媒体和新兴媒体的发展，信息的传播方式也发生了变化，尤其是在新旧媒体转换的过程中出现了很多社交平台，目前大学生使用的社交平台还是以微信、微博和移动客户端为主，微信是目前大学生使用最广泛的一种社交工具，它具有快速传递信息的特性，通过电脑和手机发送信息、语音、视频、文件等方式达到信息交流的目的。微博类似于之前的博客，通过发布信息取得粉丝的关注以完成信息传达，它面对的对象是互联网所有用户。相比微信而言，微博具有更广的传播范围，粉丝可以通过评论、留言、点赞、转发等方式进行信息的传达，是一种即时的通信软件。移动客户端是各类 App 的统称，是以移动终端为使用平台，移动网络为传播媒介，服务器为信息仓储的新媒体。微信、微博和移动客户端在传播的范围和内容上有一定的区别，微信是基于好友、朋友圈和公众号等模块进行信息交流传播，人们通过发布朋友圈和关注公众号来完成信息的学习和交流，能够及时地表达自己的想法，具有很强的自主性。微博和移动客户端的用户范围较广，是在一个完全开放的平台上进行信息交流，注册账号、关注博主就可以获取想要的信息。从传播的内容来看，微信主要是以人际关系的信息传播为主，因为微信交流的对象大部分是朋友；微博的传播内容主要是社会新闻和社会现象；而移动客户端的传播内容大部分是以生活服务类为主的信息，比如移动缴费 App、支付 App 等。

二、“两微一端”的特点

（一）交互性

大学生在进行信息交流时，可以自主选择传播媒介传播信息内容，可以把自己的所见所闻及时地发布在“两微一端”中得到反馈，其交互性体现在发布信息和接收信息两者之间可以随时交换，发布方也可以是接收方，可以随时切换身份，这种信息的沟通和交流方式就形成了一种互动模式。发布方享有信息的编辑权和对信息内容的把控，接收方拥有信息的接收权，但并不意味着接收方处于被动地位，接收方也拥有对信息的把控权和选择权。传统的信息传播方式主要是以报纸、电视、广播、电影等为主，这样的传播方式具有一定的单向性，接收者在接收这些信息时处于被动地位，不能直接地对信息的发布方进行反馈。而“两微一端”新媒体的出现，打破了传统单向的信息传播方式，“两微一端”能够更好地实现双方的交流和互动，人们在接收信息的同时可以及时地反馈，可以将自己不同的看法及时地反馈给对方，这也是相比传统媒体，体现了“两微一端”信息交互的优越点。“两微一端”的用户匿名特点也是其重要的方面，人们匿名发布信息，更加敢于展现自我，同时这也可以起到对发布方的一种保护作用。“两微一端”的互动性对传统的学习方式也有一定的影响，大学生通过互联网进行学习的过程中，能够及时地反馈给教学者一些不同的看法和心得，在遇到难题时可以及时地得到解决，这种双向的互动交流方式能够使整个学习环境更加融洽，而且大学生可以利用自己的碎片化时间进行学习，有助于大学生更加有效地进行信息的交流和学习。同时，“两微一端”的交互性有助于高校开展各类思想政治活动，可以及时地完成活动的发布、信息内容的传递和接收，因为学校的任何活动都离不开主体双方的参与，对于高校的思想政治教育工作而言也是如此，需要思想政治教育工作者和大学生共同参与，并不是单一的思想政治教育。“两微一端”是学校对学生进行思想政治教育的重要桥梁，使教育者和学生之间达成一种相互交流的有效方式。

（二）及时性

在高校的思想政治教育工作中，大学生是受益者，由于大学生具有个性化和需求多样化的特性，传统的教学方式已经无法满足当代大学生的学习需求，学校可以通过大学生不同的反馈结果进行个性化教学。“两微一端”恰好可以满足大学生的各类需求，学校可以根据大学生的个性化及多样化的教学需求提供相应的信息。“两微一端”的及时性可以让教育内容更加高效和快速，提升教学内容的传播速度，为双方节省时间，提高效率。由于“两微一端”的账户是独立的个体和机构，高校可以发布一系列的教学信息，这些信息大部分是面向广大的大学生，但是对于部分学生的一些需求却不能满足，高校可以针对大学生个性化的学习需求定制个性化的信息服务，这样就可以满足不同类型的大学生对学习的需求，而且能够及时地实现信息传递，学生反馈的问题也能够及时得到回答，从而提升教学效率。“两微一端”可以打破时间的限制，大学生随时可以利用自己的闲暇时间获取所需的信息，对于高校而言可以及时地发布重要信息，这些信息都可以通过“两微一端”的媒介及时地传达给学生。大学生可以在不同的地方获取自己想要的信息，因为这些媒介中涵盖了不同的思想政治教育资源，信息共享和资源共享更加有利于大学生学习，从而多方面地提升能力。“两微一端”的及时性还有利于师生之间进行话题讨论，针对学生提出的不同问题进行探讨，不仅增强了大学生的参与感，而且提升了思想政治教育工作的效率。大学生还可以通过媒介获取各种时政热点，并对热点信息进行讨论，以更加有效地推进高校思想政治教育工作的开展。

（三）共享性

在“两微一端”中，每一个用户都是信息的主体，不仅可以作为信息的接收方，也可以作为信息的传达者，人们可以通过媒介自由地进行信息交流，这种平等的交流方式极大地满足了当代人的参与感。“两微一端”的共享性主要体现在参与者可以互相交流，可以及时地发布自己感兴趣的话题和言论，无论是从微信朋友圈或者是微博上，人们都可以对共同话题进行相互交流，还可以发布自己的看法，对热点问题进行深入讨论。每一个账号都作为独立的个体，每个个体的朋友圈都相当于一个文化圈，发布的信息内容不限于个人的生活或者社会新闻，每个个体的朋友圈对好友都是开放的，好友都能通过朋友圈获取信息或者加以评论。在微博中，每个博主发布的内容同样也是开放的，平台的所有用户都可以对其进行点评或者转发，这些信息就会被更多的人接收，极大地提高了信息的传播速度，从而达到信息共享。这种共享性增强了人与人之间的参与感，提高了人们对新鲜事物的追求热情，每个人都是主人翁，信息的共享使人们能够自由地浏览信息，并且主动地探索新鲜事物和发现新的世界，人们养成了积极参与互动交流的习惯，使信息最大化地实现社会价值。“两微一端”的共享性也促进了信息的快速交流，带来了重要的社会价值，人们能够随时随地获取自己想要的信息，一些思想政治教育的信息传达更加便捷。对于高校而言，在对大学生进行思想政治教育时，利用“两微一端”的共享性能够极大地减少人力成本和时间成本，从而提升教学效率。

三、“两微一端”与大学生思想行为的关联

随着信息科技的发展，“两微一端”的普及性深入每一个人的生活中，这也标志着新时代互联网的发展进入了高峰期，智能移动终端的兴起提高了人们的使用便捷性，同时也提升了信息的传播速度。对于传统教育而言，封闭式的传播途径限制了教育环境的发展。“互联网 +”打破了传统的教育方式，在高校思想政治教育工作中，将各种教学资源与“两微一端”有效融合是时代的产物，能够极大地推动高校思想政治教育的开展。传统的思想政治教育是通过书本、演讲等方式进行教学的，而利用“两微一端”这一载体能够快速地实现教学信息的同步。在思想政治教育活动中最重要的就是信息传达，从而达到教育目的。因此，传播载体的不断升级，有利于推动高校思想政治教育的发展。

在思想政治教育的过程中，“两微一端”逐渐渗透到各大高校的教学模式中。很多高校在不断地改革创新，开展多元化的教学方式，正是利用“两微一端”这一独特的载体优势，创立新型的教学方法，改进传统教学方式的不足。微信群和各种 App 的建立和使用，使大学生在学习过程中能够实现线上与线下的统一。在思想政治教育过程中，通过微信群的交流，共同关注的话题得到扩散，大学生通过各自的言论探讨，使思想政治教育的信息更加深入大学生心中，而且这些信息通过大学生的传播,能让更多的人了解和认识,真正意义上实现了教育目标。“两微一端”的应用还体现在课堂教学中，大学生通过课堂线下学习，再结合“两微一端”线上探讨，发表自己对问题的不同看法和言论，能更加有效地融入思想政治教育的环境中。而且这种线上与线下相结合的教学方式，能够促进师生之间的交流和互动，极大地提升学习效率，打破学习地域的局限性，为学生提供无障碍的学习环境。在思想政治教育中，这种新模式的渗透及应用，突破了传统思想政治教育的单向传播方式，为思想政治教育提供了新的教学模式。

在思想政治教育过程中，高校还应顺应当代学生的诉求，通过媒介发布学生感兴趣的话题和信息，开展各种思想政治活动以丰富学生的学习和生活，学生也应积极地配合学校开展的各种活动，积极参与和分享高校提出的各种关于思想政治教育的话题。高校应将“两微一端”充分应用在教育工作中，不仅要在课堂教

学中加入“两微一端”提高课堂讨论气氛，增强教学环境的互动感，还可以在课后的活动中通过“两微一端”发布各类活动信息，让每一名大学生都能够积极参与活动。学生也能通过参与学校的各种活动增加与教师的交流，有利于学生在空余时间进行无障碍学习。这种方式更好地使学校和学生之间产生一种紧密的联系，打破了常规单一的教学方式，让学生线上、线下都能融入学习环境中。

“两微一端”对大学生的政治信仰也有一定的影响。如今是一个信息爆炸的时代，“两微一端”不仅作为一种重要的载体工具，在推动高校思想政治教育活动中，很多的社会问题也在“两微一端”下涌现出来，这些负面的社会问题可能对学生造成一定的影响。面对这种负面信息，如果不能正确判断的话，可能会影响学生的思想意识形态。因此，在利用“两微一端”便利性的同时应正确引导学生对错误的思想观念进行正确判断。在社会中，很多群体为了自身的利益，主动地引发社会热点，将舆论引导至对自己有利的方向，带动很多群众围观和发泄，将矛盾点聚焦至坏的方面，这种舆论如果不能及时遏制，将简单的问题复杂化，很可能造成一系列的社会矛盾，甚至将问题上升到国家层面，对国家的政治产生干扰。这种不良的炒作事件不仅影响着国家的安全和社会稳定，而且对大学生的主流意识形态产生很大的影响，进而影响大学生的政治信仰。因此，在大学生思想政治教育过程中，应提高大学生的自主判断意识，坚定其思想政治立场。

“两微一端”中有积极的民主氛围有益于提升学生的政治信仰和民主意识，高校应积极地利用“两微一端”中民主开放的环境推动校园生活和教学工作的开展，提高学生关注校园活动的积极性和参与度。大学生还可以借助“两微一端”向学校和社会机构进行咨询，或者向学校反映积极健康的发展建议，进而提高自身的民主意识和主人翁意识。当大学生有了很强的民主意识后，能够更加积极地参与社会活动讨论，积极地关注实事政治，提高自身的政治信仰。大学生是新时代的青年，对社会中各种话题充满兴趣，对社会发展也有很高的激情，但是由于大学生对社会的价值体系存在不健全的意识，对社会有着懵懂的看法，做事比较冲动，尤其是容易受网络环境的影响，容易被不良风气吸引，在看到热点话题时往往没有经过深刻的思考就发表言论，这样很容易被不正当的言论左右。在“两微一端”媒介中，匿名性使很多言论铺散开来，大学生每天都能接触到各种信息，很多信息内容真假难辨，错误的信息和思想就会影响大学生的意识，也可能导致大学生产生冲动的想法，严重影响大学生的心理健康。因此，大学生应对各类信息和新闻进行深层次的分析，正确判断各类信息的利与弊。如果无法对负面信息进行正确筛选和判断，对当代大学生而言，无疑是给他们健康、积极向上的心理以重重打击。

大学生是新时代信息传播和接收的主体，一旦心理产生扭曲，或者对社会和政治产生怀疑，就会引起对社会的不信任，甚至可能造成大学生产生阴暗、扭曲的消极思想。因此，高校在思想政治教育过程中，要主动把控“两微一端”上的信息，让学生正确判断信息的是与非，还原事情的真相，纠正大学生的错误心理，加强监督和管理，避免大学生走向心理误区。新时代的信息影响力与日俱增，对高校思想政治教育而言是机遇也是挑战，高校应积极地传播主流的思想文化，引导大学生向着积极阳光的方向发展。

四、高校思想政治教育工作中“两微一端”载体建设的理论基础

马克思主义可以从唯物史观方面为高校思想政治教育中的“两微一端”载体建设提供理论基础，传统的载体建设有一定的局限性，而马克思主义能够突破传统载体建设的局限性。在马克思主义中，物质和精神交往之间并不是处于矛盾的两个方面，而是具有紧密的联系，人们的物质交往往往与现实生活的语言交织在一起，人们的各种思想和精神都来自人们的物质行动。通过参考原始时期的交往特性，就能够明白交往和生产之间的关系，亦是物质和精神产物之间相互促进，对人类和社会的发展具有推动作用。在马克思看来，人们的交往伴随着很强的力量，单从精神交往方面就具备强大的能量场，这种交往有利于推动世界的交往和融合发展。马克思还认为需求是人们产生行动的动力源，也可以认为人们的需求行为正是交往行为的源头。

马克思也强调交往能够推动生产力的发展，在此基础上，有了新的发展需求，新的交往方式或者新的语言就会诞生。“两微一端”载体建设可以运用这一理论进行实践，在“两微一端”载体建设中涵盖了两大物质基础，即物质交往和物质

需求。在高校思想政治教育工作中，“两微一端”载体建设需要提供相应的物质条件，这也是产生信息交往的基础。信息交往是建设“两微一端”载体的前提，如果没有信息需求，就不可能有“两微一端”的诞生。新的需求有助于生产力的推动和进步，这也启示着各大高校要不断地开展各类思想政治教育活动，减少无效活动。

高校“两微一端”载体建设需要以马克思主义为理论基础，具备马克思主义理论性质的载体，就能满足个人生存享受、发展的所有要求。人的需求是社会发展的重要动力，在现实生活中，人们对于外界的需求和诉求，往往是产生新型事物的主要推动力。在现代信息时代的大环境中，大学生的思想和价值观全面发展，大学生也呈现出多元化的发展趋势。高校在思想政治教育工作中应积极引导大学生树立正确的价值观，帮助大学生实现自身价值，丰富大学生的精神领域，塑造良好的精神面貌，增强大学生的政治素养。高校在思想政治教育中，要以马克思主义为基础，深切地了解大学生群体的实际需求，在此基础上激发大学生的积极性，逐步引导其形成正确且合理的需求结构，实现大学生实际需求和高校思想政治教育工作的稳步发展。“两微一端”载体建设需要将正确的价值理念传达给大学生，满足大学生精神方面的需求。因此，高校在思想政治教育工作中，应充分了解大学生的实际需求，在此基础上以马克思主义为理论基础，不断丰富思想政治教育课程，培养大学生积极向上的价值观念。

现代思想政治教育对“两微一端”载体建设提供了重要的理论基础。思想政治教育是建立在一定阶级、政党基础之上，规范受教育者的道德、观念，对其施加有计划、有目的、有组织的影响，从而形成符合社会的思想教育活动。虽然高校教学活动有很多方式方法，但不是所有的形式都能被称作思想政治教育载体，因此以思想政治教育为目的的相关教育形式才称作思想政治教育载体。“两微一端”是新时代的产物，它是在新一轮的产业变革和科技革命基础上衍生而来的，高校在“两微一端”载体建设中，应积极开展对思想政治教育与“两微一端”载体之间关系的研究，优化高校“两微一端”载体的基础资源，丰富高校思想政治教育载体理论，这对今后顺利开展高校思想政治教育工作是必要的。高校思想政治教育要引起主体和客体之间的共鸣，在共同进步的过程中相互交流，不仅要让学生积极地接收教师传达的信息和知识，也应对学生的想法和心得加以反馈，这样双向的沟通才有利于教育活动的开展。“两微一端”具有网络载体的所有优点，高校将“两微一端”作为教育工作的重要载体，扩宽了思想教育工作的空间领域，打破了传统媒体无法实现的壁垒，进一步推动了高校思想政治教育工作的开展。

第二节 “两微一端”视域下思想政治教育工作面临的机遇和挑战

一、“两微一端”给高校思想政治教育带来的机遇

在高校思想政治教育过程中，“两微一端”的出现，极大地推动了大学生思想政治教育阵地的建立。传统的思想政治教育主要是通过集体开会、个别谈心或者宣传活动等方式来开展的，这种传统的方式已经不能满足互联网时代的需求。大学生作为新时代的主力军，学校的思想政治教育工作更加重要，如何提高大学生的自主意识和树立正确价值观念尤为重要，以“两微一端”为载体的思想政治教育工作呈现出多元化的教学方式，能够吸引大学生有效地接收新的知识和信息。相比传统的教育方式，“两微一端”教学方式不仅呈现出多样化的模式，而且能够增强大学生的主人翁意识，实现大学生和教育工作者之间的民主与平等。正确利用“两微一端”，还能够激发大学生的学习兴趣，培养其主动分析问题和判断问题的能力，发挥高校思想政治教育的真正作用。大学生在接受教育的过程中，不仅仅是单纯地从外到内的传递，更要结合自身的实际情况和知识体系，与接收到的新知识和新经验融会贯通，主动构建自身的知识经验体系，丰富自身的思想政治知识和能力。

“两微一端”载体建设，还在大学生之间建立了重要的沟通与交流桥梁，同学之间通过“两微一端”进行思想政治交流，能够及时地观察彼此的学习动态，并且给予评价和建议，这种互动行为也能够增强大学生之间的感情，有利于大学生高校学习活动的进行。大学生与同龄人之间的有效交流，对思想政治教育具有

促进作用，因为大学生彼此之间能够产生共鸣，还具有一定的榜样示范性，能够促进大学生积极地参与思想政治教育活动，进而影响大学生的思想观念和思维方式。高校在进行思想政治教育的同时，应充分利用这一点，适当地通过“两微一端”对大学生进行文化熏陶，让大学生在不知不觉的学习过程中提升思想观念。“两微一端”不仅丰富了大学生接收思想政治教育的途径，还为大学生学习思想政治提供了一个展现自我的平台。微信、微博和移动客户端的平台中均有交互功能，大学生可以对自己感兴趣的话题进行评论、点赞、转发、留言等，从而实现信息共享，大学生也可以通过这些平台展现自己的真实生活，分享心得体会。大学生通过“两微一端”可以充分地展现自我，并且可以通过参加各种思想政治教育活动，提升自身的价值观。

二、给思想政治教育工作者带来的机遇

“两微一端”的诞生为人们提供了一个交流的新平台，打破了传统媒体单一性的局面，人们可以在新平台中表达自己的思想，可以及时地反馈不同的思想观念。对思想政治教育工作者而言，通过利用“两微一端”平台，可以加强与大学生的思想情感交流，极大地提高思想政治教育工作的效率。“两微一端”相比传统媒体，有着更加直观的信息传递优势，其内容不仅包含文字、图片，还包括音频、视频等。在高校思想政治教育过程中，一些知识内容用音视频展现往往效率更高，这正是利用“两微一端”信息传递的巨大优势，大学生可以及时地浏览、转载各种各样的思想政治教育信息，同时还能发布评论，发表自己的思想政治观点。传统媒体在思想政治教育方面存在枯燥、单调性的弊端，大学生的参与感很低，而且对于思想政治教育方面的话题热点讨论极少。因此，“两微一端”多样的交流方式给思想政治教育工作者提供了极大的便利。传统的教学方式比较单一，大学生在接收新知识的情况下无法拓宽视野，也忽视了大学生个性发展的需求，教学效果不佳。新时代的大学生群体对新潮流的追求欲望很高，乐于接受新鲜事物，善于展现自身的个性特点。研究表明，大学生在心理和思想上的可塑性很强，而新媒体的出现很快便得到了大学生的追捧，如果在思想政治教育工作中，在新媒体平台上发布大学生感兴趣的话题，尤其是承载着思想教育信息的教学内容，对

于喜欢接受新鲜事物的大学生来讲，这样不仅能提高教学效率，而且有利于大学生在接收新知识时更加深刻地理解和深入讨论，使思想政治教育产生事半功倍的效果。学校也可以在“两微一端”上发布一些关于思想政治教育的活动，转发大学生关注的热点话题等，引发大学生学习思想政治教育的积极性。大学生通过参与讨论学校发布的热点话题，积极地分享观点和态度。思想政治教育工作者可以及时地关注大学生的学习动态，针对每一位大学生提出的各类问题及时地解决，通过虚拟和现实的结合，让大学生更加深刻地学习思想政治内容。这种教学模式不仅能够提高大学生主动学习的积极性，而且能极大地提高教学效率。

“两微一端”的社会交往特性和鲜明的信息沟通特点，不仅促进了大学生思想政治教育信息的传达，而且能够满足大学生对思想政治教育信息便捷和明晰的渴求，高校又可以依托先进的技术开展思想政治教育活动。“两微一端”的共享特性，不仅丰富了大学生的学习内容，而且为大学生提供了多种多样的信息资源，并且不受地点和时间的约束，随时随地都可以进行信息的交流和学习，新媒体操作的便捷性也为大学生节约了大量的时间，观看、转载、分享等操作只需要轻轻一点即可。高校思想政治教育工作者可以借助“两微一端”的便捷性，选择优秀的信息内容转发分享给大学生，这样不仅能提高大学生的学习兴趣，而且能吸引大学生积极地参与话题讨论，以提高大学生对思想政治教育的文化自信。

三、“两微一端”给高校思想政治教育带来的挑战

“两微一端”具有开放、自主、低门槛等特性，大学生可以通过“两微一端”自由地浏览信息，可以对感兴趣的信息进行讨论和分享，大学生可以对信息进行选择性阅读，对不感兴趣的信息进行屏蔽。“两微一端”在给大学生带来信息阅读便利的同时，也伴随着很多负面信息，影响着整个互联网环境。“两微一端”的低门槛使人人都可以成为信息的制造者和传播者，由此就会有很多“垃圾信息”或者“负面信息”散播开来，如果不能对这些信息进行正确的判断和分析，造成的后果将是不堪设想的。高校是思想意识形态养成的前沿阵地，应加强对外来的各种负面信息和噪声的监督和管理，更应加强学生的思想政治教育，让大学生可以对各种信息进行分门别类，分清对错。在互联网新时代的背景下，大学生

已经成为新时代“两微一端”的主体，但大学生刚刚步入社会，对社会上的各种言论尚处于懵懂状态，“三观”相对而言不太成熟，辨别真假是非的能力还有所欠缺。

“两微一端”强大的功能和智能手机的普及，导致很多大学生沉浸在网络中不能自拔，每天消耗大量的时间和精力在“两微一端”上，随时刷新着各种各样的热点信息和娱乐信息，甚至部分大学生在课堂上也会浏览各种娱乐信息，严重影响了大学生的学习状态。这些信息中部分是具有错误导向的内容，很可能扭曲大学生的思想观念和价值理念。在泛娱乐化的气氛烘托下，大学生会盲目地追捧，不断冲击着大学生的价值判断。在“两微一端”中，不同的国家所宣扬的文化价值观念也有所不同，这些价值观念无时无刻不冲击着大学生群体，对大学生的价值观念和思想意识形态带来了极大的挑战。在这个言论自由的时代，高校对于大学生的思想政治教育更应加强监管，尤其是外来文化的冲击对大学生的思想影响比较严重，在“两微一端”上充斥着各个国家和地区的文化信息，包含娱乐、政治、社会、经济等信息，由于这些信息的共享性，给高校所发布或分享的关于政治思想教育的信息带来了压力，甚至很多思想政治信息被淹没在海量的信息中，严重消解着大学生的主流意识形态，给大学生的选择判断带来了很大的阻碍，同样也使大学生在接受思想政治教育的同时面临前所未有的压力。

随着信息时代的不断发展，信息传播的方式也在不断地变化，“两微一端”平台的各项功能也在逐渐完善，其中也伴随着海量的信息，而这些信息往往鱼龙混杂，真假难辨，这就给信息真实性的判断提出了巨大的挑战，进而给“两微一端”带来一定的诚信危机。无论是微信公众号，还是微博等平台出现的各类信息足以证明这一点。调查显示，针对微信公众号中真伪难辨的信息，大部分的网友持“宁可信其有”的态度，有少数人选择“宁可不相信”，大约有 34% 的人表示遇到转发谣言的朋友就会直接屏蔽，约有 29.2% 的人表示不会屏蔽；在遇到真假难辨的信息时，约有 86.2% 的人表示自己通过网络平台查询资料，而 56.65% 的人则会寻求亲朋好友的帮助，并且大多数网友会将有益的信息转发到朋友圈，这些网友通常认为这些信息可以帮助他人，而恰好是这种心理和态度，反而降低了人们对信息的判断力和监察力，尤其会受到谣言的影响。对于高校大学生而言也是如此，网络平台上各种真假难辨的信息，悄无声息地影响着大学生的世界观、人生观和价值观，甚至导致一些大学生对“两微一端”上的各类信息失去信任，从而开始怀疑“两微一端”中的思想政治教育信息，这不仅对大学生的思想政治教育造成很大的影响，而且对高校的思想政治教育带来极大的挑战。

随着“互联网+”时代的急速发展，“两微一端”的传播速度快、范围广、受众面积大、限制小等特点，使其成为一个超越时间、空间、地域、身份限制的信息传播交流方式。而“两微一端”的各项功能也随着新时代的变化不断更新，这种局面必然给高校的思想政治教育工作者带来巨大的挑战。目前，高校的思想政治教育工作依然主要依靠线下课堂教学为主，由于教育工作者和大学生所处的地位不同，是一种“教”与“学”的模式，这对大学生而言没有了自主性，但是在“两微一端”中，大学生的自主性和独立性都得到了释放，这不仅给予大学生获得各种新闻热点的机会，而且可以在平台中发表自己的观点，这种接收新知识的方式恰好与时代接轨，同时也符合当代青年渴望新信息的需求。由于“两微一端”中的海量信息不受思想政治教育工作者的掌控，以至于思想政治教育工作者发布的时政信息被埋没，而且随着海量信息的出现和不断更新，对大学生的知识层面和理论结构也有着潜移默化的影响。“两微一端”中有很多诱惑性的信息吸引着大学生，以至于大学生在课堂上对教育工作者所讲的内容缺乏兴趣，对教育工作者传统的口言相教的模式不再感兴趣，这些大学生往往认为学习枯燥、乏味、生硬、老套，无法吸引他们更好地学习，他们更喜欢在网络平台上学习新的网络语言和知识，并且善于使用新的网络语言进行交流，这让很多的思想政治教育工作者难以理解，从而造成教学者与受教者之间的语言障碍，甚至导致思想政治教育工作者与大学生之间产生一道鸿沟。作为思想政治教师，想要越过鸿沟更好地与大学生进行交流，如何让大学生走出来，使教学效果最大化，才是目前需要思考的问题。这道鸿沟的主要原因还是因为“两微一端”的出现，因此高校教育工作者应深入思考如何将教学与“两微一端”进行有效结合，以实现高校思想政治教育目标。

在高校思想政治教育工作中还存在一系列问题，比如技术人才等显性与环境复杂的隐性问题，正是这些问题使“两微一端”无法满足当代广大师生的信息需求。高校思想政治教育工作者在教学过程中，面临着教学内容千篇一律、覆盖面窄的问题，导致大学生在接受教育时参与的积极性不高、热点讨论的兴趣也不高的现象，这无疑给思想政治教育工作者带来了巨大的挑战。同时，高校在思想政治教育过程中，缺乏与“两微一端”载体的整体合作性，很多教学资源没有融合到“两微一端”中，大部分的教学还是以口言相传为主，不能与“两微一端”实践教学进行有效结合，甚至还有部分高校对“两微一端”缺乏认识，不认可“两微一端”与思想政治教学相结合的新型模式，不了解当代大学生对信息的渴望与需求，同样也给高校思想政治教育带来了严重挑战。

第三节　当前“两微一端”载体的建设现状及原因分析

一、高校“两微一端”载体建设的现状

如今人们获取信息的途径主要来源于手机 App，由此可见，微信、微博与移动客户端的普及率极高，正在潜移默化地改变人们的学习和生活方式。随着社交媒体的普及和发展，越来越多的高校开始在微信、微博等平台上建立校园官方账号，打造自己的“两微一端”载体。高校的微信公众号和微博账号数量逐渐增加，越来越多的高校认识到社交媒体的重要性，通过这些平台与学生、教师以及校友进行互动。不仅如此，一些高校还开始在其他社交媒体平台如抖音、小红书上建立账号，以更好地触达目标人群。另外，一些高校的微信公众号和微博账号的内容也得到了丰富和优化。高校开始重视对内容的策划和制作，不再满足于简单地发布通知和学术信息。许多高校创新运用各类表现形式，如图文结合、视频直播、话题互动等，提高了内容的吸引力和传播效果。除了学术性的文章，高校还会发布一些生活化、趣味性的内容，以吸引更多人的关注。

“两微一端”的使用也对大学生的日常生活产生了影响，很多大学生将“两微一端”作为分享心得体会和身边趣事的载体工具，也通过“两微一端”实时了

解热点信息。随着信息化时代的飞速发展，智能手机的各项功能逐渐完善，更为大学生提供了获取信息的便利性，深得广大学生的喜爱。

“两微一端”的互动性功能是大学生使用的主要动力，因为在“两微一端”中互动交流非常便捷，不仅体现在文字信息的传输方面，还有语音、视频等功能，使大学生的双向交流和多向交流更加方便。在信息时代的背景下，信息的互动尤为重要，而信息之间互通有无也成为大多数大学生重点关注的方面，人们在接收新信息的同时善于分享给自己的亲朋好友，甚至发布在网络平台中，吸引更多的网友加入讨论。

在高校思想政治教育工作中，高校对“两微一端”的重视程度不高，虽然很多高校在使用新媒体、新沟通手段方面做得比较好，能够跟上时代的步伐，利用目前较火的网络平台进行思想政治教育工作，但是依然存在对“两微一端”思想政治教育工作宣传重视力度不够的问题。很多高校在思想政治教育工作中确实通过“两微一端”载体进行教学任务的发布、学习资料的收集等，但是没有重点研究学校“两微一端”载体建设，没有认识到大学生关注高校“两微一端”载体的用户量也很高，因此学校对“两微一端”载体建设的宣传有待加强。

二、大学生对思想政治教育“两微一端”载体的看法

一些大学生认为“两微一端”是与时俱进的思想政治教育手段，可以适应年轻人的学习方式和生活习惯，提供了更灵活、更便捷的学习途径。他们认为通过微信、微博、移动客户端等平台可以更好地与大学生展开互动交流，传递正向价值观和正确的政治观念。还有一些人认为“两微一端”存在信息扭曲和筛选的问题，政治内容是否客观真实存在疑虑。他们担心这种形式的教育容易受到意识形态的影响，缺乏多元化和批判性思维。同时，他们也认为大学生在使用这些平台时容易受到其他非正面信息的干扰，影响学习和思考。持中立态度的大学生认为，“两微一端”作为思想政治教育的载体，可以为学生提供更多选择，但并不是唯一的选择和主要的教育方式。他们认为思想政治教育应当多元化，既包括线上的互动交流，也包括线下的讲座、讨论和实践等形式。他们

不排斥使用“两微一端”，但也提出了应该加强对内容质量和信息真实性的监管和审核。“两微一端”对高校开展思想政治教育工作也有很重要的作用，不仅体现在开展思想政治教育工作的效率方面，而且思想政治教育工作者开展线上教学和提出创新理论都离不开它。“两微一端”作为新型的媒体活动工具，如果学校不对其加大重视，甚至忽视思想政治教学活动的开展，就会与新时代的思想政治教育脱轨。但是只注重前期的载体平台建设，而忽视日常运行，也会导致在“两微一端”中开展思想政治教育活动的效果不太理想。对于目前高校利用“两微一端”开展的思想政治教育活动而言，其中很多内容被实时热点和八卦信息覆盖，如果想要传递更多的思想政治教育信息，就必须以具有创新、有趣且独特的语言形式体现出来，但是由于思想政治教学内容枯燥且专业性较强，很难找到契合的点让大学生产生兴趣，因此高校思想政治教育工作者在内容编辑方面也应注重大学生的接收能力。高校在“两微一端”中发布关于思想政治教育内容大部分是以官方语言为主，内容显得枯燥，尽管在内容下面往往配有各种生动的图片或者短视频，但是学生却没有将关注点转移到图片或者视频上，甚至部分大学生一划而过。正是因为其内容不能吸引大学生主动地参与互动，无法收获重要的思想政治信息，这种走马观花式的浏览没有达到思想政治教育的主要目的，所以简单地发布一些关于思想政治教育的信息不足以吸引大学生。另外，“两微一端”中存在鱼龙混杂的信息，这些信息真假难辨，复杂繁多，而且大学生每天的浏览和学习时间是有限的，要想在众多信息中吸引大学生的注意，就必须根据大学生的喜好加入思想政治教学内容，以吸引学生的注意力。

三、“两微一端”载体建设现状的原因分析

在高校思想政治教育工作中，思想政治教育工作者是“两微一端”载体建设的重要参与者，在“两微一端”载体建设方面起到举足轻重的作用。在高校“两微一端”载体建设过程中，必须以思想政治教育工作为基础，进而推进“两微一端”载体建设工作，在建设过程中离不开广大思想政治教育工作者的思想意识。思想政治教育工作者也存在问题，主要是对思想政治教育的创新性认识不到位。随着

信息时代的快速发展，传统的思想政治教育工作已经不能满足当代大学生的需求，无论是在理论研究中还是在实践中，思想政治教育工作者都面临一系列问题，很多思想政治教育工作者缺乏意识层面的认知，仍然按部就班、墨守成规地开展思想政治教育，没有认识到传统思想政治教育的缺陷。思想政治教育工作者仅仅把“两微一端”当作工具使用，没有意识到“两微一端”在思想政治教育工作中产生的一系列新形式、新特点。总体来讲，若要开展高校思想政治教育工作“两微一端”载体建设，就必须加强高校思想政治教育者的思想意识。打破传统的高校思想政治教育教学模式，开拓新型的具有创新性的教学方法，才能更好地将高校思想政治教育与“两微一端”有效地结合，真正意义上推动新时代高校思想政治教育工作的开展。因此，思想政治教育工作者首先要对高校“两微一端”载体建设深度了解，不断提高“两微一端”管理水平，还要加强内容创新，熟练运用新媒体进行思想政治教育，才能不断地提高思想政治教育工作效率。

习近平总书记的一系列重要讲话指出，高校思想政治教育工作的开展具有重要的战略地位，从根本上指明了现今高校思想政治教育工作的发展方向。但在高校“两微一端”载体建设的问题上，还有很多的领导与教师思想意识不到位，没有从战略层面考虑问题，以至于很多问题不能得到有效解决，甚至一些重要的问题被忽视，依然使用旧的办法，而不考虑和使用新办法处理问题，从而严重影响了高校大学生思想政治教育工作的开展。

高校在思想政治教育“两微一端”载体建设的资金投入方面也存在一系列问题。任何活动的开展都需要有相应的技术、资金、人才的投入，对高校“两微一端”载体建设也是一样，在资金方面需要有相应的支撑，否则就是空喊口号。目前来讲，高校在“两微一端”载体建设方面存在的问题是基础不够牢固，对于这一新兴课题仍然处于探索、摸索阶段，得不到相应人员和资金上的支持，而高校思想政治教育工作“两微一端”载体建设离不开强大的资金和物力支持。与此同时，高校思想政治教育工作者对于“两微一端”载体建设的技术水平有待提高，因此高校教育工作者应加强对新媒体的熟练使用。目前，还存在思想政治教育工作者对“两微一端”的技术和知识不精通的情况，虽然思想政治教育工作者的知识专业性比较强，但是不能将其转化在“两微一端”载体建设中，还有很多思想政治教育工作者讲授的课程过于抽象，难以被大学生理解，在新媒体上呈现的内容也不能吸引更多的大学生，这也是思想政治教育专业与新媒体载体建设搭建不相符的现象。此外，很多高校思想政治教育工作者的教学内容趋于老化，需要加强创新和更新，而同时兼备这两方面知识技能的人才却特别少，这也是新媒体载体建设中面临的问题，由于高素质的专业化人才少之又少，高校在“两微一端”载体建设过程中的成效不明显。高校思想政治教育新媒体载体建设需要一批专业的思想政治教育工作者，还需要一批专业的信息网络技术人员对思想政治教育工作者加以培训，这样才能训练出一支高水平的技术人才。对此，思想政治教育工作者需要花费大量的时间和精力，加强培训和学习，才能够更好地实现高校思想政治教育“两微一端”载体的建设突破性运转。

发挥思想政治教育工作者的主动性、积极性和创造性是开展高校思想政治教育工作的前提条件，需要具备坚定的政治立场和扎实的理论功底，不断拓宽视野，加强思维创新，才能够更好地实施教育工作。但就目前的情况而言，一些高校对从事思想政治教育的人才不够重视，导致专业人才流失。学校重视招生和基础设施建设，对于提升高校思想政治教育工作者的整体能力严重忽视，一方面是因为没有足够的思想政治教育工作者；另一方面是即使思想政治教育工作者充足，他们也无法将足够的精力和时间充分用于“两微一端”载体建设中。除此之外，思想政治教育工作者的福利待遇也得不到相应的改善和重视，这也是重要原因。在这样的情况下，就会导致很多优秀的思想政治教育工作者望而却步，宁愿去福利待遇比较好的其他岗位，也不愿参与“两微一端”载体建设，这在很大程度上制约了高校思想政治教育工作“两微一端”载体的建设和发展。另外，高校的思想政治教育工作是一项长期任务，在短期内很难实现量化。这就对思想政治教育工作者提出了更高的要求，思想政治教育工作者需要花费大量的时间进行学习和创新，如果学校对思想政治教育工作者的付出和努力不认同，就容易挫伤思想政治教育工作者的信心和勇气，进而导致思想政治教育工作人才流失。

在“互联网＋”信息时代的飞速发展下，“两微一端”也得到了推广和普及，网络环境无时无刻不在发生变化，大学生在接受思想政治教育的同时面临着新的挑战，一方面是思想政治教育工作“两微一端”载体的外在环境变化；另一方面是思想政治教育工作的内在环境因素变化，也就是社会环境和校园环境的变化。如今是一个信息化社会，人们的沟通和交流方式、获取新信息的途径越来越多样化，而随着全球经济的快速发展，各种文化、信息、价值观念之间相互融合、碰撞，加剧了社会环境的复杂性和多样性。这种现象严重冲击着处于时代潮流前沿的大学生的世界观、人生观和价值观，无形中也给高校的思想政治教育带来了巨大的挑战和影响。传统教学处于一种封闭的环境中，而信息时代大环境的冲击，导致高校思想政治教育的载体跟不上社会发展的脚步。思想政治教育针对的是各大高校的大学生，属于跨学科、跨专业、综合性的教学，具有一定的前沿性和包容性，是思想交流和文化碰撞的前沿，对人与人之间的沟通和交流有着深远的影响，可以解决人们在思想上的困惑。而高校思想政治教育“两微一端”载体建设也是从另一个层面延伸了思想政治教育。随着信息化时代的飞速发展，“两微一端”的普及和应用也愈加全面，高校思想政治教育与“两微一端”载体建设的有机结合也尤为重要。但是目前多数高校还在运用传统的教育方式，没有真正实现思想政治教育工作与“两微一端”的融合发展。在高校“两微一端”载体建设的过程中，没有将校园环境特点加入其中，因此出现了各大高校“两微一端”载体建设千篇一律、大同小异的现象，没有差异性，缺乏吸引力。高校在进行“两微一端”载体建设时，缺乏对社会大环境的系统分析和论述，在实践中缺乏创新，这种现象必然导致高校思想政治教育“两微一端”载体建设脱离社会大环境的实际情况，给开展思想政治教育工作带来很大的阻力。

高校“两微一端”载体建设中存在评估和监管不到位的现象，对“两微一端”载体评估不全面。思想政治教育“两微一端”载体评估指的是，在高校思想政治教育的过程中，根据学校教学大纲的要求，通过一系列的评估方法对教学方式进行评估，也就是对思想政治教育的效果进行分析和评估，也可以作为一种价值判断。就目前而言，各大高校思想政治教育工作的评估体系已经基本完成，而且效果显著，但是针对“两微一端”线上的思想政治教育活动还存在一系列问题，需要进行深入的讨论和分析。在当下的思想政治教育工作中,仍然存在对“两微一端”载体不重视，或者没有正确的认识，认为“两微一端”只是一种传播工具，忽视了“两微一端”对高校大学生和思想政治教育活动潜在的价值意义,严重低估了“两微一端”载体对大学生思想政治教育的影响。在“两微一端”中，信息呈现多元化和复杂化的特性。对于这种多元化信息传播、各类舆情的复杂状态等一系列问题，没有作出相应的解决措施，严重影响了高校开展思想政治教育的效果。

高校“两微一端”载体建设中也存在网络监管难的问题。“两微一端”既是网络信息传播的重要途径，也是网络舆情发展的通道，更是产生社会热点和网络舆情的主要根据地。人们可以通过“两微一端”自由地发表言论与观点，也能够发泄自己的情绪，人们善于对“两微一端”中的热门事件进行讨论和转发，并且在网络平台中发表自己的观点和评论。这种现象在高校思想政治教育工作中非常普遍，之所以产生这种现象，是因为大学生是“两微一端”的使用主体，也是各种新闻热点、社会舆论表达的主要力量。在信息时代到来之前，大学生对于热门事件的认识和讨论，往往是与教师或同学在课堂上进行交流和表述，只能通过报纸、电视等方式获得热点信息，这种现象在一定程度上限制了热点信息的传播。在思想政治教育工作者与学生的交流过程中，思想政治教育工作者能够轻易地捕捉到目前校园的舆情信息，及时引导大学生正确看待各类舆情。随着信息时代的飞速发展，“两微一端”的出现和普及，信息的传播速度和人们的自由言论程度不断扩大，这种现象很难被思想政治教育工作者把控。大学生的“三观”和心智没有完全成熟，很容易被“两微一端”载体中的舆论信息影响，在面对娱乐信息时缺乏正确的判断，容易感情用事、冲动、被他人左右，这些问题也给高校的思想政治教育工作带来了很大的问题。由于“两微一端”的各项功能逐渐完善，加快了信息的传播速度和接受速度，其中各类舆论信息的非理性和随意性特点体现出来，高校很难对这些信息进行合理的掌控。这就对高校思想政治教育工作者提出了一大难题，教育工作者在面对这种情况时必须对大学生进行正确引导，使大学生树立正确的价值观念，对社会各类舆论信息作出正确的价值判断。因此，高校应对“两微一端”载体建设进行必要的评估和监管，只有这样才能给高校思想政治教育工作发展带来良好的、阳光的、积极的、正能量的思想和舆论空间。

第四节　思想政治教育工作“两微一端”载体建设的路径选择

一、提高“两微一端”载体建设参与者的主体性

在高校开展的思想政治教育工作中，思想政治教育工作者作为“两微一端”载体建设的主力军，其主体性的重要性不言而喻，既是高校通过“两微一端”载体开展思想政治教育工作的关键所在，也是实施“两微一端”载体建设的主要人物，也可以说是高校开展思想政治教育“两微一端”载体建设工作的“掌舵人”，从宏观的角度把控高校思想政治教育工作的开展。

一方面，必须提高思想政治教育工作者对“两微一端”载体建设重要性的认识，从思想上重视起来。高校思想政治教育工作者是高校开展“两微一端”载体的主要管理者和建设者，要在思想观念和意识形态上达成一致、形成统一。作为思想政治教育“两微一端”载体建设的主体，可以通过多种方式方法进行，如通过会议讨论或者网络调研进行探索和分析，不断提高对“两微一端”载体建设的重视程度和基本认识，同时应从思想层面重视起来，进一步为思想政治教育工作确定方向，这样才有利于思想政治教育工作的有效开展。

另一方面，加强高校思想政治教育工作者对“两微一端”载体建设的管控能力。在高校思想政治教育“两微一端”载体建设中，不断提升思想政治教育工作者的整体素养，进而科学运用“两微一端”。高校可以对思想政治教育工作者展开一系列的专业技术培训，也可以与其他高校进行交流、共同探讨，促使思想政治教育工作者更加有效地开展“两微一端”载体建设工作。

在高校思想政治教育“两微一端”载体建设过程中，大学生相比思想政治教育工作者而言，处于被动地位，但这并不意味着大学生对思想政治教育“两微一端”载体建设不重要。相反，大学生是“两微一端”载体建设工作中重要的参与者，其主体功能是不可或缺的，即使是在传统的教学模式中，教学者与学生的主体性

都是缺一不可的，而在思想政治教育过程中，思想政治教育工作者处于传道者的地位，大学生处于求道者的地位，可以说大学生是作为思想政治教育工作“两微一端”载体建设的受益者。在思想政治教育“两微一端”载体建设的过程中，如果没有大学生的积极参与、主动配合，那么思想政治教育“两微一端”载体建设工作就不能顺利且有效地开展。但是以目前情况来看，高校思想政治教育“两微一端”载体建设效果仍不理想，分析其原因，还是因为大学生在“两微一端”载体建设中没有较大的参与感，而且主体性较差。因此，要提高大学生在思想政治教育“两微一端”载体建设中的主体性，必须从意识层面着手，认识到大学生的主体地位，并且在意识层面加以重视，不断提高大学生对“两微一端”载体建设的认识。在高校思想政治教育过程中，大学生的价值观念影响着高校思想政治教育工作的开展，并且影响着大学生对“两微一端”载体建设的行为习惯和态度，大部分的大学生具备正确的价值观念，有利于大学生正确思想意识形态的形成，进而成为实践过程中的正确导向。因此，应提高大学生在思想政治教育“两微一端”载体建设中的主体地位。高校思想政治教育课程与“两微一端”载体建设活动相结合，让学生将课堂上学到的理论知识运用到实践中，以此提高学生在思想政治教学过程中的参与度，进一步提高大学生与思想政治教育工作的有效配合，这样才能真正达到“两微一端”载体建设的目的。

高校在思想政治教育“两微一端”载体建设中，还应注重载体的内容与形式，增添“两微一端”载体内容的趣味性，让大学生在思想政治教育过程中充满活力，让整个教学工作活起来，这样才能吸引更多的大学生积极地参与思想政治教育工作，同时也能够提高思想政治教育的教学效率。不断创新和丰富思想政治教育“两微一端”载体的形式和内容，可以提升思想政治教育课程的吸引力，使大学生更加专心地投入学习中，增强大学生的主观能动性，从而提高大学生在思想政治教育工作“两微一端”载体建设中的主体性。任何的教育资源都离不开生动有趣的课程内容，有趣的内容是开展教学活动的重要前提，也是各类信息传播的重要内在原因，丰富的内容也是各类宣传媒体必须遵守的重要准则，“两微一端”是新时代环境下的新兴媒介，更应对其内容进行丰富。高校在“两微一端”思想政治教育工作过程中，只有把有意义、有价值、有活力的思想政治内容传递给大学生，才能吸引大学生的学习兴趣，使大学生真正参与思想政治教育工作，同时也增强了大学生的参与感，这样才能在思想政治教育中充分发挥其主动性，更好地促进信息时代环境下思想政治教育工作的顺利开展。

二、加强思想政治教育中“两微一端”载体队伍建设

首先，应重视高校思想政治教育“两微一端”载体构建。高校要做好思想政治教育工作，并且把思想政治教育理论课办好，这是实现教育目标的重要法宝。在高校思想政治教育工作中，“两微一端”载体的出现为高校思想政治教育拓宽了途径，这也是新时代背景下的必经之路，能够契合新时代的发展。大学生作为受教育的主要群体，对新媒体的有效利用能够增强大学生的沟通意愿，增强其主动性，同时新媒体的出现也影响着大学生的日常生活和学习，可见，在高校思想政治教育工作中加入新媒体的创新发展有着举足轻重的作用。高校应加强对思想政治教育“两微一端”载体建设的重视，推动以“两微一端”为载体的各项功能的发展，尤其是其共享性能够极大地增强大学生的参与感，这样做既符合时代的发展要求，又符合大学生对信息追求的重要需求。只有顺应时代潮流的发展，不断加强思想政治教育“两微一端”载体创新，不断完善高校思想政治教育的整体架构，才能更加有效地开展思想政治教育工作。对于高校思想政治教育载体建设，应注重主要框架，既要依据科学的理论指导，又要组建一支专业的领导班子，使“两微一端”载体建设稳步进行。高校领导应重视新媒体环境对大学生思想的影响，针对不同类型的大学生运用不同的教学手段或方法，对难点进行重点突击。此外，高校“两微一端”载体建设的主要领导应深入研究，尤其是对它的功能与特性进行重点研究，看是否符合当代大学生思想政治教育的主题要求，是否对大学生接受思想政治教育有重要影响。另外，还要将“两微一端”的各项应用合理地增加到思想政治教育实践中。

其次，高校应加大对“两微一端”载体建设的资金投入，加强对思想政治教育的监管，将新时代的主流思想和主要话语权掌握在自己的手中，打造一个完整的思想政治教育模式。高校还应及时对“两微一端”载体应用的更新作出相应的

改善措施，将线上与线下的思想政治教育体系有机结合。比如，很多高校已经推出使用手机 App 查阅图书馆的学习资料，还注册了相关的微信公众号及时推出关于思想政治教育的学习活动，将线下的思想政治教学内容与之进行有机结合，为大学生提供生活及就业方面的服务信息，这样才能够利用线上与线下的双重教学模式更好地开展思想政治教育活动，真正实现高校“两微一端”思想政治教育目标，还能够使大学生在接受思想政治教育信息时增添活力和学习动力。

最后，高校应加强“两微一端”载体建设队伍培养。教师在教学工作中有着举足轻重的作用，是兴教之源，也是立教之本，对于思想政治教育“两微一端”载体的建设发展，教师具有巨大的作用。所以，组建一支专业化的具有高水平理论基础和技术能力的教师队伍是非常有必要的。高校“两微一端”载体的建设和发展，离不开思想政治教育工作者的付出和努力，将教师队伍的主动性、积极性和创造性发挥到极致，是建设一支专业化水平队伍的重要基础。这就对高校的思想政治教育工作者提出了挑战，思想政治教育工作者应对“两微一端”有独特的看法，只有站在大学生的角度思考问题才能了解大学生的本质需求，才能了解大学生的喜好和思想动态。思想政治教育工作者还应主动参与高校思想政治教育“两微一端”载体建设，不断加工、筛选和传播最新的思想政治信息，创建针对大学生的思想政治信息库，这个信息库对高校的思想政治教育工作有着重要作用。信息库的不断创新、完善，能够提升高校思想政治教育工作的高效性和先进性。

高校在建设“两微一端”队伍过程中，还应提升教师队伍的整体素质水平，推动思想政治教育工作的创新和发展。在“互联网 +”信息时代的飞速发展下，要始终坚持提高高校思想政治教育工作者的整体知识水平和对“两微一端”载体建设的认识程度。作为高校思想政治教育工作者，必须拥有强大的知识信息库，才能更好地将知识传授给大学生，及时解决大学生提出的疑难问题，为学生指点迷津，教会学生为人处事，这样才能高效地进行一系列教育工作。这就对高校的思想政治教育工作者提出了更高的要求，不仅要求他们具备坚实的思想政治理论基础，树立正确的人生价值观念，还要不断扩充文化知识提升自我，顺应新时代的发展潮流，对新事物具有敏锐判断，这样才能够适应新时代的发展。在思想政治教育教学过程中，教师还应充分地关注政策新闻，不断充实自己的知识文化体系。在教学过程中，应做到授人以渔，教会大学生正确的思维方式和学习方法，使其能够长远发展，而非只教他们粗浅的文化知识。与此同时，思想政治教育工作者还应和学生之间形成一种亦师亦友的关系，真正和大学生“走到一起”，让学生喜欢教师、爱戴教师，为学生树立学习榜样，成为大学生步入社会的引路人。高校思想政治教育队伍建设，还应以“六个方面”要求自己，不断提升专业技术水平和政治素养，有效地将教育和新媒体有机结合，以最新的思想政治理论完善自己，以强大的思想政治基础和专业水平征服学生，跟上时代的步伐，担负起重要的教学责任，赢得大学生的信任。

目前，“两微一端”的交互功能逐渐完善，使用方便。高校思想政治教育工作者还应充分利用“两微一端”的交互性，积极地和大学生保持联系，互通有无，主动地站在大学生的角度思考问题，不断地摸索大学生的真实想法和思想形态，努力使线上与线下教学达成一种和谐关系。在开展思想政治教育工作时，思想政治教育工作者还应以身作则，给大学生传授正确的价值观。教育工作者还应注重对“两微一端”的学习，提升自身能力。这就要求思想政治教育工作者必须熟练地使用“两微一端”，将相关的思想政治教育内容渗透在新媒体载体中。同时，“两微一端”的交互性使每个人都成为信息传播的主人，针对新媒体中的一些突发事件和热点话题，作为思想政治教育工作者应学会理性思考，对海量的信息进行分门别类，对舆论热点进行实质性的思考，而不是单纯地接收任何信息，更不应断章取义。此外，思想政治教育工作者应在尊重每个人发言权的基础上，允许各种各样的声音出现，但是要始终坚持正确的政治理念，坚持党的领导，坚持中国特色社会主义理论体系，对冲突性的话题要及时应对，防止舆论信息的扩散，还应不断提高解决问题的能力和协调能力，增强民主意识，努力把自己打造成高素质、高水平教师队伍中的一员。

三、对“两微一端”载体建设环境加强监管

（一）优化社会环境，加强监管

在思想政治教育“两微一端”载体建设的过程中，会受到社会环境的影响，主要包括社会、经济、文化等方面的影响。要优化思想政治教育工作的社会环境，就必须对其加强引导和监管，这也是顺利开展思想政治教育工作的重要前提。加强对新媒体各种信息的正面引导，加强思想政治教育的主体地位，是优化复杂社会环境的重要途径。这就给思想政治教育工作者带来了一定的挑战。要不断地增强新媒体在高校思想政治教育工作中的影响力，使之成为大学生接受思想政治教育的主要阵地。但是在信息化时代背景下，全球经济飞速发展，国内外的政治、经济、文化也向全球化的方向发展，同时带来了大量的负面信息，很多负面信息得以快速传播，给大学生带来强烈的冲击，而大学生的“三观”尚未成熟，对社会上的思想意识处于懵懂状态，这在很大程度上威胁着高校思想政治教育工作的开展。在这种情况下，就要求我们以毛泽东思想、邓小平理论和习近平新时代的社会主义思想为理论基础，大力弘扬社会主义核心价值观，使大学生坚定自己的政治方向。因此，对新媒体信息传播应加强监管和监督，积极地将正能量的信息传输给大学生，不断加强大学生的整体政治素养，更好地引导大学生树立正确的世界观、人生观和价值观，站在政治角度思考新问题。这样才有益于高校的思想政治教育发展，有利于高校的思想政治教育信息得以快速传播，发挥高校思想政治教育的重要意义。强化新媒体的正面引导功能，构建良好的社交媒体环境，明确新媒体的社会责任，逐步强化思想政治教育中新媒体的社会行为，也是高校思想政治教育工作的基本遵循。只有不断强化对“两微一端”的监督和监管，阻止负面信息的传播，不断规范“两微一端”的使用，才能从源头上杜绝负面信息的肆意传播。随着我国市场经济的不断发展和成熟，很多媒介逐渐具有强烈的社会责任感，为群众提供一个健康的网络环境。

加强“两微一端”内容的监控和管理，不断优化社会信息舆论环境。高校在思想政治教育工作过程中的积极引导和监督是对“两微一端”监管的重要手段。在信息快速发展的背景下，目前的新媒体管制体系无法对网络上的信息实施绝对

监管，由于监管体制不全面，很多的消极信息渗入高校中，给思想政治教育工作带来负面影响。高校在思想政治教育工作中对新媒体的管理和改革是目前顺利开展工作的重要基础，加强监管不仅要从道德层面思考问题，还要对外在因素进行分析和治理。在现实社会中，有很多媒体恶意地制造混乱并且伪造虚假信息吸引大众的目光，对于舆论制造者和相关媒体应追究其责任，让媒体或个人受到相应的法律制裁。在高校中，应建立对负面信息的监控与管理体系，积极对社会上的舆论制造媒体进行遏制，将负面信息和虚假信息扼杀在摇篮中。很多高校已经开始实行这一新型的管理体系，如在高校的 App 中实行实名制登记，防止匿名信息的出现，从源头上抓起。实名注册登记，一方面能够提高新媒体信息参与者的门槛；另一方面还能够对发布虚假信息和负面信息的个人追究责任，从而防止不正当言论的肆意传播。在做好“两微一端”实名登记注册的同时，各个社会机构和相关部门还应积极地配合，做好信息登记备案，对监管人员进行专业培训，提高监管人员的应急处置能力和监管能力，对网络中的不良信息进行排查和筛选，对不良信息的制造者进行相关的处罚和管制，只有这样才能从根本上防止恶意虚假的信息传播，逐步优化网络社会环境。

（二）创造良好的校园环境

高校“两微一端”载体建设要想取得良好成果，必须对校园环境进行优化整治。对于高校思想政治教育工作者而言，创造良好的校园环境任重而道远，要创造良好、健康的校园环境，离不开校园文化的支持。校园文化对全体大学生有着潜移默化的影响，优良的校园环境和校园文化可以使大学生产生强烈的归属感和荣誉感，对思想政治教育工作有着良好的引导作用。因此，高校在进行“两微一端”载体建设时，要营造良好的、健康的校园环境和校园文化，注重校园精神文明的建设，应以马克思主义理论体系为精神向导和中心思想，对外界扭曲的价值观念进行屏蔽和抵御，不让社会上的歪风邪气吹进高校校园中，使大学生在一个积极向上的校园环境中学习与生活。因此，要建设良好的校园文化，就必须从学风、教风、校风建设做起，让大学生的行为和思想得到规范和统一。在高校思想政治教育过程中，加强校园文化和精神文明的建设是非常有必要的，良好的校园环境能够为学生提供一个积极向上的学习氛围，有益于提升学生的道德情操，培养学生的健全人格。校园文化和精神文明的建设是新时代的客观需要，加强校园文化建设，能够从精神方面为学生提供一个良好的人文环境，必须强调校园精神文明的实效性和人性化。

同时，学校相关管理部门应发挥主观能动性，充分利用“两微一端”载体发布优良的热点信息和时政新闻，为大学生提供正确的思想导向，发布的信息应符合当代社会主义核心价值观。高校还应专门开设相关板块，让全体师生在“两微一端”中实时地对热点新闻进行探讨和交流，在交流的过程中，思想政治教育工作者可以了解学生的学习状况，掌握学生遇到的困难和思想困惑，从而引导校园文化健康、有序地发展。要创造良好的、积极向上的校园环境，还要对校园的教学机制进行一定的改善，可以从丰富校园活动开始，逐步完善校园文化建设。丰富健康的校园活动能够提升大学生的人际交往能力和独立性，有益于学生的自主学习，帮助学生建立健康的价值观念，有益于大学生的身心发展。积极向上的校园环境和校园文化有利于高校开展思想政治教育，对“两微一端”载体建设发展有一定的促进作用，思想政治教育工作者也可以在此环境中顺势而为，利用校园文化环境更好地开展思想政治教育工作。高校思想政治教育工作者也应主动、积极、自觉地加强自身道德素养，积极地将“两微一端”运用起来，以学生为中心，挖掘学生的主动性、积极性和创造性，根据大学生群体的特殊性质，找到共鸣的交流方式，才能够更好地因材施教，要正确利用“两微一端”的各项功能，培养学生对信息的筛选能力和鉴别能力，让大学生在阳光健康的校园文化中成长。当然，所有的改变和提升都需要全体师生的共同努力，只有不断地提升师生整体素质，才能够高效地开展高校思想政治教育工作，才能够促进“两微一端”载体的建设和发展。

高校对于“两微一端”的环境优化，需要全体师生的共同努力和积极参与，还要结合各级领导的共同监管。在大学校园的各院系及各个部门之间要加强交流合作，建立完善的思想政治教育“两微一端”管理体制。高校对于“两微一端”管理体制的规范和建立，要从规范大学生的言行举止做起，加强大学生在“两微一端”中的言行监管，提升大学生的自控能力和免疫力，坚持线上教学与线下教学的有机结合，统一教学环境，提升校园环境的整体氛围。高校“两微一端”的稳步运行，需要有专业的技术人员和部门支持，还要对舆论信息加以管控，防止虚假信息和负面信息在校园中流传，校园内相关的管理部门还要建立相应的监督体系和奖励机制。建立可行的、完善的校园制度体系，有利于高校思想政治教育“两微一端”的健康发展，并且能够提供长久的发展思路。高校在完善各类制度的同时，还应加强校园文化建设，思想政治教育工作者应从自身做起，不断提高整体的校园文化水平，营造良好的校园环境。

四、完善高校“两微一端”的监管体系

高校通过“两微一端”开展思想政治教育工作，就必须建立相应的管理规范与制度，完善“两微一端”管理体系。始终坚持以大学生为主体的教育理念，创造“两微一端”中与当代大学生相应的动力机制，切实维护大学生在“两微一端”中的权益，与此同时，还要完善“两微一端”的应急预警机制和权责管理制度。在高校思想政治教育中，每一位思想政治教育工作者都应各司其职、各负其责，落实校园的权责管理体系，做到责任化分工，建立公平公正的考核机制，可以对教育工作者的工作能力和工作业绩进行民主测评，充分发挥高校管理体制的管理和监督职能，相应的惩罚机制能够促进思想政治教育工作者高效开展工作，使“两微一端”思想政治教育活动顺利完成。

完善“两微一端”的意见反馈机制也尤为重要。通过完善“两微一端”的信息沟通制度，在内容的获取、表达和传播过程中，思想政治教育工作者要根据集中反馈的信息作出正确的判断和引导。在“两微一端”中存在很多信息内容，需要大学生进行分门别类，思想政治教育工作者要正确引导大学生处理和传递相关信息，根据不同的情况作出相应的防范措施，让大学生自主地对信息进行甄别，提升大学生自主处理问题的能力和对信息的甄别能力。同时，还要对主动发起言论的学生加强监管，对正能量的、健康的信息发布者给予一定的鼓励和表扬，对“垃圾信息”的制造者加以劝导，不断改善校园内的舆论舆情导向。可以开展针对性活动，为大学生树立一个好榜样，做好大学生思想政治教育的引领者。

制定相关的评估体系，对思想政治教育“两微一端”的开展效果进行实时的评估和分析。根据高校思想政治教育以及“两微一端”的独特性，制定相应的效果评估体系。高校在思想政治教育“两微一端”效果评估时，要根据每一位大学生的实际情况，坚持以人为本，尊重每一位大学生的想法，尊重大学生的多样性与独特性。开展思想政治教育工作的具体效果还在一定程度上取决于“两微一端”对大学生的影响，因为整个教学环境是以大学生为主体，大学生的行为体现和思想表达也就是其成果的具体体现。要不断加强思想政治教育“两微一端”对大学生的引导功能，站在大学生的角度思考问题，引导大学生正确使用“两微一端”进行学习，以积极向上的正确态度面对“两微一端”中的各类信息。

加强优化思想政治教育“两微一端”的各种监控手段。面对“两微一端”中出现的不同声音与思想意识，采用应急预警机制，“两微一端”中的各种信息鱼龙混杂，高校要掌握主动权，对于不良心态和不良信息要及时进行疏通和引导，积极地控制和协调校园内存在的不和谐声音。高校还应从线上和线下加强思想政治教育管理，利用“两微一端”对大学生进行心理辅导，提升其思想政治观念，培养健康的心理意识，达到思想政治教育的主要目的。此外，校园中各个部门和相关领导应有效配合、加强沟通，通过相关会议积极地对校园内出现的不良风气进行及时抵制和改善，充分发挥心理疏导的作用。高校还可以加强校园内的监控设施建设，进一步减少校园内的不和谐声音的发生，正确引导大学生的思想观念和意识形态。

高校还应对“两微一端”思想政治教育进行相应的法制建设。高校利用“两微一端”开展思想政治教育工作，应具备完善的法律法规，标明道德底线与法律红线，并正确运用于“两微一端”思想政治教育工作的日常管理中。高校还可以借鉴其他学校对大学生思想政治教育工作的经验，完善自身的不足，将存在的问题一一列举并作出相应的改善措施。思想政治教育工作者还应对“两微一端”的使用加强管理，减少负面影响，使高校思想政治教育有序且高效地进行。

第六章　大学生思想政治教育工作话语建设

高校思想政治教育工作是基于高校思想政治教育工作者和大学生群体之间的话语沟通来完成的。在新时代背景下，大学生可以通过不同的软件或互动平台表达自己对新闻热点、新闻时政、日常生活等的观点和想法。话语作为高校思想政治教育工作开展的重要媒介，不仅是思想政治教育工作得以实施的必要手段，也是承载思想政治教育工作内容的思想表征。新时代环境下信息技术不断发展，给高校的思想政治教育工作者与大学生提供了更加开放自由的互动空间，同时也给高校的思想政治教育工作话语建设带来了新的机遇和挑战。

第一节　大学生思想政治教育工作话语概述

话语在高校思想政治教育工作中具有重要作用，其具体内容和表现形式在一定程度上决定了高校思想政治教育工作的实际效果。随着信息技术的不断发展和变化，新形势下的思想政治教育工作进入了一个自由开放的语境中，同时也给高校的思想政治教育工作话语建设带来了机遇和挑战。新时代的高校思想政治教育工作者要积极把握机遇和应对挑战，不断加强思想政治教育工作队伍的话语权。

一、大学生思想政治教育工作话语的内涵

目前，对大学生思想政治教育工作话语的概念研究很少，没有权威的界定，而在思想政治教育话语的研究中却有不少学术讨论。对于思想政治教育和思想政治教育工作而言，两者之间有所区别，但是在思想政治教育的实践过程中，两者之间的区别并不明显。因此，要分析思想政治教育工作的话语概念可以参考分析思想政治教育话语的概念。

对思想政治教育话语的概念进行分析，主要包括以下三种观点：

一是思想政治教育话语受到意识形态的支配，是以实现思想政治教育为目的

的语言符号。在学术研究中，很多学者认为高校的思想政治教育话语受到社会因素的影响，尤其是社会的主导意识形态在一定程度上影响思想政治教育话语，这些话语要遵循一定的规则和规律，以及相应的语言规范。在特定的话语环境和思想政治教育过程中，师生之间可以通过这些话语进行交往交流，这种语言交流性质也离不开思想政治教育的相关特性。

二是思想政治教育话语的主要目的是实现思想政治教育的实践活动。在相关的学术讨论中，有很多学者提出思想政治教育话语也可以作为一种校园实践活动，其目的是思想政治教育主体与客体之间运用话语的方式传递和灌输思想政治观念。这一观点强调了思想政治教育话语的目的性，认为话语是实践的重要工具，因而认为思想政治教育话语是一种实践活动。

三是思想政治教育话语是教育过程中主体和客体之间通过特定的语境进行交往的行为。一些学者认为，思想政治教育话语是教学实践过程中用来表达思想政治教育的交往行为。这种观点重点将思想政治教育话语认定为一种交往行为，主要强调了主客体间的交流和互动，而这种思想政治教育话语的交往行为也蕴含着对思想政治教育的重要影响。

通过分析以上三种观点，可以看出站在不同的视角分析问题会产生不同的思想观念，因为站的角度不同，出发点不同，侧重点便也有所不同，但是这几种观点都遵循思想政治教育的本质，都是从思想政治教育工作的实践性、意识形态性和目的性出发探讨问题。笔者认为，要对思想政治教育工作话语的概念进行鉴定和分析，就要遵从思想政治教育工作的本质因素，话语是一种语言符号，同样也要遵从语言符号系统的本质因素。话语的主要目的是表达和交流，通过表达和传递思想政治观念来达到思想政治教育的目的。话语是一种表达思想和思维的工具，其承载的思想理念是话语传递的精髓。对于思想政治教育工作话语而言，是指通过社会生活实践，并且承载着相关思想政治观念与内容，依照一定的思想政治教育目的，用于教育者与受教育者之间进行互动交流的语言符号。

随着信息化时代的快速发展，很多社交平台逐渐涌现，使话语的传播迎来新的变革。高校思想政治教育工作话语是思想政治教育话语体系中最重要的组成部分，大学生是一个喜欢思考、追求新鲜刺激、敢于发现问题的社交群体。尤其是在当下新兴网络科学技术的支持下，通过微信、微博、短视频等媒体平台进行相互交流，人们的沟通效率得到了极大提高。对于高校思想政治教育工作而言，通过这些媒体传输思想政治观念与价值观成为教育的重要工具。大学生思想政治教育话语具有较强的目的性和意识形态性，同样大学生思想政治教育工作话语的表达形式也富有多样性。

二、大学生思想政治教育工作话语的构成

大学生思想政治教育工作话语是一个较为复杂的话语环境，是由不同类型、不同因素层面构成的话语。其中，包含学术话语、文本话语、日常话语与政治话语，它们都是大学生思想政治教育工作话语的重要组成部分，各个部分之间具有相互独立性，且具有相互联系性。

学术话语是指在某个领域，学者进行学术研究、交流和传播的活动，是按照相应的语言风格和思维方式进行的学术表达。学术话语在某一层面上影响学术氛围。大学生思想政治教育工作话语中的学术话语很大一部分是带有思想政治教育学科的风格与特色的理论话语。高校思想政治教育具有一定的理论性和实践性，是以马克思主义理论为基础的学科，其中不仅包含马克思主义理论，学科本身也有一定的基础理论，比如思想政治教育方法论、教育原理、教育史论等。思想政治教育学科依靠不同的基础理论和学术话语构成了完整的思想政治教育理论体系。随着思想政治教育的不断创新和发展，一些学者和专家对其学术性和学科性进行了深入研究，其作为一门独立的学科，具备全面的知识体系，因此构建大学生思想政治教育工作话语就必须以学术话语为核心，以严谨的科学观念和学术话语来阐述学科体系中的相关范畴和概念。大学生思想政治教育工作话语中的学术话语也是高校思想政治教育理论的基础部分，在思想政治教育理论的学术研究上有着较强的前瞻性和预测性。对于学术话语的研究，是依托最新的思想政治理论以及社会、经济、政治现象开展的一项学术研究活动，其超前性不言而知。对于大学生思想政治教育工作而言，其学术话语的研究不仅要保持一定的专业性，内

容也应通俗易懂，让学生在接受思想政治教育的过程中更容易接受，因此学术话语对大学生思想政治教育工作话语有着重要的影响力。

文本话语，顾名思义就是用书本写下来的语言。在大学生思想政治教育工作话语中，文本话语主要代表着领导阶级的思想和意志，是通过书面的形式语言引导学生完成学习。高校的思想政治文本也就是教材文本，其中包含思想政治的理论课程与思想政治的宣传书籍等。高校在制作和编写思想政治理论课程教材时，要以大学生的专业需求和思想理论为基础进行编制，编写的思想政治教育教材还应符合国家对思想政治文化教育的标准。思想政治理论课程教材是由教育部牵头，组织专业的思想政治教育团队进行编写。部分教材是由国家专门定制编写的，内容体系更加严谨、科学、规范、完整，都是以社会的基本现实问题为导向。思想政治教育专业的教材主要是对思想政治教育学科的基本理论知识进行系统化和概念化的编写，主要目的是使大学生群体从整体上认识到思想政治学科的基本特征，深刻领会思想政治学科的基础知识，正确看待思想政治教育领域方面的现实问题，进一步通过理论知识和实践增强大学生分析问题和解决问题的能力。还有部分教材是将思想政治教育活动的经验教训内容编写成图书。这些图书通常是由宣传部组织编写，主要是对国家的政治发展动态、方针政策进行解读，这是在大学生基本理论知识的基础上进行的扩展和延伸。这些教材往往逻辑严谨、层次清晰、表述准确，是大学生思想政治教育工作话语构成的主要形式。但是作为文本话语来讲，不免有一定的抽象化、理论化、官方化特征，在教学过程中要让文本话语真正活起来，必须将思想政治相关课程灵活运用到思想政治教育工作实践中。

日常话语是指人们在日常生活中口耳相传的语言，而且使用频率极高，具有范围广的特点。在高校思想政治教育工作中用到的日常话语，同样也是教育中的实践话语。首先，语言是源于实践的一种表达形式，是社会实践的一种内在化形式，由实践产生并在实践中运用。对于高校思想政治教育工作而言，也具有实践性，是以大学生为主体展开的一种思想行为，而其实践的具体效果也要根据大学生的具体实践进行检验。大学生思想政治教育工作的实践性也成为高校思想政治教育工作话语中的重要组成部分。大学生思想政治教育工作也随着时代的不断发展而逐渐完善和改进，对于不同时期的高校思想政治教育工作的实践话语而言，经历了很长时间才形成一种较完善的话语体系，同样这也是党的革命和建设经验的升华和总结。这些日常用语都是经历千锤百炼才衍生出来的，能够经得起历史的考验。日常话语相比高校思想政治教育工作中的其他话语，显得更有亲和力，它不是一种死板的工作语言。受教育的群体是思想开放、思维活跃的大学生，因此话语的亲和力也成为高校思想政治教育工作的“标准配置”，这就在一定程度上决定了高校思想政治教育工作话语的大众化和日常化。尤其是现在的“00后”大学生群体，他们之间会产生属于自己的“语言”，这些语言往往更贴近大学生的日常生活，符合大学生真实的心理发展需求。因此，关于思想政治教育的日常话语也被纳入高校思想政治教育工作的话语体系中。

政治话语是指在各种社会政治活动中常用的表达用语，是具有官方代表性的语言表达形式，主要包含政府工作报告、官方政治演讲、政治会议，以及相关官方媒体的宣传，还包含政府部门颁发的相关政策和法律法规文件。政治话语在另一层面代表了国家的权力象征，是在中国共产党的相关政策领导之下的一种语言形式，其语言具有绝对的不可争辩性和权威性。这套政治话语体系十分严谨，主要包含马克思主义的最新理论成果，也是对国家在不同时期相关政策的总结和概括。作为高校思想政治教育工作的话语，具有鲜明的意识形态，具有较强的宣传意识和普及主流的思想意识，能够增强大学生的政治使命感。高校思想政治教育工作话语的基本属性在某一层面决定了政治话语在高校思想政治教育工作话语中占有重要的地位，高校思想政治教育工作中话语的主导性、政治性和积极性都是通过相关政治话语展现出来的。因此，政治话语对于大学生思想政治教育工作而言具有不可替代的作用。

三、大学生思想政治教育工作话语的主要功能

（一）政治宣传功能

高校中的思想政治教育话语是一种“官方话语”，其主要功能是对相关政策进行宣传。这也是大学生思想政治教育工作话语的主要功能，具有信息传播和政治宣传的作用。政策宣传就是国家用多种多样的形式将其制定的法律法规及方针

政策传递给群众，以此规范群众的行为方式和影响群众的主要思想。大学生思想政治教育工作的话语在一定程度上有着宣传政治观念、普及主流思想意识的重要作用，进而增强大学生群体的光荣使命和对国家政治的认同。大学生思想政治教育工作的话语表达具有多样性的传播方式，利于大学生更轻松地接收国家的相关政策内容。在政治宣传的基础上，大学生思想政治教育工作话语还有一定的政治动员功能，其主要内容形式就是对国家的社会主义意识进行传输，这种行为就是政治动员。高校思想政治教育工作的开展，利用政治动员也是进行思想政治教育的主要方式，而政治话语作为最有力的动员工具，具有很强的鼓舞性和感染性，能够挖掘大学生内心的共鸣。大学生群体是国家社会主义建设发展中最重要的一股力量，充分利用高校思想政治教育工作话语的传播，能够激发大学生群体对国家相关政策的强烈认同。在信息时代飞速发展的背景下，大学生可以通过各种媒体接收和表达思想政治观念，而高校也可以通过新媒体将相关的思想政治话语进行传播，因为新时代背景下的新媒体具有迅速性、广泛性与便捷性，可以更好地激发大学生对国家的强烈认同。

（二）信息传播与舆论引导

话语是信息传播的中介。在高校思想政治教育工作中，无论是教材中的话还是讲出来的话，都是对思想政治信息进行描述、传递和阐释。对于高校教育工作而言，其工作话语既是信息传播的主要途径，也是高校思想政治教育工作最基本的功能，高校思想政治教育工作的意识形态性和政治性决定了其工作话语中舆论引导的功能。

一是大学生思想政治教育工作中话语的信息传播功能。这项功能也是思想政治工作话语的基础功能。信息传播指的是个体、团体通过媒介和相关符号进行信息的交流，传递思想、观念及态度的主要活动。信息的接收者和传播者都会受到信息传播的影响。高校思想政治教育工作在本质上也是一种价值观念、思想观念及道德规范传输的言语活动。传统的教学是通过教师在课堂上的一系列话语，向学生传递相关的思想政治内容。话语在思想政治教育工作中主要承担载体的角色，话语这种载体是不可见的、软性的。它与课堂中有形的授课话语不同，高校思想政治教育工作的话语可以将完整且有意义的内容关联起来传递给大学生，其中包含相关的思想政治理论知识，还有相应的态度、情感、立场等隐性方面的知识，这种话语的信息传播功能是高校思想政治教育工作中不可或缺的。

二是大学生思想政治教育工作中话语的舆论引导功能。舆论是在特定的环境中，公众对于某一事件或问题的看法和态度的言语表现。这种语言舆论对人们的思想有着无形的约束力。这种舆论的引导也就是将社会中的舆论有意识地进行评价和引导，进而使人们的思想观念、态度看法等走向正确及科学的道路。

高校中的思想政治教育工作话语是将中国具有特色的社会主义理论体系与核心价值观，通过话语传播对大学生进行宣传和引导，这也体现了高校思想政治教育工作话语的引导功能。通过对高校思想政治教育工作话语的分析，这些话语的内容形式与表达方式能够更加直接地说服和影响大学生，使学生形成较普遍的认识；还能够通过正确的传播和坚定的立场观念体现社会舆论的主导作用，同时还可以对错误的、落后的思想进行转化和疏导。优秀的话语表达具有无形的渗透力与号召力，能够在日常教学工作中潜移默化地对学生进行正确引导，使学生正确判断和思考问题，进而对思想政治教育产生深刻的理解。在新媒体的影响下，各种文化观点和思想意识不断地在信息传递中碰撞，意志和“三观”相对薄弱的大学生群体很容易受到舆论信息的干扰，这样就给学校的思想政治教育工作带来了无形的压力，因此高校思想政治教育工作的话语引导和指向作用变得愈加重要。高校思想政治教育工作话语是以社会主义价值观和思想意识为核心发挥舆论导向的主要功能，同时对大学生群体进行主流意识传播，不仅能够弘扬社会正气，还能够给大学校园生活营造良好的思想舆论环境和氛围。

（三）协调整合与价值导向

协调整合指的是对事物的内在关系进行正确的处理，让其各项因素有效配合，对零散的因素通过正确的方式进行链接，从而形成一个有价值的整体，也指有效且合理地搭配各种因素，使各项资源发挥出更大的价值作用。对高校思想政治教育工作而言，其话语具有双面性。一是高校思想政治教育工作不仅担负着传递及灌输社会主义主要意识形态的职责，在某种程度上有着绝对的权威性和政治性；

二是由于高校校园环境的多样性，还有舒适健康的学术氛围和生活环境，大学生可以在自由的学习环境中进行沟通和交流，这与前者的“权威性”有所差别。在大学生思想政治教育中，应跳出“权威性”的束缚，使学生在一个平等、自由的交流环境中开阔思维，这样有利于大学生群体的独立发展。因此，这两者之间在一定程度上具有相反意义。对于高校思想政治教育话语而言其意义在于，能够将大学生群体自由平等的学习需求和思想政治教育话语的意识形态权威性进行有效结合，综合实现两者之间的协调与整合。高校思想政治教育工作话语既是传播国家政治思想的重要载体，也是实现国家思想政治教育与大学生群体有效结合的重要枢纽，通过高校思想政治教育工作话语，大学生群体能够认识到正确的思想观念和道德规范。同时，这是思想政治教育工作者与大学生群体之间沟通的桥梁，也是每一位思想政治教育工作者完成教学的重要载体。因此，对于高校思想政治教育工作话语的合理协调整合，能够使大学生在国家思想政治大环境下实现个性化的发展。

价值导向指的是通过人们的引导，使某一事件朝着某一方面发展，具体是指对于不同个体或群体中存在的多种价值取向，将其中一种价值取向作为主导。对于大学生思想政治教育工作话语而言，其内容不仅涵盖客观的思想政治理论知识，还附加思想政治教育工作者的价值理念，具有明确的指向性和强大的价值理念构建功能。在思想政治教育过程中，对于大学生群体的人生观、价值观的灌输，高校思想政治教育工作话语必须有明显的构建性和方向性，而且对相关信息和内容等具有明确的态度和立场，还富含隐性的感情和思想。在信息化时代的飞速发展下，高校思想政治教育工作者通过各个媒体平台传播高校思想政治理论，在这一过程中，思想政治教育工作者有意识地对大学生进行引导，使大学生的基本思想与思想政治内容趋同，从而实现大学生对思想政治教育的认可和认同，这样也就实现了高校思想政治教育工作话语中重要的价值导向功能。

四、加强大学生思想政治教育工作话语建设的现实意义

随着信息科技的飞速发展，新媒体载体的各项功能不断完善，其信息传播方式与交流方式的改变，给高校思想政治教育工作话语带来了极大的挑战和机遇。

话语是高校开展思想政治教育工作的重要载体，是完成思想政治教育工作的重要手段，同时也是承载思想政治教育工作内容的具体展现。因此，高校思想政治教育新媒体载体建设对其工作话语建设有着重要意义。

通过思想政治教育话语引导大学生群体形成正确的人生观和价值观，是高校开展思想政治教育工作的主要内容。大学生群体作为网络民众中的重要组成部分，其品德培养和智力开发都会受到网络信息的影响。新时代新媒体的发展对传统的发展理念带来了强烈的冲击，同时也促进了高校思想政治教育工作与时俱进地开展，通过充分利用新媒体信息传播，可以将很多教育资源进行最优利用和配置，促进大学生的自主学习。大学生可以通过新媒体自主地获得关于思想政治教育的相关内容，有利于大学生思维的创新和激发，进一步提升大学生自主学习的能力。在信息时代的飞速发展中，伴随很多虚假信息、非法信息、暴力信息等，还有西方国家的思想意识很容易对当代大学生群体造成错误的引导，甚至影响大学生的道德理念。而且丰富多彩的网络环境给大学生提供了强大的自由空间，极有可能使大学生沉迷于网络中，给大学生的身心健康带来很大影响，甚至可能造成一系列的心理障碍和疾病。这对高校开展思想政治教育工作造成了很大程度的阻碍，极大地影响了大学生的世界观、人生观和价值观，因此高校应引导大学生在思想政治教育过程中形成正确的意识形态和思想观念，主动地对网络上的虚假信息和舆论信息进行判断，不被扭曲的思想观念干扰。加强新媒体时代环境下的高校思想政治教育工作话语建设，是大学生健康学习和发展的必要措施，引导大学生群体在自主学习和接收信息的同时正确判断和辨别各种信息，要时刻关注大学生的身心健康，及时地引导大学生坚持正确的世界观、人生观和价值观，促进大学生群体全面发展。

在高校思想政治教育工作中，意识形态性是最重要的本质属性，思想政治教育的意识形态具有重要的话语权和领导权。高校应掌握思想政治教育意识形态工作中的绝对话语权和领导权，还应借助新媒体开展高校思想政治教育话语建设，在加强新媒体话语建设的同时还应掌握高校思想政治教育意识形态的话语权。利用新媒体，在网络平台中弘扬思想政治文化意识，对意识形态功能进行深刻教育，进一步加强大学生群体的主流意识形态，加强大学生在网络平台中对信息的掌控力和判断力，提高大学生群体的政治辨别能力，不断巩固马克思主义的重要地位，从而实现大学生对国家主流思想意识形态的认同。高校在对大学生进行思想政治教育过程中，不断提高大学生对主流思想意识形态的认识，发挥其引领力和凝聚力，主动掌握高校思想政治教育工作开展的话语权和领导权。

加强创新既是高校开展思想政治教育活动的动力来源，也是中华民族进步的灵魂所在，能够推动国家的发展。国家明确指出在发展过程中坚持创新，让党的思想政治意识贯穿一切工作，形成完整的、正能量的社会风气。对于高校思想政治教育工作中开展的以现实性、政治性和综合性为基本的相关实践活动，必须适应我国经济、社会、文化、政治的发展理论，这也对高校的思想政治教育工作提出了一定的要求，让高校思想政治教育工作跟上国家发展的脚步，与时俱进不断地创新发展。可以借助新媒体时代的特性，给大学生思想政治教育工作提供全新的传播媒介和载体。尤其是在信息化社会环境中，新媒介作为互联网时代环境下重要的交流工具，高校应秉持正确的和不断创新的思想观念，在思想政治教育工作话语的内容和形式上都做到创新和与时俱进，这样才能顺应时代的潮流，不断丰富高校思想政治教育工作话语，使大学生更加认同并且参与高校思想政治教育。信息时代的飞速发展，为高校思想政治教育工作话语的内容提供了更加多元化的表达方式和传播渠道，以及多样性的信息传播和接收，能够提升大学生自主思考和学习的能力，而丰富的思想政治教育工作话语也能够提高大学生的学习积极性，因为大学生对新知识、新信息的接收能力强，而且当代大学生善于表达自己的想法和观念，能够主动参与高校思想政治教育工作的互动。因此，高校应充分把握新媒介的信息传播优势，不断加强高校思想政治教育工作话语建设与新媒体平台的融合发展，这也是完成和实现思想政治教育工作创新和发展的必要途径。

第二节　新时代大学生思想政治教育工作话语建设的机遇与挑战

在新时代信息技术快速发展的背景下，网络技术水平已经达到一定的高度，它表现出社会发展、文化传播、人际交往和生活方式等时代特征。它改变了高校思想政治教育工作的传统教学模式，和大学生群体沟通、交流的方式，同样也改变了大学生的思想行为、生活及学习方式，不仅影响着大学生群体的价值观和思想观念，而且为高校思想政治教育工作的开展开辟了新的话语场地。这也是高校思想政治教育工作话语建设的重要机遇，同时也带来了极大的挑战。

一、新时代大学生思想政治教育工作话语建设面临的机遇

新兴网络媒体的不断创新和发展，打破了传统的书本信息传播方式，它是以数字化技术的形式展现，通过将文字、图片、音频和视频等模块相结合，使信息内容更加生动和形象。尤其是目前以微博、微信等为代表的新媒体成为大学生在网络平台中交往的主要媒介，不断影响和改变着大学生群体的行为方式和思想理念。与此同时，新媒体载体的多元化与信息多样化的传播特性，给高校思想政治教育工作话语建设带来了极大的便利。

（一）信息的沟通交互性影响和改变了人们的对话交流方式

信息时代的不断创新和发展，使人与人之间的交流更加便捷，与传统的交流方式有着明显的差别，尤其是交流模式方面，与传统的信息传播有较大的区别，当下信息传播的方式由以往的单向交流转变成多向交流。沟通是人们进行信息传播的主要方式，其交互性是指信息传播者和接收者之间进行相互交往和互动的主要功能。新时代，人们进行交流和互动的频率越来越高，因此，高校应更加重视新媒体在思想政治教育工作话语建设中的应用，另外新媒体的快速发展也不断改变着高校全体师生的交流方式，从而不断促进高校思想政治教育工作话语建设的完善。

第一，提高思想政治教育工作者与大学生进行双向互动交流的频率。在新媒体环境下，教育工作者和受教育者的沟通方式由之前“一对一”“一对多”的单向沟通转变为双向沟通模式，较以往而言，现在的沟通频率越来越高，学生的主动意识也越来越强。尤其是现在社交软件平台的便利性，在很大程度上改变了传统的单向沟通模式，大学生接受教育不再局限于“课堂中”或者线下一对一的辅导，大学生能够通过新媒介时时刻刻地展开学习和对知识的探讨。在高校思想政治教育工作过程中，思想政治教育工作者可以通过移动终端，或者微信、微博等软件开展思想政治教育活动，可以发布相关的思想政治信息内容，通过聊天、评论、留言等方式开展自由的双向互动。

第二，不断促进高校思想政治教育工作者话语的转变。新媒体时代环境下的沟通方式使思想政治教育教学和接收的方式发生了改变，现在思想政治教育工作话语的表达越来越人性化，对于大学生而言，拥有了更多的话语权和自由表达权。在高校中，大学生的自我选择、自我判断、正确理解和表达成为当下教育的新兴任务，从而加强了高校思想政治教育工作话语的人文性。工作任务和工作方式的不断变化和改进，促进了思想政治教育工作者话语理念的改变，突出了“以人为本”的教育理念，弘扬思想政治教育工作话语的人文意蕴，也是时代发展的需求。思想政治教育工作者在与大学生进行沟通交流的过程中，应注重倾听、尊重、理解大学生的想法和意见，要发挥思想政治教育工作者的引导作用，积极为大学生发声发力，进一步提升大学生的学习积极性。

第三，不断强化教育工作者和大学生群体之间平等交流沟通关系的建立。在信息时代，人人都是信息的传递者和接收者，对于教育而言也是如此，教育工作者和大学生之间的交流沟通关系也在潜移默化中受到影响和改变。在传统的教育工作中，高校思想政治教育工作者有着绝对的话语权和信息的掌控权，而且教学时间和地点的固定，使思想政治教育工作者在教学中占据主导地位，具有较强的权威性。而在信息化时代，信息的传递和接收方式都发生了重大改变，信息的传播方式更加便捷，大学生可以通过网络平台获取各式各样的信息内容，对于教育工作者独占信息内容的形态有着很强的冲击力，教育工作者对信息资源的掌控力不再明显。思想政治教育工作者和大学生群体都拥有信息的掌控权，都可以自由地进行交流和沟通，并且能够发表自己的想法和意见，促进了师生之间的互动交流和平等交流。大学生不再被动地接受思想政治教育相关内容，而是更加主动和积极地参与教学活动，平等的、自由的交流学习方式给大学生提供了主动学习的机会，使之能够与教育工作者展开平等对话。

（二）裂变式的传播方式影响高校思想政治教育工作话语的建设和发展

在新媒介兴起后，裂变式的传播方式越来越常见。每个人对信息的理解和主观想法不同，导致同一条信息分裂为多条信息再进行传播。这样裂变式的传播方式，对于同一条信息就会衍生出更多的信息，其影响程度也会随着范围的扩大而加深。对于高校思想政治教育工作话语而言，这种裂变式的传播方式会产生以下三个方面的变化：

第一，扩大话语信息的传播范围。在新媒体时代高校思想政治教育工作中，教学模式是通过话语进行交流和沟通的。一旦教学内容被大学生认可和接受，大学生就会通过相关媒介再传播出去。在新时代背景下，信息传播不受时间和空间的限制，可以说在一个相对开放的话语领地，同一条信息可以在同一时间被很多人同时传播和接收，这也极大地提高了信息的传播速率。新媒体信息传播的高速性和时效性，促进大学生及时地分享其中的内容，提升了大学生交流和沟通的频率。一条完整的思想政治教育话语由教师传递给学生，再由学生群体扩散到整个网络平台，这样的裂变传播方式使思想政治信息的传播更加便捷，从而将思想政治内容与观念辐射到更大的领域。

第二，增大话语传播的力度。在新时代信息传播方式的影响下，高校思想政治教育工作话语不断地被重复使用和拆解，衍生出新的寓意和含义。在周而复始的循环中，大学生对思想政治话语信息有了更深层次的理解。新媒体裂变式的传播方式主要表现在：大学生群体在接收信息时处于一个内心开放的状态，不仅对这些信息内容进行内在消化，也可作为传播方主动地将信息扩散出去，这样不断地进行信息传播，一批又一批的人都会接收到该信息内容，形成一个连续的过程。对于高校思想政治教育工作话语而言，其内容也会随着主体的改变而不断变化，主要体现在内容不断地更新和传递，这也在某种程度上提升了思想政治教育工作话语的传播力度。

第三，提高信息传播的效率。在思想政治教育工作中，高校思想政治教育工作者对于大学生群体的引导具有方向性和意识性，目的都是提高大学生群体的道德观念与政治思想，使大学生实现全面发展。而新媒体传播充分融合了人与人传播的特征，信息的传播需要相互作用、相互吸引、相互影响，这样才能增强信息主动传播的特性，同时极大地提升了高校思想政治教育工作话语在大学生群体中的传播速度。比如现在的微信、微博，思想政治教育工作者或者大学生群体都有以个人为中心形成自己的朋友圈，尤其是大学生群体，他们的微信好友都是身边的同学或者亲人，彼此之间都非常熟悉和了解，有着强烈的亲切感。思想政治教育工作者在微信或者微博中发表的教育信息，一般情况下只有部分大学生点击浏览。但如果大学生对思想政治教育工作者发布的信息绝对认同，就会转发到自己的朋友圈或者微博中，这样思想政治教育话语就有很强的信服力和说服力，而点击浏览的学生也就越来越多，这样不断地转发和分享，同一条思想政治信息就会被反复地传播，进而极大地提高传播范围，人们对信息的认知程度也就越来越高，使群体的倾向性愈加明显，进而提升思想政治教育工作话语的时效性。由于新媒体对信息的传播形式集声音、文本、图像于一体，相比传统的、单一性的文本交流或话语交流有着更强的力度，也在另一层面提升了思想政治教育工作话语的吸引力，实现了话语的真正效果。

（三）多元化的载体不断地丰富高校思想政治教育工作话语的表达形式

在信息时代飞速发展的背景下，产生了多种多样的传播媒介。这些媒体的广泛使用也不断地促进高校思想政治教育工作话语的表达形式趋于完善，使高校思想政治教育工作话语更具创新性和丰富性。

第一，高校思想政治教育工作话语的表现形式更加丰富。在高校思想政治教育工作中，传统的传播媒介以课本或纸质材料为载体，而教学过程也是通过课堂授课、线下座谈会以及日常谈话等形式将思想政治信息传递给学生。随着新载体的出现，由之前的纸质文本转变成各式各样的手机 App 或者移动客户端。在高校思想政治教育工作话语中最常见的是以微信、微博等媒介为代表的新型客户端，还有人民日报、今日头条等新闻客户端，也作为高校思想政治教育工作开展的主要媒介。这些媒介平台的功能强大，能够满足大学生自主获取信息、进行信息交流和沟通、表达自我观念的需要。高校思想政治教育工作者主要通过官方的机构平台发布或者转发信息，或者通过高校的公众平台、群聊等方式发布信息，发布的相关思想政治信息内容更加简洁明了，方便大学生群体及时地获取信息和理解信息。与线下的教学活动相比，线上通过媒介表达的思想政治教育工作话语有更多的渠道。此外，在新媒体的话语传播形式下，除了文本、图片等平面化表达方式之外，还加以音频、视频等立体化的表达形式，使传达的信息内容更加丰富和生动，而在网络平台中获取的信息大多是以文字、声音、图片或者动图的形式广泛出现，进一步加强了高校思想政治教育工作话语的不断升级。

第二，高校思想政治教育工作话语表达更加自主。在新媒体环境下，人人都是信息的传播者和制造者，人人都可以将自己认同的信息发布在网络平台中，通过简单的文本、图片或者声音的有效结合，使发布的信息更加生动。这也在一定程度上促进了高校思想政治教育工作的话语表达，高校在发布思想政治教育信息时，也会考虑接收群体的具体需要，通过灵活自主的方式将思想政治信息传递出去。在线下的思想政治教育工作中，大学生处于被动接受知识的地位，相对而言教学环境较为封闭，而思想政治教育工作者的表述也相对单一，通过口述的形式向学生传递教学信息。而新时代媒介的不断兴起和发展，使高校的思想政治教育工作话语表达更为简单、灵活多样，这也使高校思想政治教育工作话语向着高效、生动的对话形式方面发展。思想政治教育工作者可以实时地根据大学生的反馈和具体语境，有针对性地制作一些文本、音频、图片、视频等形式的话语表达内容，增强话语的生动性和吸引力，能够最大限度地提高学生的积极性和主动性，让学生参与思想政治信息的话语讨论，使大学生深刻理解思想政治信息的内容。

第三，高校思想政治教育工作话语表达越来越具有创新性。在新媒体的话语传播中，信息的传播形式越来越多样化，同时也对思想政治教育工作话语带来了创新性的改变，很多传统教学工作不能达到的要求，能够通过新媒体的形式展现出来。在传统的教学模式中，思想政治教育工作者对于问题的处理有很大的困难，对于信息的表达与传递有较大的阻碍，即使以往通过幻灯片的形式展现教学内容，也会受到固定时间、固定地点、固定课程安排等因素的影响，虽然在一定程度上丰富了教学内容，但是并不能给大学生带来极强的参与感，其话语本身的形象性和生动性不能全面地展现出来。但随着新时代媒介的创新和发展，打破了时间和空间的限制，可以随时随地进行教学和交流，而且信息传播的便捷性和特殊性也在一定程度上丰富了高校思想政治教育工作话语，突破了以往固定传统教学模式中语言的“花架子”。新媒介的不断发展在一定程度上赋予高校思想政治教育工作话语在表达过程中具有更多的可能性，促进大学生提升思想政治意识和价值观念，而且可以随时随地进行学习交流，不受时间和地点的限制，在遇到难题时可以及时地反馈给同学或者教师，从而促进大学生的高效学习。多种多样的表达形式促使高校思想政治教育工作更好地开展，且与新媒体媒介的有效结合，使其话语的表达方式更加灵活多样，且更具创新性。

（四）信息内容的多样化在一定程度上促进了高校思想政治教育工作的相关理论趋向完善

在新媒体信息传播过程中，信息内容具有海量化和爆炸性的特征，在网络平台中包含成千上万的信息内容，涉及人文、天文、地理、情感、社科等方面，几乎涵盖所有的信息。这在一定程度上为高校思想政治教育工作话语的更新提供了大量的资源，进而使高校思想政治教育话语更加完善。

第一，新媒体中的海量信息为高校思想政治教育工作话语提供了很多优秀的教学资源。新媒体中的信息资源更加丰富和全面，几乎包含所有领域。信息的全面性和多样性，使高校思想政治教育工作话语变得无限大。高校在思想政治教育工作过程中，可以根据实际情况，将外界资源纳入教学资源中，不仅给原有的教学内容带来新的知识点，还能完善固有的话语体系，使信息传播更加畅通无阻。思想政治教育工作的教育资源内容更加丰富，与时俱进，给高校思想政治教育工作话语带来充实感和新鲜感。

第二，新媒体中信息的不断更新，在一定程度上促进高校思想政治教育工作话语及时地进行完善，确保时效性。高校思想政治教育工作是对大学生群体进行思想方面的教育，通过教育引导大学生向正确的方向发展，从而规范大学生的各种行为。对于高校大学生而言，他们是一个喜欢探索和追求新鲜事物的群体，其想法和观念很容易受到外界环境的影响，尤其是受到舆论信息和扭曲信息的被动影响，使他们的人生观和价值观发生改变。新媒体作为整个新时代网络环境下的缩影，社会中的很多事情和热点信息都会第一时间在新媒体中反馈出来，并且在新媒体中得以广泛传播。而高校思想政治教育工作者可以通过新媒体获取新鲜资源，加以改进作为题材再次创作，将国家的思想政治信息融入其中，再通过新媒体或者线下教学方式传递出去。高校思想政治教育工作者可以在新媒体中源源不断地将信息资源转化为教学资源，也可以作为高校思想政治教育工作的重要部分，同时还能为高校的思想政治教育工作话语建设提供源源不断的新力量和新事物。

第三，在新媒体中，很多匿名性的信息也能够加快高校思想政治教育工作的完善。在新媒体中，人人都是信息的传播者和接收者，能够及时地将自己得到的信息或者发现的信息传播出去，还能及时追踪信息的讨论情况和反馈情况。而很多人通过匿名的方式在网络中讲“真话”，这是利用了新媒体的虚拟性，这些话语能够被大众接收和反馈。新媒体的各项功能不断完善，给话语带来了极为方便的交流平台。对于大学生群体而言，他们作为新媒体的使用主体之一，参与性和互动性很强，他们不仅充当信息的接收者，也可将自己的深入思考带入讨论中。尤其是针对“真实”的话语讨论，显得更加有积极性，他们甚至会提出自己的看法和意见。这些匿名性的信息往往是大学生发自内心的想法，也是最贴近他们生活的，而不是单纯地接收信息，他们对这种信息的认知程度也非常高。对于高校而言，也可以将这些真实的话语进行加工转化为思想政治教育资源，进而从另一层面引导大学生更加关注思想政治教育话题，这样不断地更新“真话”，能够为高校思想政治教育工作带来新内容和新发展，从而不断地完善高校思想政治工作的相关理论。

二、新时代高校思想政治教育工作话语建设面临的挑战

在信息时代快速发展的背景下，网络空间给人们带来了极大的兴奋感和参与

感，尤其对于大学生而言，他们对于信息的需求和选择越来越多，而信息接收的方式也越来越多样化。新媒体的出现和不断更新发展，在很大程度上改变了高校传统的教学模式，给高校思想政治教育工作话语带来了新的信息内容，为话语的更新提供了极大的便利。但网络信息的复杂化和多元化，对大学生群体的行为、意识、思想以及观念所产生的负面影响也不可忽视。高校应正确看待新媒体时代思想政治教育工作话语建设面临的种种挑战。

（一）高校思想政治工作者的话语权被削弱

新媒体的不断发展，给高校的思想政治教育工作提供了丰富多彩的话语表达平台，思想政治教育工作者与大学生群体的沟通也越来越频繁，大学生的积极性和参与感得到了加强。原有的大学生的“被动”地位受到影响，当下大学生可以自由且主动地参与教学活动。相反，对于教育工作者而言，减少了传统教学过程中对信息掌握的绝对权威性。在传统的高校教学教育工作中，思想政治教育工作者处于传授者的主导地位，对教学内容具有绝对的权威性，大学生作为受教育者，处于被动接收信息的地位，也可以说是处于信息接收的末端。随着新媒体的更新和发展，人人都成为信息的传播者和接收者，网络平台为人们提供了自由平等的沟通交流权利，大学生也成为信息的主导者和参与者，脱离了传统的受教育的被动地位。而新媒体中信息的海量性也为人们提供了选择信息的可能性，从根本上改变了受教育的被动状态。由于新媒体中信息的共享性，很多信息在第一时间被大学生群体接收，从而使教育者失去了掌控信息的优势，其信息的主导地位被削弱，对信息的掌控性和权威性也随之削减。

此外，思想政治教育工作者在语言表达上也失去了主导地位。思想政治教育工作者作为教育教学过程中的引导者和具体实施者，他们可以对社会经济、文化动态及时了解，并且对教学的方式方法有更多的选择权。在传统的思想政治教育工作中，很多教学内容是由教育工作者自己编辑和更新，在教育过程中对话语进行表达，拥有绝对的主导权。但是这样传统的教学方式和沟通方式是单向的，教育工作者掌握了话语的绝对权威，而作为接收者的大学生群体处于被动地位。新媒体中信息的即时交互性给人们提供了更多的自由空间，无论是从选择信息还是从传播信息方面都有自己的权利，这种自由表达的方式无时无刻不使大学生的思维发生着改变，转变了传统教学过程中“听”的模式。当下教育工作者和大学生群体处于一种平等交流的状态，在教学内容和教育方式上，思想政治教育工作者对于内容和传授方式也不再拥有绝对的主导权。思想政治教育工作者只能根据实际情况对大学生进行有效引导，而大学生可以通过各种新媒体随时随地接收时政新闻或者信息热点，还能及时地发表自己的想法和观点。大学生的批判思维也在一定程度上得到了开发，可以增强对各类信息的质疑性。同时，他们也可以对教育工作者传达的信息进行质疑和反驳，很大程度上增加了思想政治教育工作者的教育难度，对思想政治教育工作者的教学水平提出了更高的要求。

（二）高校思想政治教育工作话语内容的协调作用降低

高校思想政治教育工作的话语内容具有较强的目的性、政治性、实践性及科学性，在很大程度上影响着高校思想政治教育工作开展的实际效果。高校思想政治教育工作话语内容在另一方面也代表着高校思想政治教育工作内容的语言符号象征。在传统的教学模式中，思想政治教育工作者是在特定的教育环境下，有目的、有针对性地对大学生进行话语的传播与表达，话语内容需相互配合，不仅要符合当下思想政治教育工作开展的具体要求，还要切实地从大学生的角度进行教学，这样才能发挥协同的最大作用。在新媒体快速发展的环境下，高校思想政治教育工作话语内容的表达形式也发生了改变，话语内容的协作性和协调性受到很大的影响，大大降低了话语的合力作用。

在新媒体环境下，互联网中很多碎片化的信息很难运用在高校实践教育工作中，从这点就可以看出高校思想政治教育工作话语内容的协调性、协作性被大大降低。互联网平台中各式各样的碎片化信息形式短小、不成体系，而且新媒体的空间性可以让信息随时随地传播，各种 App 与移动客户端的不断完善极大地缩短了大学生获取信息的时间，大学生可以通过移动客户端随时随地不受时间和空间的限制进行学习。学生可以通过移动客户端利用闲暇时间进行信息的浏览和阅读。目前，大学生在空余时间刷手机的频率越来越高，一般会利用一些等待时间或者间歇时间“刷一刷”手机，但是由于大学生对信息的掌控和接收能力较弱，在刷信息时总是一条接一条地浏览，而且大部分还是娱乐新闻和综艺类信息，这样动态化的信息流通模式使大学生群体接收的信息碎片化，没有形成信息体系。大学生通过零碎化的时间阅读信息，接收的关于思想政治教育工作的话语很多是短暂性的、局部片面性的，接收的信息缺乏语言内容的整体性和系统性，没有形成鲜明的主题，很难了解和理解其中心内容，而且大学生在浏览信息的过程中往往是一划而过，没有进行深度的思考和仔细阅读或观看，只能看到事物的某一点，对信息内容缺乏全面掌控和认知。这一现象也在一定程度上削弱了思想政治教育工作话语内容的协调性和协同性，不能完全发挥高校思想政治教育工作话语内容的实际效果。

另外，新媒体网络平台的虚拟化特征，使思想政治教育工作者很难有目的地选择话语内容，这也在一定程度上削弱了高校思想政治教育工作话语内容的协调性和协同性作用。在网络平台的交流模式中，人们主要是通过手机移动客户端进行交流或学习，隔着屏幕，无法面对面地进行交流。在与大学生的沟通交流过程中，思想政治教育工作者很难通过屏幕直接判断大学生的一系列反馈，很难捕捉大学生遇到的疑惑。传统的教学交流是以面对面的形式进行的，教育工作者可以直观地看到学生的面部语言信息和肢体信息。不可忽视这些五官及肢体反馈的信息，因为往往很多信息是通过肢体进行表达的。这种肢体语言的表达是对话语语言的一种补充，可以通过肢体语言将难以说出的话表达出来。但在网络虚拟化的平台交流过程中，只是通过言语沟通、表情符号传递信息和思想交流，这样虽然给人们的信息交流带来一些便利，但很难使思想政治教育工作者实时地感受大学生的内心情况，不能根据大学生的实际、态度等因素作出判断，很难选择适当的话语进行针对性的交流。在这种情况下，思想政治教育工作者选择话语的内容是不全面的，也就限制了思想政治教育工作话语协调性和协同性作用的发挥。

（三）高校思想政治教育工作话语面临的认同危机

高校思想政治教育工作话语的认同危机主要表现在思想政治教育工作话语的教育效果缺乏实效性。该认同危机主要指的是高校思想政治教育工作话语在实际的交往活动中失去效力和效用，不能达到思想政治教育工作的预期效果。在新媒体不断创新发展的背景下，高校思想政治工作话语面临的认同危机主要表现在以下两个方面：

一方面，思想政治教育工作者很难及时准确地转换话语内容，在一定程度上加大了高校思想政治教育工作话语的认同难度。信息时代网络环境下的信息内容与质量不受控制，这给思想政治教育工作者的话语转换带来了极大的难度，各式各样的信息通过网络平台肆意地传播，信息内容呈现出良莠不齐、真假难辨的情况，信息的质量也不能得到有效保证。思想政治教育工作者如果在对话语的转换过程中选择不当，可能导致思想政治教育信息失效和失真。一些“虚假”的话语很难得到大学生的认同，同样也会降低高校思想政治教育工作的效率。高校思想政治教育工作者在对大学生进行教育的过程中，还存在交流信息的内容或方式没有吸引力的情况。网络平台的不断创新和发展对传统的教育模式产生强烈的冲击，教育者独揽信息和话语权的时代已经成为过去式。信息多元化的传播方式和传播空间，促使大学生借助新媒体获取各式各样的信息内容，学生可以选择自己喜欢的学习内容，并且积极地参与话题讨论。网络平台中的信息，大部分是用生动灵活的语言展现出来的，能够极大地吸引大学生的注意力，而且信息的共享性也使网络平台中呈现的信息杂乱多样，这些信息很难被思想政治教育工作者转换为教学信息，尤其是娱乐性的用语很难与思想政治教育工作话语有效结合，进而造成思想政治教育工作话语很难吸引大学生的注意力，不能被大学生认同。目前，还存在少数教育工作者用传统的教学方式与大学生进行沟通交流，还在沿用传统的教学语言，这种传统语言往往过于刻板、生硬，在表达形式上也过于严肃，对于新时代的大学生而言容易产生抵触和厌烦心理，造成思想政治教育工作不能真正实现有效互动，其话语内容也不能被大学生有效认同和接受。

另一方面，大学生群体的个性化相对突出，导致施教者和受教育者之间形成一种差异，主要体现在理想和现实的差距，进一步增加了大学生对高校思想政治教育工作话语认同的难度。当下，大学生对信息的接收能力和对新事物的兴趣都比较强，而且自我表现和表达能力也比较强，个性展现欲望也很强。大学生喜欢追求个性的、独特的新事物，善于凸显自身的优越感，尤其擅长使用网络平台中的网络语言表达自己的思想和情感，而且善于运用西方国家的文化特征语言，在网络信息交流中展现调侃式的互动。在新媒体环境下，大学生善于利用闲暇时间在微信或者微博中浏览自己喜欢的信息，尤其是对于朋友圈的热爱程度比较高，这种行为意识对话语资源的追捧有着较强的力度。在高校思想政治教育工作话语中，其话语本身具有一定的政治性，与大学生喜爱的娱乐性、调侃式语言有着本质上的差异，这在一定程度上使教育工作者和大学生进行语言交流时存在不对等的情况，尤其是对于高校思想政治信息的传达效果不佳。另外，大学生群体的整体认知水平和心理健康都处于较为薄弱的环节，而且社会阅历不足，对于社会中或者高校中的思想政治教育工作话语接收能力较弱，导致高校思想政治教育工作很难被大学生接受或者认同，无形中加大了高校思想政治教育工作的难度。

（四）主流意识形态的话语受到冲击

高校在思想政治教育或者其他教育过程中，意识形态性是体现不同教育活动的主要标志，加强思想主流意识形态的教育语言，提升大学生群体的道德水平和政治觉悟，是加强思想政治教育工作意识形态功能的重要手段。在当今信息化时代，新媒体的意识形态成为重要的舆论场所。

在网络中有很多开放的新媒体信息交流平台，由于信息内容的传播不受时间、地点、民族、性别、地区等限制，每个人都可以是信息传播的主体，而且不同民族和不同国家的各种思想文化在信息平台中融汇交锋，信息内容越来越“去中心化”。在全球化的经济发展中，信息的传输越来越快，信息容量也越来越大，在为人们提供极大便利的同时，也伴随着舆论信息或者负面信息的影响，而大学生的思想意志较弱，不能正确地处理和判断信息，很容易受到舆论信息或者负面信息的错误引导，进而使大学生的思想观念和价值观念发生扭曲。在中西方文化思想的交流碰撞中，很多外来文化和思想意识渗入我国思想政治教育工作中，这也在一定程度上影响着高校思想政治教育工作的开展，给思想政治教育工作带来极大的挑战。尤其是以美国为首的相关资本主义国家，利用互联网平台大肆宣扬他们的制度与政治主张，而且还恶意攻击社会主义文化，这种思想渗透对于各个国家来说都是一场没有硝烟的战争。由于新媒体网络环境存在虚拟性和匿名性，而大学生群体对网络信息的辨别能力较弱，还对新鲜事物感兴趣，极易受到西方社会隐匿思想的欺骗，西方社会善于包装虚无主义和民粹主义，通过信息的伪装传播，在网络平台中以隐秘的方式不断影响着高校大学生。这些悄无声息的语言渗透，很可能对大学生的思想意志和政治理念产生影响，甚至动摇其政治理念和信念。同时，高校思想政治教育话语中的主流意识形态话语的影响力也在被削减，这种现象为其他外来思想文化的无形渗透创造了活动空间。以美国为首的西方意识形态主要通过经济、文化等领域进行渗透，而大学生恰好对娱乐信息特别感兴趣，很容易受到这类信息的影响。在我国的思想政治教育工作话语中，语言的主流意识形态传播是非常直接的，对于大学生而言难免会产生反感或抵触情绪，由此使我国主流的价值观念引导陷入一种乏力的困境。

三、高校思想政治教育工作话语建设面临挑战的原因分析

对于高校思想政治教育工作话语面临的种种困难和挑战，除了大学生和思想政治教育工作者方面的因素，新时代环境下信息传播的“去中心化”特性，对相关话语缺乏管控也是重要原因。对于高校而言，必须对当前社会的发展背景和信息化传播方式进行深入研究，找到突破口，有针对性地提出解决办法，从而有效地开展高校思想政治教育工作话语建设。

（一）思想政治教育工作者整体新媒体素养不高

所谓新媒体素养，指的是人们在接收各类信息时，对信息进行分析、理解、评价和处理的能力。这就要求社会大众对网络平台中的信息必须有良好的判断力、解读力和创造力，还能够熟练操作新媒体各项技术。高校思想政治教育工作者拥有良好的媒体素养，对思想政治教育话语传播有着重要作用，也是思想政治教育工作者能否驾驭新媒体的主要因素，在对学生进行思想政治教育过程中，恰当、准确地传输思想政治话语，能够使大学生对其更加有兴趣，也较为容易接受各类思想政治教育工作话语。只要学生对高校传输的思想政治信息感兴趣，就会积极地参与学习和讨论，进一步推动高校思想政治教育工作的开展，也能促进思想政治教育工作话语的有效实施。

高校思想政治教育工作队伍主要由党团工作者、思想政治课教师、辅导员组

成。其中，成员的年龄范围较广，年龄跨度较大，有20多岁的年轻教师，也有50多岁的资深教师。每个年龄段的教育工作者的教学水平和阅历有很大的区别，对于新媒体的认识和理解程度也不同。尤其是40岁以上的教育工作者，对新媒体的认识程度和接受新鲜事物的能力较弱，而且思想相对比较保守，对新事物和新文化的冲击敏感性较差。这些年纪比较大的思想政治教育工作者受环境的影响较大，逐渐形成一种固定的思维模式和思想理念，很难动摇其意识形态。而且这些思想政治教育工作者对新媒体的使用程度不高，对其中各项功能的认识和理解也不够全面。此外，思想政治教育工作者与大学生群体在年龄方面有一定差距，由于出生时代不同，对事物的考虑方式及接收能力也有差异，在思维方式和做事方法上存在明显的差异。思想政治教育工作者平时工作繁忙、科研任务重，没有更多的时间与精力学习和适应新媒体，而且很少使用新媒体和大学生进行交流。以上种种原因，使思想政治教育工作者的新媒体素养缺失，在新媒体环境下开展思想政治教育工作时，难以用新的思维方式引导学生，通常还是使用较传统的话语进行教学，教学模式和方法较为生硬，不能充分利用新媒体与大学生产生共鸣，从而导致在新媒体时代下思想政治教育工作不能有效开展。

（二）大学生群体个性化突出

高校大学生的心理不够健全，对新鲜事物和信息考虑不深入，虽然他们在生理发育上已接近成熟，但是心理过程却很复杂。他们善于接受新鲜事物，思维活跃、思想独立，而且对新事物容易产生怀疑和争论，很容易受到舆论信息的影响。大学生个性化突出明显，善于展现自我和表现自我，很难做到自我把控。而新媒体时代的发展给大学生群体提供了便捷性的自我展示平台，使其在自主管理个性方面有着较为突出的表现，也能充分满足大学生的各种欲望要求。

在网络新媒体时代，大学生群体的话语约束力较弱，在没有经过任何审核或者监督的情况下可以自由地发表自己的言论。这就给善于表达自我和彰显自我价值的大学生提供了一个表现的舞台，他们善于把现实中的情绪扩展到网络中，通过网络发表想法和观念，毫无顾忌地敞开心扉，直观地表述自己的观点和情绪，在现实生活中的压抑情绪通过分享和发表言论来释放。自由开放的网络环境为大学生提供了一个表现自我的平台，他们倾向于利用新媒体构建自己对外界的认知和理解。在高校思想政治教育工作中，新媒体为大学生提供了一定的自由空间，很容易使大学生在思想上脱离现实。大学生摆脱社会的束缚，利用新媒体这个广阔的平台更加善于展现自我，通过相关的话语表达享受着沟通交流带来的乐趣。对于高校思想政治教育工作话语而言，其内容和表达形式有着较为强大的局限性，很难吸引大学生的注意力。大学生在网络平台中善于屏蔽不感兴趣的话题和内容，甚至“本能”地屏蔽高校思想政治教育工作者传达的内容，导致高校思想政治教育工作话语不能发挥实际效果。还有一部分大学生对思想政治教育工作存在偏颇的评价，认为思想政治教育信息是无用的，这对高校开展思想政治教育工作提出了新的挑战，对于在网络平台中传播的高校思想政治教育工作话语，一部分学生也会潜意识地进行抵制，从而在思想上开始逃避，这也给思想政治教育工作话语沟通带来严重的影响。

（三）信息茧房负面效应的影响

信息茧房，主要指的是人们通常将自己感兴趣的话题或者信息封闭在特定的环境中，人们对于信息的选择和甄别大部分依靠自己的兴趣领域进行，久而久之就会将自己的生活套在像蚕茧一样的空间里。

在新媒体信息技术快速发展的背景下，传播的媒介多种多样，内容也五彩缤纷。当代大学生有着极强的好奇心理，且自控能力相对较弱，很容易被网络平台上传递的信息吸引。大学生看到感兴趣的话题就深陷其中，还会对这些信息进行讨论或者转发，尤其是微信朋友圈或者微博中传播的一些信息，对于热点话题就会忍不住一直浏览，同时还会将这些信息分享在其他平台。这种信息阅览，虽然有利于大学生获取更多的信息，加强对某一领域或者某一方面的深入了解，但大部分信息是娱乐八卦、情感新闻等，真正花费时间和精力在学习上的大学生并不多。通过各种手机 App 不断地浏览信息和挖掘内幕，大学生就会在自己喜欢的领域形成一条串联的丝线，进而缠绕成茧，大学生很容易被困在里面，但仍享受着信息带来的精神寄托。这样包裹式的学习方式，造成密闭的信息空间，久而久之，大学生会在其空间内形成自己独有的语言，而且会屏蔽其他外来的信息。这样将导致大学生的思维停滞，不愿开发和创新，尤其是对自己不感兴趣的东西，更是没有精力深入思考，高校思想政治教育工作话语也很难进入大学生的头脑中。此外，信息茧房也容易形成相似群体的交互传播，这样往复循环就会将各类观点和意见扩大化。如果大学生对信息没有作出正确的判断，很可能对大学生造成错误的引导，甚至会影响其他学生产生认知偏差，进而给高校思想政治教育工作带来负担，同时也对高校思想政治教育工作者提出更高的要求。

（四）高校思想政治教育工作话语去中心化明显

网络平台为信息传播提供了跨国界、跨语言、跨文化的虚拟空间。“去中心化”也是网络发展过程中必然形成的一种社会化关系形态。如今的网络平台是由全民参与的交流平台。人人都是信息的制造者和传播者，人人都可以对内容进行创作和分享，还可以对已有的信息进行二次创作。尤其是在新媒体载体快速发展的环境下，微信、微博、抖音等 App 的出现，极大地降低了信息的生产门槛，网民对于内容的编辑和创作更加便捷，可以将新闻内容随时随地发布到网络中，形成由无数网民编织成的一张巨大信息网。随着网络信息的不断更新，信息内容越来越多样化和平民化，去中心化特征也越来越明显。

网络信息的去中心化影响着高校教育工作话语的正常进行，高校思想政治话语中的中心思想主要代表着统治阶级相关的主流意识形态话语，不会随着载体的变化而变化，无论是在微博还是微信中，构成的中心思想不会改变。但是新媒体环境下的高校思想政治教育工作话语，其主导力也会出现“去中心化”的特征，使其无法发挥出导向和引领作用，在很大程度上削弱了实际效果。首先，在新媒体网络环境中，人们对于同一信息会进行不同角度的分析和阐释，在表面上已经展现出“去中心化”的现象。对于同一信息，人们给出的不同观点和看法褒贬不一，甚至有些观点和信息原有的表达思想有着本质上的差别，这也会导致主流价值观与个人观点产生很大的差异。对于大学生群体而言，他们极易被网络红人的观点影响，在这一过程中，他们缺少对信息的正确判断和理解，甚至盲目地跟风认同网络红人的思想观念，久而久之就会潜移默化地影响大学生的个人思想，直接导致高校思想政治教育工作话语的主导性和存在感降低，对高校的思想政治教育工作产生极大的影响。由于大学生心理方面还未成熟，很容易被主流思想观念引导，但网络平台中一些观念是存在异议的，是不正确的，如果大学生长期受到这类思想观念的影响，很容易使价值观念发生扭曲。其次，在网络海量的信息中，大学生喜欢接受新鲜事物，敢于发表自己的意见，大学生也成为信息产品的主要制造者。他们将自己创作的新话语作为网络平台中的流行话语，这些话语对主流话语造成了强烈的冲击，加剧了高校思想政治教育工作话语在新媒体中的“去中心化”，对高校思想政治教育工作造成极大的影响。

（五）高校思想政治教育工作话语管控体制不全面

网络平台不仅是话语表达的重要地方，也是各种垃圾信息的制造场地。很多不法分子恶意制造虚假、暴力信息，恶意煽动和鼓舞不良风气的出现，这些充满煽动性的、不怀好意的负面信息都会给高校思想政治教育工作造成很大的影响。因此，高校思想政治教育工作话语的建设必须完善管控规则，防止不良信息的渗透。

目前，高校思想政治教育工作话语的相关管控制度仍需加强改进和完善。在很多管理制度方面有着严重缺陷，主要体现在对新媒体平台管理不到位、网络语言表达监管制度不健全、反馈机制不完善等。以常见的微信、微博来讲，缺乏对平台的规范管理。虽然每所高校都有官方微信或官方微博，账号都是由专门的教师或者管理员进行管理的，但是对于各个平台和公众账号没有进行明确分工，导致同样的内容在不同的账号中发布。而且高校官方内容的发布大多是当下的时政热点或者主流新闻，原创性的东西特别少，没有充分发挥网络平台对思想政治教育工作话语的传播作用。高校对网络平台中的话语监管不到位，各项监管制度不完善。高校教育工作者和大学生之间通过微博、微信等平台进行交流和沟通时，大学生的观点和意见没有得到教师的及时引导，这些观点和意见中有部分信息是不正确的，很可能导致一部分观点被扩大，如果未及时进行监管和纠正，极有可能导致不正当的言论肆意扩散。大学生通过网络平台发表意见和观点，高校思想政治教育工作者很难及时对其进行纠正。对于高校思想政治教育工作话语而言，必须有较为完善的管理体系，加强对话语的表述和监督。高校思想政治教育工作话语在网络平台中的反馈体系也有待完善。高校在对学生进行思想政治教育的同时，并没有完善的反馈机制来检验话语的实际效果。大学生接收到思想政治教育工作者传达的信息后，教育工作者只能通过大学生的具体言行来评价实际效果，这样对信息的掌控和反馈都存在不及时的现象，也不利于高校思想政治教育工作话语的及时更新。高校应加强新媒体中的信息反馈渠道，不断完善高校思想政治教育工作话语，使其效果达到最大化。

第三节　加强大学生思想政治教育工作话语建设的策略

在新时代背景下，加强和改进高校思想政治教育工作，话语建设是最关键的一环。对于高校而言，思想政治教育工作的开展要建立在先进技术条件和社会环境的基础上，思想政治教育工作者要正确看待新时代网络环境带来的影响，要深刻和全面地认识到新时代网络环境下语言的传播规律，还要对大学生的主体思想有深刻的认识，抓住时代机遇，将挑战化为动力，找到思想政治教育工作的切入点，提升思想政治教育工作者的整体素质水平和话语能力，不断加强和引导大学生的思想意识形态，优化思想政治话语内容和表达能力，加强对思想政治话语的管控和监管，使思想政治教育工作话语跟上时代的步伐，与时俱进。

一、强化高校思想政治教育工作者新媒体话语的能力

思想政治教育工作者在思想政治教育工作中承担着协调、引导的重要职责，在思想政治教育工作中对话语的传播和优化起着重要的主导作用。要加强新媒体环境下高校思想政治教育话语建设，就必须转变传统的话语理念，尤其是对一线的教育工作者提出了新的要求，要求他们必须强化理论功底，提升媒介素养，提升自身新媒体话语的能力。

（一）转变思想政治教育工作者的话语理念

在新媒体网络环境中开展思想政治教育工作，首先要打破传统的框架，开放思维，思想政治教育工作者也应熟悉对各网络媒介的使用，加强对各项功能的认知，使思想政治教育工作话语与时俱进，展现出开放包容、尊重学生的话语理念。

要实现高校思想政治教育工作的科学发展,应从强化网络发展的方向和意识着手,站在大学生的角度思考问题,与大学生产生思想上的共鸣,这样才能够引导大学生群体认可思想政治教育工作话语。在加强思想政治教育工作话语的同时还应与时俱进,时刻跟随科学的发展脚步。随着大量社交平台的兴起,新闻、游戏、视频等客户端也不断涌现,思想政治教育工作者应抓住时代潮流,顺应时代发展,运用恰当的新媒体进行思想政治教育工作话语的传输,运用大学生群体喜爱的传播形式增强其关注度,用生动形象的语言解答大学生面临的疑惑或者问题。在不断接收和发展思想政治教育工作话语的同时,还应坚持科学的发展理念。要始终坚持以马克思主义主导的思想为根本原则,以中国社会发展的根本需要为基础,遵循高校思想政治教育工作话语传播的规律,进而对高校思想政治教育工作话语进行创新和发展。

在高校思想政治教育工作中,应将大学生作为受教育的主要群体,坚持以人为本的教育理念。当下,大学生处于一个信息大爆炸的时代,在这个信息环境中,大学生的思想和个性都得到了充分发挥,他们渴望得到他人的尊重和支持,有自己的追求和想法。教育工作者要始终站在学生的角度开展教育工作,在实现教学目标的同时重视大学生的自我发展,正确引导和鼓舞大学生,使他们感受到尊重、理解。在思想政治教育工作中,教育工作者还应与大学生在思想观念和人格方面保持平等的态度。尤其是在新媒体网络环境中语言的交流和表达方面,首先要站在尊重大学生的角度进行互动和交流。在新媒体平台中,大学生不受特定条件和客观环境的影响和限制,可以在任何地点、任何时间发表自己的想法和意见,教育工作者不仅要尊重大学生的相关言语表达,还要鼓励大学生积极地提出自己的想法和观念,引导大学生参与深度交流。一方面,思想政治教育工作者要多用赞扬式和肯定式的表达语句,少用训斥和批评的话语,将自己的情感和真实想法融入沟通交流活动中,让大学生感到被尊重,让大学生感受到教育工作者的真心实意,从而增强思想政治教育工作话语的说服力和吸引力。另一方面,思想政治教育工作者在与大学生进行对话交流时,还要时刻关注大学生的成长和发展特点,站在大学生的角度思考问题,遵循大学生的成长规律,并且考虑大学生的语言习惯和思维习惯，使大学生主动自觉地参与交流活动。平等的交流方式能够促进人与人之间的情感升温，建立师生之间的共同话语，拉近思想政治教育工作者与大学生之间的距离，真正实现思想政治教育工作话语的良性互动。思想政治教育工作者还应注重个人方面的价值提升，帮助大学生树立正确的价值观念，增强思想政治话语的说服性，也有利于思想政治教育工作的开展。

新时代网络环境给人们带来了一个广阔的交流空间。在网络平台中，不同行业、不同学科、不同层次的话语交融交汇，这在一定程度上对高校思想政治教育工作话语造成了一定的冲击，但是也为高校思想政治话语建设提供了强大的契机。高校思想政治教育工作话语是实践性和综合性的话语体系：一方面，对思想政治教育工作者有一定的要求，思想政治教育工作者首先要持有包容和开放的理念，要擅长学习和吸收新媒体环境中各式各样的优秀话语，拓宽视野，不被传统的话语框架约束，紧跟时代的发展和变化并作出及时回应。高校思想政治教育工作话语是将各个学科的话语进行结合，不仅是马克思主义，还有管理学、心理学、教育学等学科的话语内容，在网络媒体中，正能量的话语信息都可以纳入思想政治教育工作话语体系内。另一方面，思想政治教育工作话语在吸收和接纳其他话语时，应取其精华，转变成属于思想政治教育工作独有的话语。新媒体网络环境下的隐匿性和虚拟性，信息的多元化特性，都会导致其中的话语存在良莠不齐、复杂多变的情况，甚至还有一些话语与思想政治教育理念相悖的现象。开放包容接纳并不是囫囵吞枣，思想政治教育工作者针对网络平台中的话语应有辨别能力和区分能力，善于思考和鉴别，以利于高校思想政治教育工作话语的完善和建设。面对网络平台中的海量信息，以及其他国家文化信息的冲击，思想政治教育工作者应坚持自己的思想政治立场，对国际上的热点新闻和重大事件进行深入透彻的理解，进而正确地作出判断和思考，这样才能掌握话语的主动权。

（二）扎实的思想政治教育工作话语的理论功底

高校要加强思想政治教育工作话语建设，就必须要求思想政治教育工作者具备较强的话语理论功底。思想政治教育工作者应具备强大的知识储备和专业技术能力。自改革开放以来，我国思想政治教育工作话语理论在很大程度上得到了创新和发展，思想政治教育工作话语体系在思想政治教育工作中的作用也愈加明显，对思想政治教育工作的开展具有重要意义。这对思想政治教育工作者提出了一定的要求，思想政治教育工作者应清楚地知道应向大学生传递哪些信息，用什么样的话语方式进行表达。只有思想政治教育工作者深刻明白要说什么，才能使大学生更加容易地接受思想政治理论知识。要做到这一点，思想政治教育工作者就应彻底掌握思想政治教育的基础理论、马克思主义，还要对其他的政治学、社会学、管理学、心理学等相关理论进行研究，还要全面地掌握思想政治教育工作中话语体系表达的内容，比如话语的形式、话语的内容、话语的语境、话语的评价、话语的描述等。思想政治教育工作者要提高自主学习能力，不断接收新的知识，在此基础上，将思想政治信息转化为教学内容，不断强化和完善自身的话语理论。思想政治教育工作者可以通过以下三种方式进行话语理论的学习：第一，通过自主学习，利用业余时间或者空闲时间不断地提升思想政治素养。要根据社会发展的特性，不断充实自身的知识体系，完善教学内容架构，做到学以致用、以身作则。第二，通过学校在职培训提升专业知识。高校要定期组织思想政治教育工作者进行专题培训和访问研究，思想政治教育工作者要积极参加校内外的各种思想政治教育活动，了解最新的社会动态及政治动态，不断地接收新的知识内容，提升基本理论水平和教学能力。第三，参加进修学习。高校应加强对思想政治教育工作者的培训，创造良好的条件为思想政治教育工作者提供进修的平台，使思想政治教育工作者有攻读硕士、博士学位的机会，不断地鼓励思想政治教育工作者加强对专业的深入研究，从根本上掌握思想政治教育工作话语理论知识。

（三）加强思想政治教育工作者的新媒体素养

思想政治教育工作者的新媒体素养，指的是在新媒体时代下，思想政治教育工作者的媒体操作能力、信息接收判断能力、文字处理能力、话语表达能力等方面的综合。在思想政治教育工作中，思想政治教育工作者作为话语的主导者，要符合时代的发展需要，就必须提高自身的新媒体素养，这也是有效开展思想政治教育工作的前提。高校思想政治教育工作者应具备以下能力：信息查询接收能力、信息加工分析能力、信息推理组织能力，在此基础上，还应提升新媒体操作能力，对文字、图片、声音的处理能力以及对人际关系语言的表达能力。只有不断提升思想政治教育工作者对新媒体的了解和掌握能力，才能使思想政治教育工作有效开展。

第一，提升思想政治教育工作者对网络信息的价值判断能力。高校思想政治教育工作者要进行系统化学习，尤其是对于信息素养的相关课程要有深刻的认知和了解，学会计算机网络的基本技术，能够在网络中快速地搜索并找出需要的信息和最新信息，在第一时间了解网络平台中的语言动态，能够在海量的社会信息中发现并捕捉有价值的信息，要增强对各类信息的敏锐度，面对任何信息都能够进行价值判断，这样才不会错过任何一条有价值的信息。

第二，加强思想政治教育工作者使用新媒体的能力。思想政治教育工作者应熟练掌握新媒体平台中的相关设计和编辑能力，还应具备对网络平台信息去伪存真的能力。在网络平台中存在各式各样的信息，其中不乏虚假和扭曲价值观的信息，如果不能对这些信息进行正确判断，思想政治教育工作者的价值观点就会受到一定的影响，对学生的影响也是非常严重的，这样就很容易将错误的思想观念传递给学生，因此思想政治教育工作者应具备对信息的提炼和判断能力，及时发现和屏蔽不良信息，避免大学生受到不良信息的影响。同时，也应给大学生传输一些判断和处理网络信息的思维，让大学生对信息产生较深的认识，让他们了解信息不仅能给人带来新的知识，还有可能会误导和影响大学生正常的学习和生活。

第三，提升思想政治教育工作者对新媒体网络平台中话语的表述和制作能力。随着新媒体技术的不断发展，各项功能也逐渐完善，作为思想政治教育工作者，应对其应用及各项功能进行一定的研究和学习，熟悉网络语言的传播规律和产生规律。对于网络语言有较强的掌控及表达能力，才能将思想政治教育工作中的内容更好地与新媒体话语相结合，对思想政治教育工作语言进行策划与设计。高校思想政治教育工作者应紧随时代发展的步伐，花更多的时间和精力进行新媒体相关应用的学习，包括现在的视频直播软件和图片处理软件，能够独自完成思想政治语言的编辑和发布，这样才能保证将优秀资源以更好的方式传递给大学生。思想政治教育工作者还应利用相关的媒体工具，比如QQ、微信等，在该平台上及时地关注大学生的生活状态和心理状态，加强和大学生之间的互动，站在大学生的角度思考问题，进而充分了解大学生群体的实际情况。在高校思想政治教育工作话语的完善和创新方面，思想政治教育工作者应充分掌握大学生群体的行为特征与心理特点，了解大学生个性化的需求，针对不同类型和不同性格的大学生，使用不同的话语交流方式。从大学生的兴趣点出发，真正让思想政治教育工作话语在新媒体网络平台中发挥价值，还要不断地进行创新，增添具有吸引力的语言设计思想政治教育工作话语，从而引起大学生的喜爱和关注。

二、加强对大学生使用新媒体的教育引导

当今大学生是在互联网时代的影响下成长的，也可以说互联网是当代年轻人对话的主要场所。对新媒体网络平台的使用，大学生是最重要的主体成员之一，但是很多大学生社会阅历浅，认知和理解水平较低，运用网络语言表达时很可能出现失范的情况，也很容易被不良信息诱导。大学生群体相对而言个性比较突出，善于展现自我，在新媒体网络平台中发挥着重要的价值作用。高校更应加强思想政治话语建设，加强对大学生的引导和教育，通过与大学生线上和线下的互动交流，了解大学生的实际需求，对高校思想政治语言进行有效传达。在思想政治教育中，还要增强大学生的理性判断力，让大学生产生正确的价值观念，规范大学生的语言表达方式，真正让大学生做到独立思考问题，提升自主判断力和分析力。

（一）引导大学生积极参与互动和交流

在思想政治教育工作中，传统的教学方式和教学方法对大学生的话语权有着很大的影响，在受教育的过程中，他们处于被动的地位。大学生在接收信息时处于单向接收的状态，一些疑问或问题不能及时地反馈给教师，思想政治教育工作者也不能掌握学生的学习动态，大学生在接收思想政治教育工作话语时是否真正理解也不得而知。在新媒体网络环境中，大学生的自主表达天性得到了释放，大学生更喜欢在网络平台中寻求信息，而对在校学习思想政治课程内容反而不积极。还有一部分学生能够积极地和思想政治教育工作者进行交流，时刻掌握主动权，将疑难问题及时地反馈给教师，虽然他们注重自我表达，但是还无法达到对思想

政治教育工作话语的真正理解和接受。受到传统思想政治教育工作的影响，大学生在学习过程中仍处于被动状态，在思想政治课堂上的互动并不积极，没有真正理解教师传达的话语内容，极大地降低了思想政治教育工作的实际效率。

针对目前思想政治教育工作中存在的一系列问题，必须积极帮助大学生建立良好的互动理念，转变大学生消极学习的态度，引导大学生积极地参与课堂话题交流，让思想政治教育工作话语“活起来”，才能提升思想政治教育工作的效率。还应培养大学生的主体意识，让大学生认识到自己不仅是话语的接收者，也是话语的发声者，这也符合新媒体网络时代主张个性的需求。建立良好的话语互动环境，能够提高大学生的参与感，营造良好的讨论氛围，在尊重大学生自我追求和自我发展的情况下，有效地将思想政治教育工作话语融入互动交流话题中，激发大学生的积极性和主动性，有利于在思想政治教育工作中发挥大学生的主体作用，从而促进思想政治教育工作话语进行双向互动。

（二）提高大学生的理性辨别能力

新媒体网络平台是一个开放的空间，人们在这个环境中自由开放地交流。对高校思想政治教育工作而言，新媒体在很大程度上推动了高校思想政治话语的传播，也提升了主流思想的快速传播，让大学生更加便捷地接收各种各样的主流思想。新媒体为思想政治工作话语提供了便捷的传播载体，且传播范围广，传播速度快。各种新媒介的诞生为大学生提供了多种多样的信息获取平台和思维表达方式，但是在新媒体网络环境中，大学生的思想政治觉悟较低、社会阅历少等特征被放大。很多大学生对信息的辨别能力较弱，很容易被网络平台中复杂多变的信息诱导，甚至迷失自我，产生个人主义或享受主义等不良思想，在遇到负面信息和言论时，思想观念容易动摇，以至于对生活产生迷茫、价值观念扭曲的现象，这就给高校的思想政治教育工作带来了很大的责任负担。大学生对信息的辨别能力不强，如果没有正确的价值观念引导和指引，很容易受到其他不良信息的引诱，甚至被别有用心的人利用，还可能成为各种错误信息和虚假信息的传播者，发表不切实际的信息或者言论。

要增强大学生的理性辨别能力，就必须提高大学生群体的信息素养。对于高校而言，应开展和规划相关的课程内容，开设“线下＋线上”新媒体素养教育培训，将思想政治教育工作内容渗透到各个领域中。对于线上的授课内容应侧重于理论方面，加深大学生的理论基础，使大学生能对信息进行正确的分析，让大学生了解各种信息思潮的来龙去脉、理论性质与表现形态，了解各种信息的传播目的。对于线下的授课内容应侧重于实践方面，教师可以讲述一些实践案例，讲明不良信息可能造成的危害，时刻提醒和警示大学生正确看待网络语言，并选择性地使用话语资源，对网络平台中杂乱多变的信息产生较强的分析能力和辨别能力，从而提升大学生的自主思考能力。

（三）规范大学生的语言表达方式

大学生群体处于一个喜欢追求新鲜事物，追求自我个性表现的年龄阶段，他们对于网络信息有着极强的好奇心，喜欢追求时尚和潮流；他们渴望被关注和尊重，善于表达自己内心的情绪和诉求。在这种宣泄和求异心理的驱动下，大学生通常会创造和使用新颖的话语表达方式来展现自己的个性，进而满足心理方面的需求。他们习惯使用网络平台中的网络热词，对网络语言的使用也成为他们展现自我的途径。新时代的大学生受到互联网的影响，无论是生活还是学习都离不开网络，他们精通网络符号，对于新媒体平台的各项功能更是了解，尤其是在图片处理或者音频处理上游刃有余。网络平台中的信息内容涉及范围广，有很多丰富的话语资源与表达渠道，对大学生的对话形式和表达方法产生了极大的影响，而网络信息的匿名性也为大学生提供了自我表达的客观条件。大学生的心理和思想还不够成熟，正确的人生观和价值观还未完全形成，责任意识也不够强，没有经过深思熟虑就在网络平台中发布信息，擅长把自己的所思所想及时地发布在网络平台中，对话语的表达形式有着明显的随意性，很大程度上不利于思想政治教育工作话语在新媒体中的传播，需要对其加以规范和约束。我国没有相关明确的制度对网络语言的表达形式进行实质上的规范和限制，因而很难对大学生的表达内容加以约束。这就需要高校思想政治教育工作者在和大学生进行交流时，时刻关注他们的言行举止，发现大学生表达不当的地方并及时加以纠正，引导大学生树立正确的人生观和价值观，规范大学生在网络平台中的语言表达形式。

三、优化高校思想政治教育工作话语内容

对于高校思想政治教育工作话语的建设和发展，包括工作范围、目标和任务，主要内容也是为大学生提供正确的思想引导和价值干预。生动形象且符合实际的思想工作话语有利于大学生接受，并且容易被大学生吸纳和肯定，相反，生硬的话语很容易使学生产生反感甚至厌恶。在新媒体网络环境中，信息的传播方式日新月异，为话语提供了极大的空间。大学生群体对话语的审美性、艺术性要求越来越高，这也需要高校对思想政治教育工作话语的内容进行优化，不断整合、创新符合当代大学生的教学话语，才能得到大学生群体的认同，从而不断提升大学生思想政治教育的教学效率。

（一）创新政治性话语内容

高校思想政治教育工作的本质决定了话语内容离不开政治性的话语，主要目的是传输正确的价值理念和思想观念。传统的思想政治教育工作话语具有严肃性和官方化的特性，相对而言比较生硬。这与新时代网络环境中活泼的话语风格形成鲜明对比，给高校思想政治教育工作话语的传播带来了一定的困难，因此高校应积极主动地对思想政治教育工作话语进行创新和转化，让思想政治教育工作话语能够被大学生喜爱和接受。

一方面，要实时关注网络平台中的相关时政信息，并将这些信息及时地融入思想政治教育工作话语内容。随着科学技术的不断发展和思想政治教育实践的不断推进，产生了很多新理论、新观念和新范畴。思想政治教育工作者应找到符合大学生认知水平的新内容，用新颖的表达方式和话语完善思想政治教育工作话语。要时刻将我国的现实社会面貌和国情考虑在内，实事求是地将马克思社会主义理论融入新的话语表达中。

另一方面，将官方的、生涩的政治话语进行合理转化，将宏观性的政治话语转化为通俗易懂容易接受的语言。政治性的话语具有强烈的官方特性，与日常话语有着明显的区别，政治话语多具有抽象和宏观的表现形式，可能会让人产生一定的距离感，对其内容的理解也比较困难，这就需要思想政治教育工作者对其进行转化，将生涩的官方话语转化为大学生容易接受的话语。在传统的思想政治教

育工作中，思想政治教育工作者习惯从宏观方面表述思想政治内容，由于大学生对国家的相关政策了解得不够全面，甚至不感兴趣，认为和自己没有关系，这种想法容易导致他们产生排斥，从而表现为不愿听、不想听的现象，他们认为这些政治性的话语是枯燥的、无聊的。而新媒体网络环境中的话语充满了生动性，这些幽默形象的网络话语很容易被大学生接受。因此，高校思想政治教育工作者应通过新媒体网络平台，将枯燥的思想政治话语转化为通俗易懂的语言，站在大学生的角度看问题，才有利于大学生容纳和接受思想政治教学内容。通俗易懂、生动有趣的话语能够引起大学生的兴趣，对思想政治教育工作话语也是如此，只要表述的内容处于大学生的理解范畴和接受范畴，他们就会更深刻地理解其本质内容。高校思想政治教育工作者应实时关注网络平台中的时政新闻，这些新闻热点可以作为思想政治教育工作开展的重要内容。

（二）拓展生动有趣的话语内容

在信息时代飞速发展的背景下，大学生喜欢接收很多新的信息内容，相反，他们对传统的说教有着明显的抗拒感，不喜欢一成不变的信息和话语。而在实际生活中的话语与大学生的行为习惯有着密切的联系，日常生活用语是丰富多彩的、动态化的。对于新时代的大学生而言，传统的话语内容很难让他们接受，也很难改变他们的思想意识和行为方式。从生活中发现并提炼生动有趣的话语，合理地运用到思想政治教育工作中，不断优化思想政治教育工作话语的内容，可以拉近与大学生的距离，增强话语内容的实践性，通过新媒体正确传播思想政治教育工作话语，让思想政治教育工作话语融入大学生的现实生活中，这样才能被大学生接纳和认同。

一方面，优化和提炼生活用语，使话语富有生动性和形象性。高校思想政治教育工作应贴近现实，解决生活中存在的一系列问题。在日常生活中，人们常用的一些话语是经过长期的积累和实践被大众认可的经验总结，通俗易懂的生活用语很容易被大学生接受和理解。以目前的社交媒体平台来讲，在微信、QQ、微博中大学生发表的言论都是贴近生活的、通俗易懂的。在网络平台中传播的文章大多是短小精悍的，用小故事表达大道理，这样的语言相比传统课堂教学语言更具说服力和感染力。高校思想政治教育工作的开展，要想走进大学生的内心世界，就必须从大学生的角度看待问题，以大学生为中心创作教学内容，还要符合大学生的真实生活，关注大学生的思维逻辑能力，从日常生活中挖掘和提炼通俗易懂的话语内容。可以将生动有趣的故事作为思想政治教学内容，从故事中挖掘思想政治理念，这样才能让大学生深刻地认识和理解高校思想政治教育工作话语的主要内容。在思想政治教育中，多用生动活泼的语句和表达形式，真正实现高校思想政治教育工作的目标。

另一方面，对生活用语进行选择性的运用。高校的思想政治教育工作话语具有较强的抽象性和层次性，大学生群体也具有不同的差异性，每个人都有独特的想法和见解。在接受教育时，每个人的吸受程度不同，理解能力强的学生在很短时间内就能领会思想政治话语的内容，还有一些学生理解能力比较弱，需要花费更多的精力和时间对思想政治教育工作话语进行理解。因此，思想政治教育工作者要有针对性地开展教学，针对不同的学生采用不同的话语表达方式。日常生活中的话语具有较强的经验性和直观性，同时也具有实用性和复杂性。思想政治教育工作者在进行话语表达时，要根据不同层次和不同民族的大学生群体独特的需求，有针对性地使用不同类型的话语内容，从而保证话语的实效性。教育工作者还应注重学生的实际接受能力，增强与大学生之间的互动交流，对大学生反馈的信息内容及时讲解，不断地向大学生传输正确的价值观念。

（三）继承传统话语中的优秀内容

高校思想政治教育工作话语在紧跟新时代的发展过程中，还应注重对传统话语内容的思考和应用，虽然话语内容不断更新，但是高校原有的思想政治工作话语内容也非常重要，其中有很多优秀的、经得起历史考验的优秀话语，是我们长期坚持和传承的精华。对于这类宝贵的教学资源要重视，要与新时代的工作话语进行有机结合，进一步开拓新的教学话语。

一方面，在中华优秀传统文化中有很多话语值得弘扬。中华传统文化是经过时代的洗礼形成的，其中的民族思维、价值观念、行为规范、伦理道德、风俗习惯都是五千年以来沉淀的精华，很多优秀的内容和话语需要我们深入研究和继承。

对于高校思想政治教育工作话语而言，很多道德规范和思想理念根植于我国优秀的传统文化中。高校思想政治教育工作话语要不断地挖掘中华优秀传统文化中的精华，不断丰富思想政治教育的内涵。高校思想政治教育工作者要不断学习和理解优秀传统文化，用敏锐的眼光发现传统文化中适用于当代社会的话语内容，将中华优秀传统文化的精髓发扬光大。高校思想政治教育工作者应将传统的优秀教学资源进行创造性转化，将传统文化与现实教学进行有机结合，用生动活泼的表达形式展现出来，可以做成图片或者视频向大学生传输中华传统文化，通过对传统文化的理解和思考，提升大学生的民族意识，促进大学生形成正确的价值观念。

另一方面，对高校传统中合理的思想政治教育工作话语部分进行创新。在传统的高校思想政治教育工作话语中，有一部分内容是值得弘扬和创新的，将原有优秀的工作话语转变为符合新时代的话语是非常有必要的。将原有的思想政治教育工作话语进行加工和设计，不仅能够使原有的优秀思想得以传承，也能够给思想政治教育工作话语带来新的表现形式和表达方式，同时能够为新时代环境下的高校思想政治教育工作话语建设提供良好的理论基础。传统的思想政治教育工作话语虽然与当今社会存在不适应的方面，但其中也不乏可以借鉴和继承的部分。高校思想政治教育工作话语建设不能是一味地创新和改革，还要将原有的优秀传统工作话语纳入新时代语境中。在思想政治教育过程中，马克思主义是基础理论，这在建设高校思想政治教育工作话语中是不可忽略的。教育工作者要从实际出发，坚持实事求是的基本理念，坚持创新和与时俱进，将马克思主义的相关话语与新媒体环境的实际情况进行有机融合，进而不断地丰富高校思想政治教育工作话语内容，这样才能弘扬和继承优秀的传统思想政治教育工作话语。

（四）汲取网络平台中的有益话语内容

高校在进行思想政治教育工作的同时，必须紧跟时代潮流，吸取新媒体网络平台中的优秀资源，将其作为教育工作的内容，为高校思想政治教育工作话语带来新的能量，从而完善思想政治教育工作话语建设。在新媒体网络环境中，网络话语成为年轻人交流的重要形式，同时也是高校思想政治教育工作话语中需要拓展的重要话语资源。网络话语指的是在网络平台中被大家认可和活跃的一系列话语，是在不断的交往中形成的一种特殊的语言形式。在网络平台中发布的新闻和活动有其独特的网络话语，这种话语不被现实中的语言风格和语言规范束缚，而且内容表达生动幽默，还具有个性化特征。在新媒体网络环境中，信息的传播速度非常快，话语的交流和更新速度也很快，相对于高校思想政治教育工作话语严谨的内容而言，大学生更喜欢用网络话语进行交流和沟通情感。新时代的大学生喜欢追求个性和展现自我，喜欢接受新鲜事物，高校思想政治教育工作话语内容建设也应符合当代大学生的需求。

在高校思想政治教育工作话语建设中，教育工作者应掌握新媒体网络平台中话语传播的特点与规律，时刻关注网络文化的时代走向和发展方向，学会使用新媒体，有效利用现代网络技术，大胆借鉴正能量的网络话语，加强创新，不断完善思想政治教育工作话语的内容建设。

一方面，对网络平台中的正能量话语资源进行再加工。在思想政治教育工作中，思想政治教育工作者和大学生之间存在较大的年龄差距，在新媒体中的关注点也不同，大学生群体是走在时尚前沿和网络前沿的主体，而思想政治教育工作者对网络信息的获取时间相对较晚，因此双方之间存在较大的话语差异。传统的思想政治教育工作话语内容和现代流行话语有着一定的区别，思想政治教育工作者应抓住机会，积极地将网络上的优秀语言更好地融入思想政治教育工作话语体系中，进而使思想政治教育工作话语更好地适应时代潮流。由于大学生群体喜欢接受新事物，将思想政治教育工作话语转变成大学生喜爱的、简洁明了的网络话语，不仅可以调节沟通交流的范围，还能够增强话语的趣味性和吸引力，同时也能够拉近与大学生的距离，从而增强教学效果，真正实现思想政治教育工作话语与新媒体环境的融合发展。

另一方面，高校思想政治教育工作话语应不断加强自主创新。新媒体环境下的网络话语和现实话语有着明显的区别，网络话语不受现实语言的约束和规范，具有较强的多变性。高校在进行思想政治工作话语建设时，要根据学校的实际教学情况和大学生的接受能力、审美能力，对话语进行创新，从而使思想政治教育工作话语富有生动性和趣味性，增强感染力和吸引力，创造出大学生喜爱的语言形式，这样不仅能够达到教育的主要目标，也能增加大学生对思想政治教育工作话语的热爱。在实际操作过程中，可以将书本上的思想政治教育工作话语转变为大学生喜欢的、容易理解的网络话语，既要保证语言的生动趣味性，还要保证大学生深刻地了解思想政治教育工作话语中重要的内涵和价值意义。也可以将网络话语进行一定的理论包装，增强网络话语对思想政治的阐释能力，以及对时政新闻的解读能力，将网络话语转变为思想政治信息和思想的传播工具，进而实现思想政治教育工作的有效开展。

四、高校思想政治教育工作话语表达创新

新媒体网络环境中的语言表达形式是丰富多彩的，要加强高校思想政治教育工作话语建设，完善高校思想政治教育工作话语的内容体系，提升话语的吸引力，就必须通过现有的技术条件加强创新，根据不同个体或群体的具体需要，运用不同的表达方式有针对性地开展思想政治教育工作。同时，还要根据大学生的实际需求，不断创新思想政治教育工作内容和表达方式，增强大学生的思想政治观念以及对思想政治教育内容的热爱。

（一）利用新媒体改善话语表达形式

新媒体网络环境下，人人都是话语的制造者和传播者，新媒体平台的不断发展也为高校思想政治教育工作话语提供了传播的媒介，从而使高校思想政治教育工作话语呈现出各种各样的表达形式。高校思想政治教育工作话语应紧跟时代潮流，及时创新内容，转变传统的话语表达方式，充分运用新媒体进行话语表达，将思想政治教育工作话语转变为大学生喜爱的语言类型，赢得大学生的喜欢，进一步促进思想政治教育工作的开展。

在高校中，思想政治教育工作者对工作话语有着较强的主导性，有一定的“身份感”，思想政治教育工作者在与大学生进行沟通交流时会形成一种话语单向传输的模式，很少有大学生提出自己的见解。随着时代的不断发展，新媒体网络环境的冲击在一定程度上影响着教育工作者对信息的主导权，同时也给大学生提供了一个自由表达的空间，大学生也掌握了一定的话语权和主导权。在新媒体网络

环境中，增加了人们自由交流的空间和机会，思想政治教育工作者独特的“身份感”现象被打破，传统的教学模式也在发生着一定的变化，由以往灌输式、操控式的话语表达方式，转变为自由平等的沟通交流方式。在此因素的影响下，教育工作者应充分利用新媒体中话语传播的互动性，积极引导大学生参与思想政治教育工作话语交流，让大学生感受到自己有很大的主动权，能够与教育工作者进行平等的交流和沟通，从而加强师生之间的话语互动。思想政治教学工作者和大学生群体在新媒体网络环境中都处于信息生产者和接收者的地位，平等的话语交流能够促进对话双方达成共识，也能够促进他们之间的思想交流，建立一种良性的交流氛围。教育工作者还应将思想政治教育工作话语与新媒体网络语言进行有机结合，使高校思想政治工作话语产生新的表达方式，真正地将思想政治工作话语转变为大学生喜欢的话语表达形式。可以将思想政治话语与声音、图像、视频等进行结合，让大学生直观地看到思想政治信息，进而引发大学生的思考。由于新媒体网络环境中的信息量是非常大的，每天都会产生大量的信息。教育工作者应抓住信息中的热点话题和时政新闻，找到大学生喜欢的话题，将思想政治教育工作话语巧妙地运用在热点话题中，这种思想政治教育工作话语的表达形式更能够被大学生认同并接受，使高校思想政治教育工作话语“活起来”，从而使思想政治教育工作话语展现出生动形象的一面。

新时代背景下的网络平台是一个开放自由的交流空间，人们的沟通打破了时间和空间的限制，同时也给高校思想政治教育工作话语带来了新的传播方式，使思想政治教育工作话语在新媒体中得以快速传播。同时，利用新媒体网络平台的共享性，可以让更多的人看到思想政治教育工作话语的表达形式。目前，已经有很多高校创建了自己的微信公众号、官方微博等，但是新媒体运作水平还不完善，还应加强对其功能的使用和创新。高校思想政治教育工作者应找到合适的媒体传播工具，将思想政治教育工作内容转化为通俗易懂且幽默生动的语言形式，增强思想政治教育工作话语的亲和力，进而吸引更多的大学生参与交流互动，从而促进高校思想政治教育工作的有效开展。

加强高校思想政治教育工作新媒体平台的建设，可以通过建立微信官方公众号和官方微博等方式实现信息的传播和分享。在微博中，人们能够获取最新的热点信息，热搜榜是人们喜爱的模块之一，人们通过热搜榜能够随时随地了解世界各地的新鲜事。高校可以加强官方微博的建设和管理，通过其强大的服务功能对思想政治教育工作话语进行有效表达。还应加强官方微博中的内容建设，由于微博中发布的内容有一定的要求，文字要控制在140字之内，因此思想政治教育工作者应将发布的内容简单化和精简化，可以利用文字和图片相结合的方式传达思想政治信息。还可以对不同的话题和主题进行分类，使用动图或者表情包等形式提升内容的吸引力，使大学生直观快速地领会思想政治话语的具体内容。高校思想政治教育工作者还应加强对“粉丝”的管理，在微博中发布一些有力度的内容往往能够提升作品的吸引力，从而吸引一定的粉丝群体。在粉丝量达到一定数量时，高校应加强管理和分类，可以通过专业或者年级给不同的学生贴上标签。高校还应利用好微博中的互动功能，可以通过微博发布新闻热点、教学趣事、校园话题内容等，重在利用微博中评论、转发、私信等方式和大学生进行互动，增强互动力。

完善高校新媒体平台建设。在高校中，微信的使用非常普遍且广泛，在高校的社交领域中有着重要作用。其简洁明了的风格和强大的拓展功能吸引了大学生群体，大学生使用微信可以方便地进行沟通交流、留言等，可以实时地接收和发送信息。微信公众号和朋友圈等都是信息传播的重要渠道，对于高校思想政治教育工作者而言，正确利用微信公众平台可以有效地将思想政治教育工作话语实时地传输给大学生，极大地节省了教学时间。思想政治教育工作者可以通过微信传播高校思想政治教育工作话语，大学生可以通过微信将疑难问题传递给教育工作者，教育工作者就可以及时地通过在线语音方式为学生解决难题，也可以通过群聊的方式传播高校思想政治教育工作话语，这样是由“一对一”的传播方式转变为“一对多”的方式。微信群可以作为高校进行思想政治教育工作话语传播的主要途径。教育工作者也可以通过朋友圈对学生进行思想政治教育传播，教师可以将不同年级、不同班级的学生分类，可以在朋友圈中针对不同年级的学生传输不同的思想政治教育工作话语，内容的编辑和设计可以向日常化、生活化方面倾斜，这样能够引起大学生群体的共鸣，实现情感的交流和传递。朋友圈相对网络平台而言是一个较为私密的空间，只在好友之间进行话语传播。这样密闭的话语传播条件能够为大学生提供针对性的教学内容。大学生善于展现自我，当看到朋友圈的内容时可以及时地反馈所想所得，同时朋友圈也能够反映大学生的日常生活面貌，教育工作者也可以通过朋友圈实时地关注大学生的心理动态，掌握大学生的所思所想。通过微信公众号也可以对高校思想政治教育工作话语进行传播，高校官方微信公众号是一个公共交流平台，公众号中有很多功能可以对信息进行推送、统计。大学生可以通过微信公众号实现多元化的交流与互动，高校的微信公众号也可以根据不同学科、不同类目进行设定，针对不同年级、不同学科、不同专业的学生制定教育目标。在微信公众号中，可以自定义设置菜单栏和主题，在不同时间段推送各式各样的内容。设计个性化的菜单栏与回复栏，能够增强教育工作者与大学生之间的互动。思想政治教育工作者可以在微信公众平台推送音（视）频和文本相结合的内容，使展现的内容既美观又突出重点，以提升公众号的吸引力，进一步推进高校思想政治教育工作稳步发展。

高校也可以加强校园直播平台建设。随着新媒体网络技术的不断发展，各种直播平台的建设与发展也在不断更新。目前，人们对于短视频和直播内容的需求越来越高，人们在浏览内容时不再局限于文本、音频、视频等单一性的传播方式，直播平台的出现为人们提供了良好的观看体验，使展现的内容更加立体。这种面对面的信息交流和互动拉近了人们之间的距离，同时丰富多彩的直播内容也能够吸引大学生，满足大学生群体的日常需要。目前，通过直播接收新信息的方式越来越平常，大学生在空余时间就可拿出手机浏览或者观看直播内容，直播已然成为大学生最喜爱的社交方式之一。因此，高校也可以建立自己的直播平台。思想政治教育工作者可以利用直播平台传递思想政治信息，打造“线上课堂”。教育工作者可以根据不同年级、不同专业的学生选择不同的教学内容，对学生进行实时直播。可以通过直播植入思想政治内容，直播能够增强教育工作者和大学生之间的互动，提高大学生积极参与的主动性。也可以通过直播进行思想政治教育的引导，分享一些有趣的、有代表性的话语内容，给不同年级的学生分享经验。在直播过程中，可以利用通俗易懂的语言聊家常，分享生活中的小事，也可以对时政新闻进行探讨，引导大学生正确思考和理解不同的信息内容，逐渐使大学生养成正能量的价值观念。

（二）利用网络平台进行话语表达

在新媒体环境中，话语的交流与互动具有开放性和个性化，相对于高校传统的思想政治教育工作话语，交流方式有着明显的区别，教育者和大学生之间形成了一种平等自由的交流关系。在高校传统的教学模式中，大学生处于被动接受的地位，教育工作者占据了信息传达的主导及主体地位，这在一定程度上限制了信息的反馈与互动。而新媒体时代下的话语交流通过将声音、图像、文本等信息有机结合，话语表达更加轻松和自由，这对大学生有着较深的影响。在新媒体网络环境中，大学生的需求呈现出多样化的形态，高校可以根据大学生的实际需求更新思想政治教育工作话语的内容与表达形式，充分借助新媒体的作用，既要实现教学的主要目标，又要提升大学生自主学习的能力。通过网络平台进行思想政治教育话语交流，将传统的思想政治教育工作方法与之进行有机结合，从而达到思想政治教育工作的主要目的。

教育工作者可以将线下的教学课程录制成视频，然后发布到网络平台中，使学生实时地观看和学习，极大地提升学习效率和教学效率。这种视频教学内容以网络平台为传播载体，记录教育工作者的课堂教学活动。高校应利用视频教学模式，不断地强化思想政治教育工作话语的表现内容和形式。传统的思想政治教育工作教学存在枯燥乏味且不够生动的现象，这种线下教学模式可能使大学生觉得“无聊”“无趣”，教学效果也不理想，甚至很多高校中存在大学生迟到早退的现象。但并不是所有的思想政治教学课堂都是枯燥乏味的，有些课堂中大学生表现得非常积极，课堂教学效果也特别好。思想政治教育课程的效果出现如此大的差异与授课教师的教学水平有着很大的关系。有的思想政治教师在课堂上可以展现生动出色的讲解，他们擅长引经据典，有声有色地讲授，使整个课堂充满活力和生机，这样的课堂深受大学生喜欢。但不是每个教师都有如此高的教学水平，优质的课程内容不仅能够吸引大学生积极地参与互动，而且能够将传达的思想内容深刻地印在大学生的思维模式中。利用网络平台进行视频教学，可以将学生喜欢的思想政治课程用视频的形式记录下来并上传到高校网络平台中，让大学生实时地观看和学习，这也能够实现高校教学成果的共享。通过录制视频的形式在一定程度上可以保证思想政治教育教学的质量，从而提升思想政治教育工作的实际效果。另外，视频讲授的课程一般为 10 ～ 15 分钟，授课时间短，大学生既不会产生枯燥感，也不会有很大的心理负担，这样还能够提升大学生的自主学习能力。

视频授课的形式也能给思想政治教育工作话语提供一个全新的平台，打破了时间和地点的限制，教学与视频的有机结合使思想政治教育工作话语更具吸引力，提升了思想政治教育工作的效率。同时，这也对教育工作者提出了更高的要求，必须对视频课程进行精心设计。无论是教学内容的选择、教学方式的表达，还是对教学视频的录制等都是不可忽视的。高校也应加强新媒体网络平台中信息的互动及交流，将教学资源进行最大化传播。

五、加强高校思想政治教育工作话语的监管与监督

新时代环境下的高校思想政治教育工作话语存在管理不到位、监督机制不全面的问题。高校应加强对思想政治教育工作话语的监督与管控，优化平台管理机制，加强话语的反馈功能，进而在新媒体网络环境中实现高校思想政治教育工作话语建设。

（一）完善话语管控机制

网络环境的好坏对大学生接受教育有着很大的影响，良好的网络环境能够有效地促进大学生积极学习，养成良好的行为习惯和价值观念。因此，加强高校网络环境的建设和管理是非常有必要的。高校可以通过相关的法律法规与平台的各项功能机制，对平台进行合理化的监督与管理。相关的法律法规与制度能够使高校思想政治教育工作开展得更加规范化和制度化，从而保证思想政治教育工作话语的有效传达。由于新媒体网络环境具有虚拟性、隐匿性等特征，要保证思想政治教育工作话语的规范性与真实性，就必须加强管理和约束，各个网络交流平台对信息的传播有一定的规章制度，但仍存在不良信息或虚假信息传播，这一漏洞很难通过大众平台进行管理和约束。高校更应建立完善的平台交流体系，屏蔽不

良信息和虚假信息的传播。高校通过新媒体网络平台对思想政治教育工作话语进行传达时，要从源头把控好信息传播内容，对大学生反馈的问题进行实时讲解，使大学生正确判断网络中信息的真实性。

国家对于新媒体网络环境的信息传播有一定的规定，对网络服务提供者与公民的信息安全有相应的保护措施。高校在对思想政治教育工作话语的管控和建设中，除了依靠国家相关的法律法规，规章制度也是必不可少的。高校可以根据实际情况，完善对新媒体的使用及管理。还要根据大学生在新媒体网络环境中的交往行为制定相关的制度体系，让信息的传播合法合规，对大学生的网络话语进行制约，让大学生认识到哪些话语可以传播，哪些话语不可以传播，从而对大学生的话语进行约束和管制。在网络信息传播过程中，存在虚假信息和谣言，高校也应加强对这类信息的管控，限制其在高校内传播，为大学生提供一个良好的校园环境和信息交流环境。

（二）加强对信息共享平台的维护

大部分高校建立了微信公众平台或官方微博平台，高校在这些平台发布信息，但信息的发布时间不固定，且原创内容较少，不能定时、定点地更新，这是因为高校对思想政治教育工作话语在新媒体网络环境中的传播没有进行有效管控，也缺乏对信息内容的创新。高校思想政治教育工作话语在新媒体网络平台中的管理，不仅要有切实的规章制度，还需要建立专门的管理队伍对网络平台进行维护和运营。这对管理工作者提出了一定的要求，作为高校新媒体网络平台的管理者和运营者，必须具备较高的专业性，熟练掌握新媒体网络平台的使用，明确话语传播的各种因素，这样才能更好地维护高校思想政治教育工作话语网络平台。高校新媒体网络平台的管理队伍主要是由思想政治教育工作者和大学生干部组成。高校思想政治教育工作者主要包含班主任、辅导员、思想政治课教师等，这些成员大多具备较强的思想政治理论基础和实践工作能力。大学生干部主要包含学生会、校团委、社团成员等，这些大学生干部是思想政治教育工作者最有力的助手，也是各项思想政治教育工作活动开展的主要执行者，也是高校新媒体网络平台的管理者。要做好新媒体网络平台的运营和维护，必须从以下三点做起：

第一，明确高校官方网络平台的建设定位。在高校思想政治教育工作队伍中，不同的成员有着不同的工作内容。高校党政干部主要负责对大学生进行思想政治教育的协调和组织；思想政治课教师主要进行课程理论教育；班主任和辅导员主要对大学生的日常事务方面进行管理。因此，不同的思想政治教育工作者在新媒体网络平台中发布的话语也不同。教育工作者要明确新媒体网络平台的建设方向，根据不同的工作职能进行分工，发布合适的思想政治教育工作话语内容。高校官方媒体网络平台发布的内容具有较强的权威性，也有较强的针对性。高校可以通过新媒体网络平台发布活动信息，开设一系列“线上＋线下”交流互动活动，提升大学生的参与感和积极性，这也能够提升高校思想政治教育工作话语的实践性。

第二，加强高校官方网络平台的运营。高校各个官方网络平台都应有专门的管理者进行维护，以思想政治教育工作者为主导，学生干部为辅助，完成新媒体网络平台话语内容的编辑和策划，并在特定的时间内进行发布。首先，高校应合理规划在新媒体网络平台中相关思想政治话语的发布时间。在固定的时间段发布，在一定程度上可以提升发布内容的权威性，也可以针对相同的内容开设专栏，每周或者每天进行定时更新。如果高校不能做到定时更新，发布的内容将没有较强的“官方性质”。其次，应加强新媒体网络平台中话语的互动性。思想政治教育工作者应实时关注各网络平台中的私信与留言，并及时地回应，加强与大学生群体之间的交流互动，通过不断的互动交流掌握大学生的思想动态，真实地了解大学生的需求。高校官方网络平台管理者还应关注社会敏感话题，对舆论信息要及时澄清，积极引导大学生正确思考，避免造成大学生盲目跟风或盲目相信。最后，高校网络平台管理者还要对传达的内容进行统计分析。通过数据分析，判定哪些信息大学生容易接受，哪些信息大学生较为反感，再根据大学生的实际喜好，有针对性地进行调整和选择合适的内容发布，优化网络平台中的话语内容。

第三，加强对教育工作者个人网络平台的管理。目前，每个教育工作者都有自己的思想政治微信和微博。教育工作者个人的网络平台也是开展思想政治教育工作的重要媒介，教育工作者的个人账号更能体现个人的特点，而且具有一定的亲切感。思想政治教育工作者要维护好自己的社交平台，为大学生营造一个良好的、舒适的网络环境。

（三）加强话语的评估和反馈

高校思想政治教育工作话语的传播应具备一定的反馈机制和评估体系。高校话语传播的实际效果要有相应的评估机制和评价体系进行分析，通过数据化分析，才能了解话语传播中呈现的效果与不足。在新媒体网络环境下，高校思想政治教育工作话语的传播也需要有相应的评估和考核。高校思想政治教育工作话语评估体系应具备一定的标准和原则，对话语的传播效果进行相应的价值判断。主要包含对思想政治教育工作者的评价、对受教育群体的评价和对思想政治教育工作话语传播效果的评价。

第一，对思想政治教育工作者的评价。思想政治教育工作者是高校开展思想政治教育工作的主要实施者，也是思想政治话语发布的主导者。高校思想政治教育工作者的个人能力直接影响其工作话语传播的效果。对高校思想政治教育工作者的评价，一方面是对教育工作者的工作积极性和工作态度进行评价；另一方面是对教育工作者的个人能力进行评价，其中包含教育工作者的基础理论、专业知识、新媒体素养等能力评价。高校也应建立相应的奖励机制和公平公正的考核机制，根据思想政治教育工作者的工作能力与工作实际效果进行一定的考核和奖励。这样能够提升教育工作者的工作热情，提升他们的基础理论知识水平与新媒体操作技术，从而积极地参与思想政治教育工作，把高校新媒体网络平台建设得更好。

第二，对受教育群体的评价。大学生作为高校思想政治教育工作中的主要受教育群体，是思想政治教育工作开展的承担者。大学生是具有活力和思想的人，他们在接受教育的过程中有着较强的能动性。他们在接收思想政治教育工作话语时，不是单纯“收到”，而是在与思想政治教育工作者进行沟通交流时，有选择性地接收有益于自己的话语，进而内化成个人的思想和行为。对此，大学生在接收高校思想政治教育工作话语的过程中，态度和自觉性都会对高校思想政治教育工作话语的实际效果产生一定的影响。对受教育群体的评价，一方面是对大学生的学习态度进行评价，评价大学生是否有良好的学习态度；另一方面是对大学生的自主性和积极性进行评价。这两点评价都需要思想政治教育工作者在同大学生的实际交流过程中进行把握。对于学习态度认真和积极参与校内外活动的学生，教育工作者应加强与他们进行互动交流，使思想政治教育工作话语更好地发挥出理想的效果；对于学习态度消极，没有较强学习积极性的学生，教育工作者也应根据学生的实际情况，使用合适的话语内容及表达方式，吸引学生的注意力，通过有效的交流互动增强学生的积极性。

第三，对思想政治教育工作话语传播效果的评价。高校思想政治教育活动是一项有目的性的实践活动，思想政治教育工作话语的传播效果是高校思想政治教育工作开展价值的重要体现。在高校的新媒体网络平台中可以建立相应的互动反馈功能。大学生在接受思想政治教育的同时，难免对表达适当的话语、内容缺失的话语、引导力不足的话语产生反馈意见。高校可以在官方微信公众平台中增设“意见反馈”模块，让大学生可以随时地将自己的意见填到模块中。有了话语反馈平台，大学生就能够及时地表达自己的想法，高校也可以通过微信小程序的问卷调查了解大学生的反馈意见。大学生也可以通过后台留言或者私信表达自己的想法和建议。思想政治教育工作者应将学生反馈的想法和建议进行收集和整理，再根据实际的教学情况作出调整，从而加强高校思想政治教育工作话语建设。也可以通过大学生的言行举止对思想政治教育工作话语的实际效果进行反馈，高校根据反馈的内容进行调整，不断完善思想政治教育工作话语的传播；高校思想政治教育工作者也可以通过新媒体网络平台与大学生进行交流，实时地掌握大学生的实际情况和思想动态，观察哪些大学生具有较强的积极性和主动性，哪些大学生参与度较低、积极性较差；观察大学生对传达内容的接受程度，了解内容是否在大学生的理解范围内；观察哪些内容对大学生更具吸引力，哪些内容容易被大学生屏蔽。通过一系列的调查和观察，才能够找到思想政治教育工作话语内容和表达方式的不足，才能够了解大学生的实际学习情况，进而有理有据地进行创新，不断地完善思想政治教育工作话语，将优化后的思想政治教育工作话语运用到新媒体网络平台话语的传播实践中。通过大学生的实际反馈，可检验话语传播的效果，由此作出相应的改变和调整，形成一个良性循环。不断优化和完善思想政治教育工作话语，才能够更好地实现思想政治教育工作的目标。

第七章　大学生思想政治教育工作的协同发展

随着社会的发展，大学生的思想观念和价值观念也在不断变化，这给大学生思想政治教育工作带来了新的挑战。如何协同发展大学生思想政治教育工作成为当前亟待解决的问题。一方面要加强思想政治教育工作的理论研究。大学生思想政治教育工作是一项复杂的系统工程，不仅包括思想政治教育，也需要注重道德品质、文化素养的提升。只有从深入的理论探讨入手，才能更好地实施和推进大学生思想政治教育工作。另一方面要注重提高思想政治教育工作的实效性。在大学生思想政治教育工作中不能只停留在精神层面，更要关注实际效果的体现，将思想政治教育与职业能力培养相结合，才能更好地提高大学生的整体素质。大学生思想政治教育工作的协同发展需要从多方面入手，要提高思想政治教育的理论水平和实效性，加强高校管理机制建设，创新工作的方式和方法，并发挥高校师资力量的作用，才能为大学生思想政治教育工作的协同发展提供更好的保障。

第一节　思想政治教育工作协同发展概述

一、协同理论概述

协同理论是一项不可或缺的科学理论，无论是对社会学科还是对自然学科都有重要影响。协同理论产生于 20 世纪 70 年代，后来不断发展走向成熟，并在各个学科中得到运用。在研究方面，人们善于从宏观和微观的角度分析事物，并将这种研究方法推广到其他学科的研究工作中，不断挖掘其整体和部分的各种联系。

协同理论的主要方法包括：第一，协同效应原理。在社会中的协同效应是指大系统和内部子系统相互作用和相互配合形成的正向效应，子系统也影响着集体效应的效果。由于社会系统是一个开放性的系统，外界的各项因素对内部系统产生一定的影响，当内部系统受到激励和激发时，下级系统就会对上级系统产生一定的驱动力，这种驱动力就是协同效应最重要的因素。如长期受到外界因素的影响，内部系统可能从量变发展到质变，达到一定程度就会打破系统原有的状态。协同理论的协同效应是指产生于系统内部的作用力，这个作用力影响着系统各部分的协同朝向，包括系统的子系统、子系统的下属系统，各个系统要素形成一种合理有序的运行状态。第二，伺服原理。伺服原理以物理学的实验为基础，解释的是系统协同效应达到临界时的状态，主要研究系统内的变化因素和引起系统变化的过程。当系统的协同效应达到临界点，系统就处于不稳定的状态，这种不稳定的状态有两种变量，一种叫快参量，另一种叫慢参量。快参量代表系统稳固的力量，快参量在这种状态下衰减较快，不能决定系统变化的方向；慢参量是描述系统内部的变化形式，是由内部因素决定的，主要表现为增长慢，达到临界点一般是由慢参量决定的。伺服原理是描述整个系统内部从稳定状态转变为不稳定状态的过程中各个要素互相作用的具体过程。系统在发生变化时，主导系统变化的因素并非快参量，而是内部的慢参量。第三，自组织原理。该原理用来解释系统内部各要素或子系统之间，在不受外界因素影响的情况下，系统通过自身提升整体功能。自组织与外部组织的不同之处在于自组织是自生自控性的，而外部组织对内部组织的干扰具有决定性，它能够决定组织的发展方向和变化。在开放性的系统中，外界因素与内部因素导致子系统各要素之间产生协同的发展结构。要充分发挥整个系统的功能，就要提升自组织能力，加强系统各要素之间的作用，增强协作的积极性，才能使系统朝着有目的的方向发展。

二、高校思想政治教育工作协同发展的分析

高校思想政治教育工作是高校教育系统内的一个子系统，是由多个环节和多种要素构成的一个完整系统。每个环节和每个要素都有着密不可分的联系，对高校思想政治教育工作协同发展的研究就要从协同理论出发，将高校思想政治教育工作的各部门、各环节协同起来，才能使高校思想政治教育工作正常有效地开展。

（一）教育主体的协同性

教育主体对高校思想政治教育工作的开展起到主导作用，教育主体与教学内

容、教学方法与教学环境之间是相互联系、相互作用的，教育主体的子系统之间也有着密不可分的联系。目前，高校的思想政治教育工作队伍主要是由党政干部、共青团干部、思想政治课教师、班主任和辅导员组成的，这些队伍成员组成了一个整体，也就是思想政治教育工作的教育主体系统。党政干部和共青团干部主要负责高校内的思想政治教育工作发展方向，管理高校内部思想政治教育工作的相关事项，也是为了培养出国家需要的专业性人才，根据国家的相关要求和高校内部的实际情况确定培养目标，将这一目标贯彻在高校的各个教育环节和发展规划中，在满足自我发展的情况下，使各部门的思想政治教育工作有序开展。高校思想政治教育工作队伍是思想政治教育体系内的主力军，思想政治教育工作队伍的实际教学效果直接决定了思想政治教育的实效。教师的专业程度也影响着大学生的价值观和思想态度，专业课教师相对而言没有思想政治课教师的基础理论知识丰厚，但是专业课教师在大学生思想政治教育工作中能起到催化作用。班主任、辅导员与大学生走得比较近，接触也较密切，他们能够实时地关注大学生的思想动态，并及时发现大学生中存在的问题，进而给予一定的反馈和开导。班主任和辅导员在一定程度上担任着心理辅导教师的角色，但是很多情况下大学生中存在的思想问题不容易被察觉，甚至大学生自身都没有意识到，更不会主动地向心理辅导教师寻求帮助。针对这一现象，班主任、辅导员与心理辅导教师需要相互配合，班主任或者辅导员发现大学生中存在思想问题时要及时地反馈给心理辅导教师，心理辅导教师给予及时的帮助和解决。学生干部是教育系统中特殊的一环，不仅担任着受教育者的角色，还担任着教育者的角色，他们的思想政治作风和价值观念对其他大学生有着重要影响，他们是和大学生共同生活、共同学习的群体，他们的行为作风能够直接影响其他大学生的思想状态。各个教育主体有着不同的优势和特点，要加强各个队伍成员相互配合、相互促进的行动力，共同影响和相互协作，从而产生良好的协同效应。每一位思想政治教育工作者都有责任和义务帮助大学生实现自身价值，都肩负着教书育人的重要职责和义务。通过协同发展，使思想政治教育工作中的各个环节形成强有力的合作协同关系，保证思想政治教育工作稳步进行。

（二）教育内容的协同性

思想政治教育工作的内容不仅包含思想政治学科的基础理论知识，还包含法律方面的知识，社会道德、心理学、哲学等学科内容对思想政治教育工作也有着促进作用，对其教育效果有很大影响。将这些内容进行科学化的分配和联系，协调性地开展相关知识讲授，使各类学科知识之间产生相互促进作用，从各方面完善和提升大学生的思想政治水平。教育系统内不仅包含课堂学习内容，还受到外部因素的影响，比如教育者的言传身教、学生干部的影响、班主任与辅导员的日常辅导，此外，还受到大学生实践活动和社团活动的影响，大学生在参加学校相关活动的过程中会得到教师的引导，也会受到其他学生的影响，这些都是思想政治教育工作中对大学生产生影响的诸多方面。

目前，高校提出的全面德育观念，指的是在思想政治教育过程中传授内容的全面性，是贯穿大学生整个校园学习生活的主要内容。从思想政治教育内容的相关课程安排方面来讲，要发挥教育的整体功能，就必须将体系内的各项要素进行协同安排，比如将教学任务、教学目的与大学生的思想状态等进行协同，通过合理的课程安排和设计，将思想政治内容传输到大学生的思想中。根据不同阶段的大学生发展情况来看，大一新生存在价值观形成和心理适应性的问题；大二学生存在对于人生观的探索和自身发展问题；大三学生存在职业道德及职业规划等问题；大四学生存在创业就业方面的问题。针对不同阶段的问题，高校应开展针对性的思想政治教育。从高校思想政治教育工作内容来看，既有对人生和世界的认识问题，又有对社会相关制度和法律的认知问题，同时也包含风俗习惯、社会舆论形成的道德规范问题，不同的教学内容使大学生在思想状况方面有着不同程度的区分，大学生的人生观和价值观，以及对世界和人生的看法一旦形成就很难改变。因此，高校在开展思想政治教育工作中要注重思想政治内容的协同性。

（三）教育方法的协同性

高校在实施教育的过程中，需根据实际情况选择教育方法，思想政治教育方法是将大学生的思想品德发展规律与思想政治教育规律相结合，从主观层面对教育内容进行总结。思想政治教育工作者在教育的过程中，可以采用实践教育、理论讲授、榜样示范等多种方法，教育方法不是固定的，受到大学生的思想认知水平、发展阶段等因素的影响。教学的实际成效高低也取决于不同教育工作者根据实际情况使用的教学方法能否产生实际效果。在思想政治教育过程中，常用的教学方法有基础知识灌输法、实践教育引导法、自我教育法及榜样示范法等，在课堂教学过程中最常用的方法是理论基础知识灌输法，主要通过课堂讲授的方式对大学生进行思想政治教育。课后的相关实践活动也是开展思想政治教育工作的主要途径，引导大学生积极地参与实践活动，提高大学生的学习积极性和自主学习性。针对不同的教学环境使用不同的教学方法，并进行协调配合，使教育方法发挥最大的功效。要动态地选择不同的教学方法开展思想政治教育工作，根据大学生的思想动态和实际情况解决大学生遇到的思想问题。不同的教育工作者的协同教育要求使用的教学方法相互配合，共同完成教学的主要目标。

（四）教育环境的协同性

高校的教育环境可以分为校园内部教育环境和校外教育环境，这里讲的教育环境指的是高校内部的教育环境，主要包括学校的教学设施、生活设施、娱乐设施等物质环境，还包括高校的精神文化环境，比如校园文化氛围、学风建设、制度建设、学生活动等。思想政治教育的物质教育环境可以丰富大学生的学习生活，增强大学生的认同感与归属感。除了物质教育环境，还需要精神文化环境的协调作用才能产生一定效果。校园的精神文化环境主要指的是学校的学风和校风，一个良好的学习环境能够影响整个学校的精神面貌，为大学生提供良好的学习氛围，使大学生积极主动地参与学习。高校的物质文化环境和精神文化环境的有效结合，不仅能够使高校的各项活动正常有效地进行，而且能够提升高校整体的教育水平。良好的教育环境能够为大学生提供一个和谐的学习氛围，也能够为校园各项规则的建立提供现实依据。高校思想政治教育是一个开放性的系统，除了内在的因素之外，外部的一些因素对其也有着明显的影响，因此协调教育环境中的各项因素，使各个要素相互协调、相互协作，才能够使教育环境系统有序、有效地运行，从而使系统内部和外部产生协同效应。

三、大学生思想政治教育工作协同发展的必要性

高校的思想政治教育工作是一个由多个子系统组成的整体，是各个系统和要素之间有序运行的整体，要提高高校思想政治教育工作的实效性，就必须使各子系统与各要素之间进行相互协调形成协同效应。优化系统内部的运行结构，使各部门和教育工作者之间相互协作，推动思想政治教育工作稳步进行。思想政治教育系统在外部因素的影响下，对系统内部的稳定性产生冲击作用。因此，高校在进行思想政治教育工作时，要注意外部信息的渗透，在与外部信息进行交互的过程中，要时刻注意系统内部各要素之间的变化，比如网络环境的问题、信息把控问题，要提升系统的自抗能力和自组织能力，从而使各系统和各要素之间相互协同，在特殊情况下也可以进行适当的控制和引导，比如教育主体可以对教学内容进行更新并进行有意识的引导，各部门之间相互合作，教育主体加强引导工作，使整个思想政治教育系统有序正常地运作。

高校思想政治教育系统是由多个子系统和子要素构成的，运作方式不是各子系统与各子要素的简单相加，而是各要素之间相互渗透、相互联系、相互补充，进而形成的一个有机体。每个子系统和子要素都有着重要价值和特殊的功能，但是各要素之间相互协调、相互协作发挥的作用远远大于各要素功能相加之和。高校在思想政治教育工作中要充分利用校园环境的影响因素，使校园环境起到辅助作用，营造良好的学习氛围，加上各部门之间紧密的协同合作，从而形成良好的思想政治教育系统。

随着市场经济的不断发展，互联网经济也在社会各个领域中深度扎根。社会经济的融合背后主要体现的是科技与经济之间的协同发展。中国进入新时代对高校也提出了新的发展要求，尤其是对高校思想政治教育工作方面提出了新的要求，带来了新的思考，运用协同理论促进高校思想政治教育工作创新是时代的需求，也是时代的必然要求。开展思想政治教育工作必须优化教育系统。由于教育系统是一个整体性的系统，因此应对各个子系统作出创新和调整，掌握好子系统内的参量变化因素，使子系统与各要素之间产生自组织协调效果，从而引导思想政治教育系统产生协同效应。

对高校思想政治教育工作提出的要求，就是要求高校思想政治教育工作在系统中实现自组织优化升级。对于系统内的各个子系统来讲，首先要保证党政干部的主体领导作用，其次要提升系统内部教育工作者的思想基础理论知识和工作能力，还要加强思想政治教育工作队伍建设。在教学内容方面，要不断优化和完善教学内容，使各教学内容相互补充、相互促进，在专业课中加入思想政治方面的内容，全面地开展思想政治教育工作，从而形成整体协同效应。高校思想政治教育工作者在教育方法方面也应加强优化和创新，根据大学生的实际情况采用有针对性的教学模式和教学手段，提升思想政治教育的亲和力与吸引力，运用大学生喜欢的和认同的教学模式提升思想政治教育工作的实效性，从而使高校思想政治教育工作符合时代发展要求。

第二节　思想政治教育工作协同现状、问题及原因

高校思想政治教育工作是一项复杂的系统工程，需要高校中各部门之间相互协调、相互作用，才能达到理想的教育效果。对大学生思想政治教育工作进行分析，将教育内容、教育方法、教育环境及教育主体中存在的问题一一摸清，掌握思想政治教育过程中各类参数的变化规律，充分调动思想政治教育中各要素之间的组织能力，使整个教育系统产生协同效应。

一、大学生思想政治教育工作协同现状

随着新时代的不断发展，高校思想政治教育工作协同的问题也受到重视，一部分高校建立了促进思想政治教育工作协同发展的领导机构，使高校思想政治教育效果发挥作用。从思想政治教育队伍主体和工作协同平台着手，不断地加强思想政治教育工作的具体内容。目前，高校不断探索协同育人的实践工作，其中不少高校建立了协同育人项目，形成了学校教育与文化教育基地、企业实践教育共同开展的多方面教育体系，充分运用思想政治教育系统的开放性，不断扩展思想政治教育的实践路径和研究视野，教学内容不再局限于课堂教学，通过“线上＋线下”与多课堂的联合作用，将思想政治教育工作的协同性充分运用起来。

对全国高校思想政治教育工作的整体情况进行分析，各个高校都在贯彻落实党对思想政治教育工作的领导，建立了以党委为首的思想政治教育领导机制，党的领导在高校思想政治教育过程中具有重要意义，不仅能够贯彻党中央的相关思想,还能对高校思想政治教育工作的开展提供良好的领导和指引。在党的领导下，可以对高校的教育工作进行领导和管理，并且承担起管理学校的相关责任，也能够提升党政工作在高校内的主动性。建立完善的领导机制，必须以党委为首的模式进行改革和创新，将学生的思想政治教育工作与学生党员有机结合，充分发挥高校思想政治教育工作队伍的整体优势，不断加强高校内部领导班子的建设，真正担负起思想政治教育工作的主体意识和主体责任。很多高校在思想政治教育工作协同发展中作出了重要的研究和探索,一部分高校的领导协同工作已基本完成,主要是以党委书记为主要负责人的领导小组，通过上下级的分层工作，在一定程度上能够充分发挥思想政治教育工作的领导地位。但是还有很多高校在思想政治教育工作的协同发展中仍处于尝试阶段，因此更应加强对高校思想政治教育工作协同的研究和探索。

高校内各个部门的协同发展和协同工作也对思想政治教育工作有着重要影响，思想政治课教师是大学生接受思想政治教育的第一任指导教师，直接向大学生传输党的方针政策与思想观念，以提升大学生的基础知识和理论水平，并且能够为大学生提供思想与生活方面的引导，使大学生树立正确的人生观和价值观。另外，高校还应加强思想政治教育的日常活动，如可以开展以思想政治教育为主题的演讲活动，辅导员和大学生干部也应主动与思想政治教育工作者进行交流，加强思想政治教育工作队伍的互动和交流，建立理论与实践、教学与活动育人的合作体系。高校协同发展的理念逐渐被重视，很多高校加入协同教育机制中，协同发展的理念落实到各个教育体系中，极大地促进了高校思想政治教育工作协同体系的健全和完善。

二、大学生思想政治教育工作协同存在的问题

在高校教育协同发展的情况下，目前高校大学生思想政治教育工作协同还存

在一系列问题，比如在思想政治教育过程中，受教育群体没有得到全面发展，教育各个环节缺乏互动交流，思想政治管理工作缺乏统一性，思想政治教育工作忽视了校园文化的互补性等，以上问题给高校思想政治教育工作带来了困境。

（一）高校思想政治教育工作过程缺乏全面性

思想政治教育工作是一个多层次、多角度的教育过程，大学生群体也分为多层次类型。因此，在开展思想政治教育工作时，要根据大学生的实际情况，比如可以根据不同年级、不同专业、不同思想阶段的学生，有针对性地开展工作。思想政治教育是一项有计划、有目的的教学工作，教育过程应注重全面性和针对性。应根据大学生群体受教育的情况进行正确分析和把握，让大学生认识到思想政治教育的价值及意义，以更好地开展思想政治教育工作，让大学生养成积极主动的学习习惯，从思想教育中寻找问题的答案，而不是简单地通过教育教学活动完成学习任务。对于思想政治教育工作者而言也是如此，要了解大学生的实际情况，有针对性地开展一系列思想政治教育活动，注重大学生对知识的接收情况和理解情况，与此同时还要注重教育系统的协同性，主动与其他部门的工作者进行有效的交流和沟通，针对工作中存在的问题积极展开研讨，针对大学生中存在的问题及时找出解决方法，实事求是地开展思想政治教育工作。

目前，高校的思想政治教育工作者还存在单一的讲授模式，只注重教材方面的知识传递，忽视了大学生群体的主观需求，这在一定程度上造成大学生的发展与社会要求产生距离，使受教育群体产生抵触思想政治教育的心理。另外，思想政治教育的内容缺乏全面性，很多教师只注重基本理论的灌输，缺乏对受教育群体需求的满足，这一现象容易使受教育群体产生思想政治理论课程无用的观点，一旦大学生群体产生这种错误的思想观念，很可能带来不利的影响。当前的思想政治教育工作还存在过于强调理论知识的问题，忽视了对受教育者现实问题的解决，导致受教育者的思想知识水平大于实际行动力的现象，因此在当前的思想政治教育过程中，应更关注受教育群体的现实需求，比如就业指导的需求和社会实践的需求，甚至心理方面的需求等。在课堂中应注重运用理论内容解决受教育群体的现实问题，针对大学生群体存在的一系列现实问题，从思想政治教育方面找到应对方法和指导方法，才能够真正为大学生群体提供正确的解决思路。

（二）高校大学生思想政治教育工作与教育环境缺乏互补性

随着经济的不断发展，国家在高校教育方面的投入不断增加，校园内的相关基础设施与实验器材不断完善，为校园文化建设提供了物质基础。同时，社会不断变化发展，社会中涌现出各式各样的思潮，在社会思想领域具有深刻影响，从而使各种思想涌现在大学生面前，这一现象使大学生的受教育环境变得更加复杂。对于社会教育环境的变化，还有很多高校采用旧的思想政治教育工作理念，没有重视新时代的发展和学生的实际需求，把思想政治教育工作与教育环境割裂，将学生封闭在一种特定的教育环境中，主要体现在以下两个方面：

一方面，部分高校忽视了校园教育环境文化建设。高校注重物质文化建设，对精神文化建设缺乏重视。当物质文化脱离精神文化时，物质文化就会变成一台设备、一个场所，不能起到教育的作用。高校中出现片面发展物质文化建设的原因，一是由在于教育环境机制不完善，对精神文化建设没有深刻的认识，精神文化只能通过物质文化设备来呈现，在一定程度上促使了高校只追求物质文化建设。二是因为物质文化建设的投入效果可以得到直接反馈，而精神文化建设主要是思想文化层面的投入，它作用于大学生群体的头脑中，不能直观地看到投入效果，在大学生形成良好的思想之前应加大投入，这需要进行长远的规划和用发展的眼光看待问题。

另一方面，部分高校忽视了在教育环境中各个子系统对思想政治教育工作的促进作用，其中校园环境作为教育环境中重要的子系统，对高校大学生的思想政治教育工作可以起到重要作用。创造良好的校园文化和校园环境是促进思想政治教育工作协同发展的重要突破点，将思想政治教育和校园文化有机结合，能够形成同向共生，真正发挥高校思想政治教育工作的实际效果。

针对高校思想政治教育工作和教育环境之间缺乏互补性的现象，我们应注重教育环境下的精神文化建设。精神文化建设可以持续地、长期地作用于受教育群体的头脑中，发挥物质文化所不可及的功能。高校加强校园精神文化建设，才能够对课堂教学与实践进行强有力的补充，充分发挥其互补功能，从而实现教育环境系统的合力发展。

三、大学生思想政治教育工作协同存在问题的原因

高校思想政治教育工作协同发展不充分是由多个原因造成的，包括高校部分思想政治教育工作者对协同的认识程度不足、思想政治教育工作比较缺乏专业性和稳定性、可利用的协同平台不完善，以及协同监督评估激励机制不健全。

（一）部分思想政治教育工作者对协同的认识程度不足

思想政治教育工作者作为教育系统中的重要要素，对整个系统承担着序参量的主要作用。教育系统中对序参量进行合理调节，能够把控系统的发展方向。从现实情况来看，高校思想政治教育工作系统的协同效应发挥失常主要是由序参量的功能失调导致的。思想政治教育工作系统也存在两面性，一方面，教育系统内的各个子系统和各个要素之间有着自组织效应，朝着协同方向不断优化，系统内各个要素合作共生时，思想政治教育工作系统就会朝着理想的方向发展；当系统内部的各个子系统与各要素之间不能有效结合时，就很难使系统形成合作效力。教育主体是教育系统中的重要部分，对其他子系统形成协同效应有着重要的影响，思想政治教育工作者是教育主体的重要组成部分，在整个教育系统中具有主导地位。目前，高校中存在的一系列问题主要原因在于，教育主体没有真正理解教育协同理念，对于教育协同效应的解读和理解仅停留在合作方面，没有真正意识到协同效应的本质在于思想政治教育系统的发展过程中，各个子系统和各要素之间要形成互相促进、互助互补的局面。高校要加强思想政治教育工作的协同效应，就必须让教育主体转变传统的思想态度，通过不断创新和思想更新，使教育主体符合新时代发展下思想政治教育工作的具体要求。

思想政治教育工作者的协同意识对思想政治教育工作也有重要的作用，部分思想政治教育工作者存在协同意识不足的现象，主要原因是他们对思想政治教育工作的认识不够深入。部分高校党政部门只注重硬件设施的完善，从外在营造出一种虚假重视的现象，也就是我们通常说的“面子工程”。部分高校思想政治课

教师存在理论知识不足的现象，没有秉持正确的教学心态，忽视了大学生思想意识形态教育，认为教学只是简单地走走过场，没有对教学内容进行更新和深入研究，对大学生的实际需求不够了解和重视，必然导致思想政治教育理论课的实际效果较差，这种教学态度反映出教育工作者对受教育群体不够重视，还对受教育群体的思想造成了一定的影响，从而形成课堂教育无效的恶性循环。还有部分教师认为提高学生的基础知识水平和能力就是自己的教学任务和本职工作，从主观层面忽视了对大学生群体德育意识的培养，在行为上，思想政治课教师和辅导员之间缺乏有效沟通。辅导员与班主任在和大学生日常交流过程中，只注重学生日常事务的处理，缺乏对大学生思想方面的引导，很可能导致大学生的主流价值观缺失。在大学生党的建设教育和管理中，党支部或者团支部缺乏专业教师的指导，他们的思想信念不强，对思想政治教育工作的理论解读不到位，容易产生误解，在大学生的党团建设工作中，容易对大学生造成不良的影响。思想政治教育工作者的认知不足产生的一系列问题，导致思想政治教育工作主体与各要素之间的协同教育意识缺失，使系统内各子系统与各要素之间产生工作分离的现象，从而使思想政治教育工作系统无法形成合力。因此，部分思想政治教育工作者对协同教育发展的重要性认识不足是造成协同局面出现问题的主要原因。

（二）思想政治教育工作队伍缺乏专业性和稳定性

高校思想政治教育工作内容主要是由思想政治课教师、大学生干部与辅导员完成的，他们不仅是思想政治教育目标的制定者，也是思想政治教育目标的具体执行者。但是思想政治教育工作内容多且范围广，实际教育效果呈现缓慢，很多高校对大学生群体的思想政治教育工作投入少，在思想政治教育工作队伍培养方面也有所欠缺。在实际工作中出现思想政治教育工作者人员缺失、流动性大的问题，导致思想政治教育工作队伍出现水平差异大和参差不齐的情况。

高校的思想政治教育工作队伍具备全日制本科以上的教育水平，虽然在客观上满足了思想政治教育工作队伍的基本要求，但是思想政治教育工作队伍的成员数量却不能满足大学生的需求，因此很多高校存在大量的兼职思想政治教育工作者，还有一部分是刚毕业的大学生担任辅导员，这对思想政治教育工作队伍的整体专业水平有所影响。虽然这些工作者有很强的责任心，但由于缺少思想政治教育工作的管理经验和教学经验，加上平时的繁重事务和教学任务，对学生进行思想政治教育的精力有限，使思想政治教育工作出现不成熟或者被动的现象。此外，随着新时代网络技术的飞速发展，网络信息对每个人产生了深刻的影响，其中不乏大量的西方思想和价值观念。但是有些思想政治教育工作者对这种变化持无视的态度，仍然采用传统的固定教学模式和教学手段开展工作，缺少对新鲜事物的捕捉能力。大学生干部既发挥着辅导的作用，也是高校的受教育者，其对学生内部的思想动态和思想认知有着不可替代的作用，在受教育群体中，大学生干部处于较特殊的位置，由于大学生干部的思想基础水平较低，虽然能够及时地发现问题，但是没有解决问题的能力，思想政治教育工作的专业性明显不足，在对大学生群体进行培育的过程中甚至对大学生的思想产生误导，挫伤了大学生群体的学习积极性。

高校对思想政治教育工作队伍的评价体系出现分化现象，通常对思想政治教育工作者的实际工作进行绩效评价，这种评价在一定程度上抵消了思想政治教育目标实现的效果。虽然部分高校能够意识到思想政治课教师与班主任、辅导员在工作职责上各有特点，应采用不同的评价体系，以提升思想政治教育工作的实效性，但是这种评价体系也在一定程度上使不同的思想政治教育工作队伍产生脱离现象，很难形成协同合作的教育模式。此外，没有形成完善的奖励机制和培育机制，影响思想政治教育工作队伍的稳定性，奖励机制和激励体系不完善也在一定程度上削弱了思想政治教育工作者的积极性，高校的培育体系不全面，思想政治教育工作者的专业性不足，从而造成教学资源浪费的现象，这一系列问题都对思想政治教育工作的实际效果产生了重大影响。

思想政治教育是一项不断引导和改进大学生思想行为的工作，培育周期长、呈现效果慢等特点也在一定程度上对思想政治教育的实际效果产生影响。要提升思想政治教育工作的实效性，需从思想政治教育工作队伍的专业性和稳定性入手，培育专业的思想政治教育工作队伍，使内部相互协调、共同发力，达成思想政治教育工作目标。

（三）可利用的协同平台不完善

在思想政治教育工作系统中，各子系统和各要素之间形成互相交流的形式是非常有必要的，但在实际的思想政治教育工作中，各个队伍之间缺乏交流和互动，学生中存在的问题或者改善方法不能得到及时有效的分享，这是由高校思想政治教育工作中缺乏共享平台导致的，各部门之间没有一个沟通平台，与学生之间也缺乏平等自由的交流平台，这种现象对思想政治教育的实际效果产生重大影响，不能及时有效地针对大学生中存在的问题进行解决。

第一，高校思想政治教育工作的信息资源共享平台不足。在传统的思想政治教育工作中，大多是上传下达进行层层传递，在信息传递的过程中难免有部分工作者产生理解偏差，导致思想政治教育的出发点与落脚点不一致的现象出现，还有一种情况是对思想政治认识不足导致不能全面落实思想政治教育工作的具体要求，出现应付差事或应付检查的现象，这一系列问题都源自思想政治信息沟通不到位，缺乏高校思想政治教育工作资源共享平台造成的，信息共享平台的建立可以使高校党委干部或者部门政策的权威发布者转化为任务的服务者和传递者，这样才更有利于思想政治教育工作的有效开展。

第二，思想政治教育系统与各子系统的交流或沟通平台缺乏。高校党政干部、思想政治课教师、专业教师、辅导员和班主任之间都需要进行有效的沟通和交流，辅导员需要通过大学生干部了解大学生群体的日常状态和思想动态；思想政治课教师需要通过班主任和辅导员了解学生的具体思想道德水平；专业课教师需要和思想政治课教师之间建立信息沟通平台，以服务大学生的认知需求；高校党政干部需要掌握学生的思想动向，这一系列要求仅通过日常的研讨、开会或者报告无法及时得到实质性信息。目前，各个队伍之间和各系统之间缺乏沟通交流的平台，也是导致各个环节存在差异性的原因。

第三，思想政治课教师与大学生之间缺乏平等沟通的平台。高校教育是师生之间双向互动的过程，不能一味地强调教师的主动性和主导作用，而忽视了学生的主动性与积极性。虽然教育工作者在一定阶段能够通过单一的传授模式完成一定的教育工作，并且有一定的成效，但是对于大学生的积极性与主动性的忽视，很难及时看到大学生发展及成长的规律性，同时也缺乏师生之间亲密交流和平等互动的平台。针对这一现象，需要建立师生之间的共享交流平台，积极地创造有利条件，使大学生积极地参与班级建设和班级讨论，使理论教学转化为实践活动，全方位地提升思想政治教育工作内容的相互转化能力，进一步提升大学生的思想道德水平和实践能力。

（四）协同性监督评估激励机制不健全

高校的思想政治教育系统具有开放性，外部的因素对教育系统内部结构产生一定的影响，在外在因素积极正向的情况下，系统就会朝着健康优化的方向发展；在外界因素与系统内部产生冲突的情况下，就会干扰教育系统的正常运行和发展。外部因素的影响是必然存在的，不能够完全屏蔽。因此，要使教育系统稳步发展，高校就应将正能量的外部因素运用到系统和子系统之间的运作中，形成推动发展的有利因素。高校中的协同监督评估激励机制就是一种外部因素，但是高校在实际教育工作中，对这一激励机制没有充分认识，也没有形成健全的激励评估机制。

对于当下高校的体制来说，其内部机制的分化是阻碍教育系统协同效应发挥功效的主要原因。高校的教育任务是培养专业且优秀的人才，这也是高校培养人才的重要目标和根本出发点，同时也是检验高校教育成果的重要标准。高校教育系统的目标任务完成情况主要依赖各子系统和各要素之间的作用发挥，但是随着高校的教育目标不断细化，教育子系统之间存在各成体系的情况，因而造成各部门之间存在管理方式不同、评价体系不同的现象。教育目标在具体的执行过程中很容易出现分离，使教育主体传达的工作任务或者思想不能切实地传递到大学生群体中。思想政治教育工作部门没有更新和创造新的教学内容和教学形式，导致教学效果不理想。面对这一现象，很多高校仍然缺乏对教育协同性发展的体系建设。一方面，缺乏教育协同监督的评价体系。在高校的评估体系中，对教育工作者的科研能力和课时考核，以及职称评定方面，缺乏对协同育人效果的相关内容参考，因为育人的实效周期漫长，且存在主观倾向，很难对其进行评测。另外，高校在制定评估体系时忽视了对教育协同育人的评定。另一方面，高校缺乏协同性的监督激励机制，同时也缺乏明确的考核要求。对于高校中存在的评估机制方面的问题，高校重视对思想政治课教师科研方面的评估，缺乏对思想政治教育工作实效性的评估。

第三节 加强思想政治教育工作协同的基本原则与措施

针对高校思想政治教育工作中协同发展的要求，高校应在坚持基本原则的情况下，根据存在的问题进行改进和完善，要坚持高校党政干部的统一领导，加强高校教育主体的协同意识和基本认识，建立促使思想政治教育工作协同发展的交流平台，使教育系统中的协同效应发挥最大效果。

一、加强大学生思想政治教育工作协同的基本原则

任何事物的发展都需依照一定的原则，依据其变化规律有效地进行，否则就会偏离事物发展的初衷。对于高校思想政治教育工作而言，其协同性的发展也必须遵循正确的方向，高校要把控好思想政治教育工作发展的总体趋势。在发展规律与原则方面应遵循系统性原则，将思想政治教育工作中各个要素与成员协同起来，同时也要遵循开放性原则，使高校教育工作系统在动态发展的情况下，积极地吸收外部能量，利用内部能量双向发展，才能更好地开展思想政治教育工作。

（一）方向性原则

新时代社会背景下，高校应高举马克思主义旗帜，真正落实和贯彻党的教育方针，这是高校开展思想政治教育工作的基本要求。高校在加强思想政治教育工作协同的过程中，要坚持党的领导，秉承正确的办学和教育方向，将党的思想和政策传递给高校教育系统内部，促使各个子系统与各要素切实贯彻党的思想政策，从而为国家培育出合格的接班人和建设者。只有树立正确的发展方向，才能使思想政治教育工作产生合力的效应，进而提高高校思想政治教育工作的实效性。

在信息时代的飞速发展下，网络中的信息层出不穷，高校更应重视马克思主义的宣传和学习，坚持党的领导，帮助大学生树立正确的思想观念和价值理念。

高校在培养大学生的过程中，要坚持正确的办学理念和发展方向，培养出一批又一批的高素质人才。大学生思想政治教育工作的协同发展必须将方向性原则放在教育的首位，如果偏离这一原则就会对整个思想政治教学工作产生较大影响，从而违背思想政治教育工作的初衷。只有秉持正确的方向，才能实现思想政治教育工作的原有目标。高校的方向性原则是开展思想政治教育工作的首要原则。在加强高校思想政治教育工作协同发展的过程中，坚持正确的方向是开展思想政治教育工作的基本，紧随时代的发展方向，才能使大学生思想政治教育工作的发展日新月异。另外，高校在坚持正确发展方向的同时，还应顺应时代的发展需求，用多角度、全方位的眼光开展工作。

（二）系统性原则

高校教育工作是一个整体性、系统性的工作。系统性的原则是将研究对象看作一个有机整体，高校的教育系统就是一个完整的整体，高校的整体是由各个要素组成的，也就是各个思想政治教育工作队伍和成员。根据系统性原则的理念，系统中的各个要素是相互依存的，它们不是独立存在的，它们是按照一定的原则，相互制约又相互联系而形成的一个有机整体。

系统性原则也符合大学生思想政治教育工作发展的要求，可以将高校思想政治教育看作一个相互联系、相互作用的系统。高校思想政治教育的每个环节、每个成员之间，具有相互依托、相互联系的关系。同时，思想政治教育的各个要素之间存在不同的特点与功能，每个组成部分都会对思想政治教育的实际效果产生一定的影响，有利的因素能够提升思想政治教育工作的实际效果，而有害的因素则会破坏思想政治教育工作目标的实现。因此，高校在开展思想政治教育工作时，要将整个教育工作看作一个有机整体，用长远的眼光规划和协调整体运作，同时还要关注系统中各个子系统和各要素之间的变化，以及各个子系统和各要素之间的联系，从而把控高校思想政治教育工作的发展方向。

（三）开放性原则

高校思想政治教育会受到社会外界因素的影响，随着社会的变化而产生一定的变化。因此，思想政治教育系统也要根据社会环境的影响进行调整。同时，随着高校思想政治教育系统的变化，其内部构成要素也会发生相应的变化，也就是其中的教育工作者、教育内容、教育目标、受教育者等要素也会随着系统的变化而发生变化，从而满足社会和国家对培育大学生的具体要求。

高校的思想政治教育工作系统是一个开放性的系统，在发展的过程中会受到外界因素的碰撞和影响，主要是受到外界相关信息和物质的碰撞。而高校协同育人的基本教育理念强调协同合作的关系，也就是高校要与政府、家庭、企业等外部环境之间形成良好的信息沟通、信息共享状态，从而使思想政治教育工作系统正常有序地发展。高校教育系统内的各个子系统与各要素也应彼此间建立良好的沟通关系，实时地顺应时代的发展潮流，实时地了解大学生群体的实际需求，从而使教学活动正常有序地进行。思想政治教育工作系统也包含内部系统与外界因素互动的现象。对于思想政治教育工作者而言，要加强与外界因素的沟通和交流，不断优化和创新现有的教学资源，增强与其他要素之间的协作，用开放性的思想完善教学内容，从而有效地利用外部有利因素优化高校内部的教学资源，这样才能实时地更新出大学生喜欢的教学内容，从而提升大学生的积极性和主动性。在真正意义上采用合理的发展规律培养更多的高素质人才，从而达到教育目的。

二、高校加强大学生思想政治教育工作协同的措施

高校要加强大学生思想政治教育工作协同发展，就必须针对性地解决高校在协同发展过程中出现的一系列问题。对于思想政治教育工作者对协同认识不足的情况，高校要加强党委领导的重要作用；对于思想政治教育工作队伍中出现的问题，高校应加强队伍协同的建设；对于协同性平台缺失的问题，高校应利用大学生干部与共青团的作用，加强课堂的互动性。此外，要在思想政治教育工作文化阵地中进行协同管理，采用合理的机制为协同发展提供有效的保障。

（一）加强高校党政干部与思想政治教育工作者的协同意识

高校教育系统中的自组织性，能够使系统中的各要素之间通过调整提升整个系统的功能，也就是高校系统内部的各要素之间按照某种规则，实时地调节和完善结构变化。对此，高校党委应正确把握主导地位，为高校思想政治教育工作提

供正确的发展方向，还要协调好组织内部的改善方向，重视思想政治教育工作者对协同发展认识不足的问题，高校党政干部要发挥政治队伍的主体优势，提升思想政治队伍的协同意识，促进高校思想政治教育工作系统中各个要素之间产生同向协同的效应，真正发挥思想政治教育工作应有的教育效果。

高校党政干部要加强思想政治教育工作中的领导能力。党政干部与党政部门要深刻认识到自身在高校思想政治教育工作协同发展中的重要性，发挥好组织协调能力，在完善专业水平能力上，进一步贯彻党的思想政治要求。还要加强党委干部对思想政治教育队伍的针对性指导。对于思想政治教育工作者而言，要充分发挥管理作用，提升教师队伍的专业知识水平和教学能力，通过开展相关的党支部活动与宣传活动，从教师方面着手加强良好学习风气的传播，同时还要对教师的课堂教学进行相关测评，针对教学过程中存在的不合理教学方式与教学内容，实时地向教师进行反馈，从而改正，积极地促进教师队伍的建设发展。对于大学生干部团队建设来讲，要充分发挥优秀党员的先进作用，树立良好的榜样，对先进党员开展一系列理论教学工作，增强党员在大学生群体中的影响力。通过开展大学生喜欢的思想政治宣传活动，为大学生营造一个良好的学习氛围，积极引导大学生参与高校思想政治教育实践活动。

加强高校党政干部的思想政治教育工作，形成一个全方位、多角度的思想政治教育结构体系。要明确管理机制，权责分明，将思想政治教育工作的重要任务落实在每个队伍成员中，比如学校的各院系、各部门，构建一个全方位、多角度的教书育人发展局面，营造良好的思想政治教育工作氛围，使思想政治教育工作渗透在教学工作的各个角落。一方面，高校应加强建立思想政治教育工作队伍的激励机制。例如，对榜样模范和典型代表进行嘉奖，增强教育工作者在思想政治教育工作中的自豪感和凝聚力，从而使大学生在一个良好的氛围中学习。另一方面，高校应加大思想政治教育工作队伍建设的资金投入，将思想政治教育工作队伍的基本硬件建设放到教育工作的整体规划中。思想政治教育工作的开展离不开一定的资金和物力支持，比如，可以建设和优化图书馆、体育馆和学生活动中心等。随着互联网的不断发展，人们对网络的追求和热爱程度越来越高，因此网络建设也对思想政治教育工作有着重要意义。通过建立相关的网络设施，能够满足大学生群体与教师的基本需求，促进思想政治教育工作更加有效开展。

（二）优化思想政治教育工作队伍的协同状况

在高校思想政治教育过程中，协同理论中的伺服原理对教育系统的正常运行起到重要作用，思想政治教育工作队伍是慢参量，大学生群体是快参量，慢参量能够决定思想政治教育系统整体运行的变化，也能够决定大学生思想观念的走势。因此，要更加关注思想政治教育工作队伍建设，注重思想政治教育工作队伍成员的协同作用。在高校思想政治教育工作系统中，专业课教师应发挥更大的作用，除了讲授本专业的知识外，也应对学生进行思想政治观念的正确引导，将思想政治教育工作贯穿在整个教学活动中。专业课教师作为思想政治教育工作队伍中的一员，应承担相应的责任。另外，专业课教师应加强与思想政治课教师之间的沟通和联系，这就要求各专业课教师要跳出本学科的局限性，站在更高的立场上看待教育系统，积极地参与高校思想政治教育工作，突破专业教育的限制，实事求是地与其他思想政治教育工作队伍进行合作沟通，从而在真正意义上使思想政治教育工作协同开展。

思想政治课教师也要加强与班主任、辅导员之间的协同合作，共同搭建思想政治教育工作的交流平台，并定期开展相关的交流活动，分享各自队伍的工作经验与新的想法。通过搭建协同教育平台可以利用新媒体的优势，创建新媒体网络交流平台，及时地将大学生中存在的问题发布在高校教育协同网站上，有利于思想政治教育工作者及时地发现学生的问题并给予解决，尤其是大学生出现思想方面的问题，作为思想政治课教师更应积极主动地与学生进行交流，及时帮助大学生解决心中的困惑，使其坚持正确的价值观。辅导员在日常的思想政治教育工作中，也可以建立大学生干部和班级干部的交流平台，针对班级中出现的问题，辅导员能够第一时间掌控，并将反馈的问题及时地与思想政治课教师进行交流，从而帮助大学生解决问题。很多大学生的思想存在隐匿性的问题，在和辅导员或者大学生干部进行交流的过程中会展现出自身的价值观念，有时候也会出现思想价值观念脱节的现象，导致其言行不一。这种现象主要和大学生的性格有一定的关系，再者是教育过程中长期缺乏实效性而导致的，因此更应建立辅导员与大学生干部之间的协同育人平台，第一时间掌握大学生的思想动态，从而实施针对性的管理，也有利于思想政治教育工作队伍对大学生思想问题进行研究探讨，实现教育合力，提升思想政治教育的整体协同性。

（三）提高第一、第二课堂的协同合力

在高校思想政治教育系统中，大学生社团和共青团组织是大学生展现自我的主要途径，加强大学生社团和共青团在教育主体系统中的协同作用，能够有效地促进系统的结构优化。在实际教学过程中，思想政治教育的实际效果也会受到大学生社团和共青团协同作用的影响，因此加强第一课堂和第二课堂之间的协同作用，能够有效促进它们之间产生自组织效应，这样也能够促进思想政治教育工作系统的正常运行。还应将校外的信息资源和校内的资源接合起来，丰富思想政治教育工作的教学内容，为大学生提供一个开放的学习空间，从而提升大学生的思想政治素养和道德水平。共青团和大学生社团所营造的校园实践活动为大学生的第二课堂，对大学生的行为及思想变化有着重要作用，在特定情况下，校园文化与校园活动对大学生的价值观形成有着决定性的作用。

共青团组织是高校开展思想政治教学工作的重要助手，以共青团为依托开展的社团活动与文化娱乐活动，能够对高校的思想政治教育工作和教育形式产生良好的补充作用。通过加强大学生社团和共青团建设，并以社团为基础开展一系列的教育活动，能够营造良好的教学氛围，也能够对大学生的思想产生潜移默化的影响，在一定程度上有助于思想政治教育工作的有效开展。在建设大学生社团和共青团的过程中，应借鉴协同理论中的自组织原理，加强实践活动的开展，构建良好的学习氛围和教学环境，积极引导思想政治教育系统中其他要素实现有效优化，调动内在主动性的发展，从而实现各系统之间的协同发展。提高第一课堂和第二课堂的协同作用，充分发挥大学生社团和共青团的重要力量，注重文化育人的方针，使大学生融入学习思想政治理论的浪潮中，同时也可以加强以校训为核心的校园文化精神的传播和继承。高校可以通过组织大学生群体开展歌唱比赛、参观校史馆等社团活动，让大学生在参加活动的过程中更加了解学校的精神文化，

也可以寻求校外的教育资源，为大学生营造一个良好的实践教育氛围，不断加强大学生的爱国主义教育。大学生社团和共青团的相关活动要在党委干部的领导下进行，要加强党性教育的重要作用，提升大学生的思想觉悟和精神理念。高校还要与校外的新媒体网络领域开展合力教育，创建新的教育形式，使第一课堂与第二课堂产生联动协同效应，共同开展思想政治教育工作。

（四）加强思想文化阵地的协同管理

高校教育系统中的协同效应原理是指各个子系统或各要素之间的内部作用力，这个作用力能够推动系统各组成部分朝着同一方向发展，从而形成一种有效、合理的运行状态。在思想政治教育工作系统中，不断加强课堂教学和思想文化阵地的协同管理，能够有效推动整个思想政治教育工作系统正常运行。思想政治教育工作还需要借助一定的渠道、载体或者平台才能够发挥重要作用。因此，也应加强学校思想政治教育工作阵地的建设与管理，促进教学内容、载体之间形成强有力的协同效应，从而促进大学生思想政治观念和道德理念的形成。思想政治课教师的课堂教学任务是通过一定的教学方法，将思想政治内容有效地传授给大学生，在这一过程中，需要借助课堂这一载体和新媒体网络与校园文化活动等方式对大学生进行思想政治灌输。对于专业课教师而言，要擅长将思想政治教学内容有效地运用在教学活动中，也要注重其他文化思想阵地的协同作用，从而保障思想政治教育的有效开展。在信息时代，高校也应充分利用网络的优势，开展相关的网络思想政治教育，这种新的思想政治教育模式是信息时代发展背景下的必然选择。

在新时代网络环境的不断发展中，高校应及时把握网络的变化，将思想政治教育工作融入网络环境中，不仅能够为思想政治教育工作提供有力的发展空间，而且利用网络能够使大学生和全体思想政治教育工作者形成网络教学空间。在网络中，大学生可以实时地获取教育资源。因此，要加强课堂教学和其他思想文化阵地的协同作用，不断地健全协同机制。思想政治教育工作者可以通过网络发布优秀的教育资源，由于网络在一定程度上可以吸引大学生进行阅读和浏览，因此在网络中增加教学资源能够与网络形成互通效应。思想政治教育工作者也可以通过网站发布红色主题内容，设计出大学生喜爱的网络内容；在网站中增加互动交流的模块，当大学生遇到问题时，能够及时地反馈在学校网站中，并得到及时解答；发布专家的解读文章，将学生引入思想政治教育氛围中。要善于把握网络思想政治教育的阵地，不断激发大学生的参与性和积极性。另外，高校思想政治教育工作也可以通过微信、微博等方式对大学生进行引导，不断地完善思想政治教育工作的阵地建设，教育工作者也应跟随时代的变化发展不断地完善自身，从而提升文化水平与网络平台的使用熟练度；还要丰富教学内容以符合时代特征，以吸引大学生积极参与教学活动；不断优化新的思想政治教育工作手段，为思想政治教育工作有效开展提供更好的平台。

参考文献

［1］王海波. 新形势下大学生思想政治教育工作路径探析［J］. 齐鲁师范学院学报，2022，37（2）：58-63.

［2］尚菲. 新形势下增强大学生思想政治教育主体性的路径探究［J］. 科学咨询（教育科研），2021（9）：59-60.

［3］王晔. 新形势下大学生思想政治工作路径研究［J］. 山西能源学院学报,2021,34(3)：38-40.

［4］刘超. 新形势下大学生思想政治教育工作改进的对策思考［J］. 承德石油高等专科学校学报，2020，22（2）：80-83.

［5］刘亚彬. 探讨新形势下增强大学生思想政治教育主体性的路径［J］. 国际公关，2020（3）：84.

［6］钟迪，李文荐. 新形势下高校大学生思想政治工作改革创新探析［J］. 豫章师范学院学报，2019，34（6）：47-50+58.

［7］赵瑾，赵建京. 新形势大学生思想政治教育质量提升的路径探索［J］. 北极光，2019（12）：87-88.

［8］马锐. 如何加强新形势下大学生思想政治教育工作体制机制建设［J］. 福建茶叶，2019，41（11）：139.

［9］刘筱彤，徐金花. 新形势下提升大学生思想政治教育的针对性、有效性、吸引力的路径优化［J］. 改革与开放，2019（20）：93-95.

［10］吴昌福. 新形势下大学生思想政治教育工作的几点思考［J］. 北极光，2019（10）：113-114.

［11］刘廷明.新形势下大学生思想政治教育工作的创新研究［J］.党史博采(下),2019(9)：66-67.

［12］张翔. 关于新形势下加强和改进大学生思想政治教育工作的研究［J］. 智库时代，

2019（39）：107+109.

[13] 刘继兵. 新形势下如何开展好大学生思想政治教育工作［J］. 智库时代,2019（23）：24+26.

[14] 米剑各. 浅谈新形势下如何做好大学生思想政治教育工作［J］. 农家参谋，2019（9）：132.

[15] 刘苗荣. 大学生思想政治教育发展历程回顾与新时期的创新研究:《大学生思想政治教育：新形势下高校思想政治工作的创新研究》的书评［J］. 智库时代，2019（4）：57+60.

[16] 何鸿. 新形势下深入开展大学生思想政治教育工作研究［J］. 吉林艺术学院学报，2018（5）：81-86.

[17]赵聪. 新形势下高校思想政治工作融入大学生创新创业教育的几点思考[J]. 才智，2018（27）：159-160.

[18] 周东旭. 新形势下大学生全程思想政治工作育人体系构建的探索与实践：以大连海洋大学为例［J］. 教育观察，2018，7（17）：42-43+111.

[19]陈志铖. 新形势下增强大学生思想政治教育实效性的路径探析［J］. 科学咨询（科技·管理），2018（7）：1-2.

[20] 周墨林. 新形势下大学生思想政治工作研究［J］. 改革与开放，2018（8）：56-57.

[21] 周明睿. 新形势下实施大学生思想政治工作有效途径探析［J］. 才智，2018（9）：102.

[22] 蒲蕾，彭成瑶. 新形势下实施大学生思想政治工作有效途径探析［J］. 才智，2018（9）：25.

[23] 李乔乔. 文化多元化态势下大学生思想政治工作的困境与路径思考［J］. 世纪桥，2018（3）：68-69.

[24] 王含之. 谈新形势下体育院校大学生思想政治教育工作［J］. 才智，2018（8）：117.

[25]金施慧.新形势下大学生思想政治教育工作的几点思考[J].教育现代化,2018,5(3)：246-247.

[26] 高辉. 新形势下如何加强大学生思想政治教育工作［J］. 吉林医药学院学报，

2017, 38（6）：479-480.

［27］李枫,赵树明. 新形势下大学生思想政治教育工作的几点思考［J］. 才智,2017（31）：120.

［28］王建亭, 常红霞. 提高新形势下大学生思想政治教育工作实效性的措施分析［J］. 教育现代化，2017，4（42）：296-297.

［29］吕静.新形势下大学生思想政治教育工作的几点思考［J］.教育教学论坛,2017(41)：54-55.

［30］梁珍. 新形势下的民办高校大学生思想政治教育新思路：评《民办高校德育工作探索与实践》［J］. 当代教育科学，2017（9）：2.

［31］张亚锋，徐基贵. 新形势下大学生思想政治教育工作的改进策略研究［J］. 开封教育学院学报，2017，37（8）：205-206.

［32］杨璐，徐新巧. 新形势下大学生思想政治教育的创新路径研究：基于学生社团管理的视角［J］. 知识经济，2017（16）：151-152.

［33］李先国. 新形势下加强大学生思想政治工作的“三建三抓”［J］. 湖南科技学院学报，2017，38（8）：58-60.

［34］阿依先木古丽 · 赛来. 新形势下新疆南疆地区大学生思想政治教育工作研究［J］. 领导科学论坛，2017（11）：85-87.

［35］刘飞. 新形势下大学生思想政治教育工作途径探析［J］. 高教探索，2017（S1）：165-166.

［36］杨斯妤. 如何加强新形势下大学生思想政治教育工作体制机制建设［J］. 科教文汇（上旬刊），2017（5）：6-7.

［37］刘超. 新形势下做好大学生思想政治工作的四个着力点［J］. 新西部（理论版），2017（6）：111-112.

［38］马凤英, 李丁霞, 杨金明. 基于“易班”探索新形势下大学生思想政治工作的新途径、新方法：以兰州理工大学“易班”为例［J］. 高教学刊，2017（5）：26-27.

［39］刘华才，刘时新，张廷，等. 新形势下大学生思想政治工作协同创新研究［J］. 学校党建与思想教育，2017（5）：81-87.

[40] 侯召龙，王艳超，刘芳芳，等. 新形势下高校辅导员开展大学生思想政治教育方法新探：结合习近平在全国高校思想政治工作会议上的讲话精神 [J]. 科学大众（科学教育），2017（2）：158.

[41] 张乐. 新形势下高校辅导员如何做好大学生思想政治教育工作 [J]. 现代交际，2017（3）：42.

[42] 刘亚丽. 新形势下提高大学生思想政治教育工作水平的思考 [J]. 黑龙江科学，2017，8（3）：154 - 155.

[43]高帆.新形势下的蒙古族女大学生思想政治教育工作[J].文学教育(下),2017(1):167.

[44] 王瑞婷，沈浩，白江涛，等. 新形势下开展大学生思想政治教育工作探析 [J]. 承德医学院学报，2016，33（5）：449 - 450.

[45] 刘锦鑫. 新形势下，大学生思想政治教育工作的网络素养的提升路径 [J]. 亚太教育，2016（30）：228-229.

[46] 刘红梅. 新形势下民族高校大学生思想政治教育路径的选择：以西北民族大学为例 [J]. 吉林省教育学院学报，2016，32（10）：30-32.

[47] 刘雪梅. 新形势下大学生思想政治教育工作的创新思路 [J]. 科技风，2016（18）：199-200.

[48] 巨澜. 抓重点保实效　落实“两学一做”：新形势下做好大学生党员思想政治教育工作探析 [J]. 法制与社会，2016（24）：236-237.

[49] 安志权. 论新形势下如何做好大学生思想政治教育工作 [J]. 知识经济,2016（14）：161.

[50] 李虹谕. 新形势下做好大学生思想政治教育工作的方法 [J]. 知识经济,2016（12）：140.

后　记

高校肩负着学习、研究和宣传马克思主义，培养中国特色社会主义发展的建设者和接班人的重要任务。新时代的不断发展为高校思想政治教育工作提供了极大的便利，同时也是办好中国特色社会主义大学的重要保障。做好新时期高校思想政治教育工作，必须深刻了解新时期环境下高校思想政治教育工作路径的相关理论知识，了解当下高校思想政治教育工作的现状，更好地将理论与实际相结合，从而有针对性地作出改善措施与对策，提升高校思想政治教育工作的实效性。本书通过对高校思想政治教育工作路径的相关问题进行梳理，分析了高校思想政治教育工作中存在的问题，并提出了相应的解决对策，为高校思想政治教育工作路径提供了重要的研究方向。

高校思想政治教育工作路径的不断优化是保证思想政治教育工作实效性的必要措施。高校思想政治教育工作是学习新时代中国特色社会主义思想的主要阵地，高校思想政治教育工作决定了高校培养什么样的人、为谁培养人，以及如何培养人的根本问题。因此，在研究高校思想政治教育工作路径过程中，必须坚持问题导向，强化问题意识，树立前瞻意识和大局意识，树立教书育人的基本理念，切实将高校这一思想建设阵地、校园文化阵地、课堂培养阵地作为不断完善高校思想政治教育工作的重要基地，从而推进全方位育人、全过程育人的实践和探索。高校思想政治教育工作路径的不断研究是我国社会发展的需要，同时也是我国高校思想政治教育工作发展过程中的必经之路，也是对我国当前高校思想政治教育工作中存在问题的正视和改进。高校思想政治教育工作路径是从全局的角度对高校思想政治教育工作的党委领导机制、育人机制和运行形态等方面进行整体的战略布局，以调动现实和网络中的各种资源，整合多方力量，实现全程、全员、全方位的育人格局，进一步使思想政治教育形成强大合力，推动思想政治教育工作全面发展。但目前我国高校思想政治教育工作中还存在领导机制不完善、工作制度落实不到位、教书育人机制不全面、课堂教学主渠道不完善、网络思想政治发展不平衡等问题，因此要加强高校思想政治教育工作体制建设，即党委统一领导、各个部门各司其职、全社会协同配合的体系建设；还要实施全方位的育人格局，真正实现教书育人的重要任务；建立完善的反馈机制，对思想政治教育的实际开展进行强有力的监督和检查，整体推进高校思想政治教育工作全面发展。

高校思想政治教育工作是一项需要长期不断探索的工作，在这期间，必须坚持不懈，将高校的思想政治教育工作融入校园生活的各个方面。同时，要积极跟随时代发展的步伐，与时俱进，不断丰富和创新高校思想政治教育工作内容，提升高校思想政治教育工作队伍的整体素质能力，帮助大学生解决思想问题和生活方面的问题，从而为国家输送一批又一批的高素质人才。